教育部人文社会科学研究规划基金项目（项目批准号：12YJA740034）
山西大同大学社科项目资助成果

汉英谚语对比研究

寇福明 著

中央民族大学出版社
China Minzu University Press

图书在版编目（CIP）数据

汉英谚语对比研究 / 寇福明著. —北京：中央民族大学出版社，2019.5 重印

ISBN 978-7-5660-1306-4

Ⅰ. ①汉… Ⅱ. ①寇… Ⅲ. ①谚语—对比研究—汉语、英语 Ⅳ. ①H313.3 ②H136.3

中国版本图书馆 CIP 数据核字（2016）第 314567 号

汉英谚语对比研究

作　　者　寇福明
责任编辑　白立元
封面设计　金航晨
出 版 者　中央民族大学出版社
　　　　　北京市海淀区中关村南大街 27 号　邮编：100081
　　　　　电　话：68472815（发行部）传真：68932751（发行部）
　　　　　　　　　68932218（总编室）　　　68932447（办公室）
发 行 者　全国各地新华书店
印 刷 厂　北京建宏印刷有限公司
开　　本　787×1092（毫米）　1/16　　印张：17.5
字　　数　275 千字
版　　次　2019 年 5 月第 3 次印刷
书　　号　ISBN 978-7-5660-1306-4
定　　价　58.00 元

序

寇福明师兄抬举我，发来大作供我学习，并叮嘱我写作序言。说实话，我实在不敢应承这一艰巨的任务，但又抑制不住一窥宝山的诱惑，终究还是打开了这座宝山，果然让我眼前一亮，有关国内外谚语和认知语言学研究的综述十分齐备，读后有种一览众山小的感觉。坦白地讲，于谚语这一块，我没什么研究，故而我只能在这一序言中写下我的阅读心得，以及阅读过程中的相关思考，或许还能给读者带来些许的启发也未必可知。

不论哪个民族，也不论这个民族有没有文字，只要这个民族有语言，这个民族的语言中就一定存在大量的民俗谚语。在本质上，谚语似乎是记录正常现象和社会行为之话语的一种隐喻化，或者说是一种语义指称的转用。从大量的历史文献可知，谚语产生的历史比较久远，且出现了逐渐正式化与俗语化的分野，因而也就出现了书面谚语和口头谚语的分野，这是文体上出现的变化。在古代语境下，谚语被正式文体边缘化，随着白话的出现和普及，谚语也逐渐走进正式文体。同民国时期李安宅《巫术与语言》（商务印书馆，1936）针对巫术语言所论，谚语也分善恶两端，但又有所不同，谚语之善在阐述“正念”“正能量”之理，谚语之恶在描述和刻画“恶念”“负能量”之态，而不是施为话语。

谚语的研究，可以本体与喻体为切入点的形式结构研究，可以生成与语义转用过程为切入点的认知心理研究，可以使用频率、使用态度、存在状态、使用者年龄分布、使用者地域分布等为切入点的社会语言学研究，还可以方言中的言语为切入点的民俗学研究。由于绝大多数谚语产生于远古初民的社会生活实践，故而谚语之语义研究必然脱离不了历史文化这一层面，正如王力（1947：175）在阐述新训诂研究所强调的：“至于新训诂学的研究语义，首先要有历史观念，研究每一语义产生和死亡的时期。其次研究语义的演变，考究它的扩大、缩小和转移等变化。并须顾到语音、语法和语义的关系，来帮助对于语义的历史和演变的探讨。再就考究语义的历史说，还可以和文化史相印证，成为文化史的一部分。用这样的观点去研究训诂，训诂学才能脱离了经学附庸的地位，新的训诂学才能建立起来”。故而，谚语的历史研究可谓是谚语这一语言现象的文化史研究，同时也是专门的语言史研究。

就我个人所知而言，国内学术界有关谚语的考察，大多仍受结构主义语言学的影响，不论是民俗学派，还是修辞学派，亦或是社会和人类学派，尚未出现语料库语言学、认知心理学等领域的成果。如果可借用庞大的书面语语料库考察谚语在正式文体中出现的频率，以及在正式文体话语中所占的比重，这一定是一件极其有意义的学术活动。抑或是，以语料库数据为准，考察英汉两门语言正式文体中谚语出现的频率和所占比重，这对英汉语对比来说也是有价值的。如果能用一些医学仪器捕捉和记录受试使用谚语时的脑部运动状况，如谚语使用频率高和使用频率低的脑部运动状态，这无疑是一次很有科学价值的认知语言学尝试。

纵观国内学界，目前谚语研究仍处于停滞不前的状态，故而眼前这部《汉英谚语对比研究》可谓是认知语义学和谚语研究领域的最新作品。有关该著的具体内容，请读者诸君自己去品味，我不做任何介绍和评价，只谈及该书的几点特色：（1）作者将汉外二界有关谚语研究的观点融于一体，打破了汉外两张皮的状态；（2）引介、分析和应用国内外学者有关谚语研究的成果，取用大家之精华，用以分析和构建认知语义学的谚语研究框架；（3）书后附录千则英汉释义谚语，对丰富例证、补充英语谚语文化知识、拓展英汉谚语互译技能具有极大的参考价值。

当然，作为初步的认知语义学尝试，这部著作还有需要进一步思考和完善之处。譬如，该书谈及英汉谚语在构成、分布、生成机制等层面的异同，使用了大量的双语释义和译文，但未涉及谚语英汉互译这一认知心理黑匣子和翻译的玻璃特质，如果再能涉及于此，该书势必会更有趣。

贾洪伟

2016 年 11 月

前　言

谚语是人类语言普遍存在的一种语言现象，是民族语言的精华，是人民大众长期生产、生活经验的概括和智慧的结晶。故而，谚语深深地扎根于民族的认知结构之中，体现了民族的认知心理基础。

以往的汉英谚语对比研究，因受传统语言学和结构主义语言学的影响，着重研究谚语的形式特征和谚语的文化观，即谚语的语言结构、修辞特点以及文化特征等。关于谚语认知方面的研究，特别是运用认知语言学的理论对英汉谚语加以对比研究的成果还不多。

本书在对比汉英谚语语音、语法和词汇以及修辞的共性和差异等类型学特征的基础上，重点从认知语言学的角度研究谚语的认知特点和形成机制，阐述谚语形成和理解的文化理据，分析对比汉英谚语的语义结构和语义特征，并以当代隐喻理论的研究成果为依据，重点分析谚语理解的认知机制。

本书尝试将相关哲学理论融入谚语研究，同时把认知语言学的概念隐喻和概念整合理论纳入统一的理论框架中，并以此为依据构建谚语理解的认知语言学框架。我们认为，谚语不仅是一种语言现象，也是人类认知活动的产物，同时其形成和理解深深扎根于民族文化之中。全书主要立足于认知语言学的角度，以隐喻理论为主线，从以下三个方面对汉英谚语加以深入分析和阐释。

首先，谚语是一种语言现象。本书在总结前人研究成果的基础上，结合语言类型学和标记理论的研究成果，对汉英谚语的结构形式、韵律特征、词汇特点和语义特征层面加以描写，对比分析了汉英谚语在语言类型上的共性和差异。本书认为，作为一种意义固化的隐喻模式，从结构上看，谚语或是本体和喻体同现的隐喻，或是隐含了本体的隐喻。

其次，本书从认知语言学的角度，运用现代隐喻理论的研究成果，对汉英谚语形成和理解机制作了尝试性探索，认为谚语作为具有真实值的命题是以经验性为存在基础，谚语的形成是客观世界与人类思维互动的结果，是一个认知域的概念在另一认知域的投射。谚语的理解是以一个概念域的事物去理解或经历另一概念域的事物。作为一种常规化的映射模式，谚语常常超越了一般隐喻所使用的语境，可在更普遍、更广泛的相关语境下使用，它能够概括人类具有普遍意义的基本经验。在谚语形成、发展及其理解过程中，动态的概念整合过程，实际上体现了人类思维的本质特性。

最后，谚语的形成和理解深深地扎根于民族文化之中。谚语表达的道理是通过将社会生活中的特殊情况与生活中更为普通、常见、具体的概念和现象联系起来，从而将其突显出来。谚语有着超出各种文化背景差异性之外的一些共同特点。其中，最重要的就是谚语的运用往往建立在其隐喻意义而非字面意义的基础上。谚语的运用反映了概念隐喻在人们认识理解世界中的普遍作用，同时特定的民族文化背景又是决定隐喻产生、使用和理解的重要因素之一，即不同民族有着不同的文化，它们根植于不同民族的观念中，也反映在谚语的使用中。

总之，本书立足于汉英谚语对比研究，通过对其结构形式、韵律特征、词汇特点等微观层面，以及谚语的文化特征等宏观层面的对比，探讨了汉英谚语产生的共性和差异及其原因，并从认知语言学的角度，对汉英谚语意义的形成机制以及谚语理解的认知模式做了初步的探索，进一步证实了经验和认知在语言结构和功能构建过程中所起的重要作用。

目　录

引 言

语言作为文化的载体记录了人类历史和思想的变迁。汉语和英语分属两种不同语系，代表着两种不同的文化，分别体现了两种语言使用者的社会制度、文化环境、生产劳动、宗教信仰、思维方式等特点。德国语言哲学家威廉·冯·洪堡特（Wilhelm von Humboldt，1767-1835）认为："语言仿佛是民族精神的外在表现：民族的语言即民族的精神，民族的精神即民族的语言"（胡明扬，1988：29）。在他看来，语言是民族最重要的特征，民族语言的内在形式与该民族的精神密不可分。语言随着民族的发展而发展，它既是民族精神的外在表现，又是民族历史文化的载体①。

汉英两种语言虽分属不同的语系，代表两种不同的文化，但由于两个民族的人有着相同的生理机制，有着相同或相似的自然环境，如共同生活在一个地球上，共享一个太阳、月亮，都有山川河流和动植物，都有人、家庭、社会、时间和空间等概念，都要从事改造客观世界的生产劳动，并由此造就了两个民族语言和文化的共性。汉英两种语言的差异性则是由于它们各自的历史传统、社会文化环境等因素造成的。语言与思维有着难解难分的联系②，人类语言的共性说到底是由不同民族思维规律的一致性决定的，这种一致性是建立在人类生理机制和生存空间的相似性基础上的；人类语言的差异性是由它们所代表的不同传统和社会文化环境以及具体思维

① 丁金国. 汉英对比研究中的理论原则[J]. 外语教学与研究，1996（3）.

② 语言与思维的关系可追溯至中国的先秦和欧洲的古希腊时期，但现代学科视角下的探讨历史还不长，似乎观点较为鲜明的当属当过学者洪堡特，之后结构主义心理学家冯特（Wilhelm Wundt，1832-1920）的心理学思想被语言学家用以论述语言与思维的问题，引发了世界范围内有关语言与思维的相关研究。在中国，关于语言与思维关系的论述，最早可能是章太炎于1906年在日本《国粹学报》发布的《论语言文字之学》中的相关见解，之后胡以鲁在《国语学草创》（商务印书馆，1912）中借鉴欧洲的相关成果所做出的阐发，进而章士钊于1930年从德国引进《情为语变之原论》（商务印书馆），引发了全国范围内语言学者有关语言与思维关系的探讨。

方式导致的。

谚语是语言的精华，它深深地扎根于民族的认知结构之中，能够体现该民族的认知心理基础和机制。汉英两种语言中都有极其丰富的谚语。由于汉英民族思维结构和生理构造特点的共性，汉英谚语以及人们对谚语的认识都存在着许多相似之处，比如汉英谚语在语音上都讲究押韵、和谐，在句式搭配上讲究对仗、平行，在修辞上都有比喻、拟人、夸张等修辞格。此外，汉英语使用者或研究者对谚语的界定、构成原则等方面也有很高的一致性。但是，由于双方的文化传统不同，语言类型特点有别，导致了汉英谚语在形式和语义上有诸多不同。

中国是一个历史文化十分悠久的国家，汉语的谚语闪烁着中国人的传统智慧。汉语谚语反映的是汉民族的生活习性、生存环境以及与之相关的价值观念和思维方式；英语文化也具有较为悠久的历史，谚语不仅有代表该文化传统的成分，还从许多民族语言中吸取了大量成分，使得英语谚语表现出丰富多彩的特色。英语谚语反映的是盎格鲁—撒克逊民族的生活习性、生存环境以及与之相关的价值观念和思维方式。

总之，由于两个民族相同的生理机制、相同或相似的自然环境以及认知和思维规律上的共性，汉英谚语在表达内容方面的一致性、结构的稳定性、意义的整体性、隐喻性以及讲究韵律等方面具有十分相似的特点。但在语音、句法、语义特点、修辞手段、韵律形式等方面却各有特点，这是由两个民族文化传统、语言类型和语言特点的差异造成的。就此而言，汉英谚语的对比分析，不仅对语言、思维、文化共性的研究，而且对语言、思维、文化特性的研究都具有重要价值。

第一节　汉英对比研究

一、汉英对比研究的历史和现状

汉语与印欧语的对比研究可以追溯到19世纪上半叶的德国语言哲学家洪堡特。他在比较了汉语和印欧语以及其他语言后，得出了这样的结论：汉语是不同于印欧语系的语言，没有语法范畴，词类完全取决于词义、词序和语境意义。汉英对比研究从马建忠的《马氏文通》算起已有一个多世纪的历史。《马氏文通》是在仿效拉丁语法基础上建立起来的，即用印欧语的语法框架、理论、方法建立汉语语法体系。[①] 因此，可以说《马氏文通》是立足于普遍语法原则建立起来的。现代汉语语法研究过程是一个不断受到西方语言学影响的过程，其本质是建立在对比或比较基础上的。

我国老一辈语言学家赵元任、黎锦熙、王力、吕叔湘、高名凯等人通过汉外（特别是汉英）对比，分别建立了各具特色的汉语语法体系。20 世纪 80 年以后，汉外（特别是汉英）对比研究进入全面发展阶段。这方面的研究起初多局限在对外汉语教学界，而且目的主要为第二语言教学服务，后来逐步从对外汉语界扩展到英语界，又扩大到翻译界。总体来说，对比研究的功利性即实用目的较明显，而理论探索滞后，这种现象直到 90 年代才有所改观。但是，由于近半个世纪对比研究中普遍存在的“两张皮”现象，使得对比研究与类型学研究的联系十分薄弱。在研究方法上，虽说从理论上知道有从英到汉、从汉到英的研究路子，也有从两种语言的共同范畴出发进行对比研究的路子，可从以往的研究实践看，大多走的是“以外律中”的路子，即从英到汉的研究路子。[②] 在此后的二十多年里，随着改革开放的深入和对外交流的扩大，在对外和对内语言教学的推动下，语言对比研究迅速发展起来，汉语界、对外汉语界、少数民族语言学界、英语界乃至理论语言学界逐渐形成一支合力，并建立了语言学的分支学科——对比语言学[③]。不同领域的研究者在语音、语义、语法、语用和文化等对比研究方面取得了丰硕成果，并从最初的微观分析、个案研究逐步扩展到宏观分析和理论探讨。

二、汉英对比研究的基础

比较是人类认识世界的重要方法，也是语言研究的基本方法。语言研究中的比较，可以在同一种语言内部进行，也可以在不同语言之间开展；可以是历时的，也可以是共时的。我们这里所说的“对比研究”，是指对两种或两种以上的语言进行共时的比较研究，目的是描述对比对象之间的异

---

① 徐通锵. 对比和汉语语法研究的方法论[J]. 语言研究，2001（4）.

② 潘文国. 汉英语对比纲要[M]. 北京：北京语言大学出版社，2004.

③ 对比语言学的术语起源也要追溯到德国学者洪堡特于 1840 年代的著述，之后美欧学者于 1940-1950 年代才从语言教学和文化对比角度正式提出这一学科术语。在中国，旗帜鲜明的倡导语言对比研究的当属民国时期的黎锦熙和新中国的吕叔湘二位先生。有关对比语言学的术语和学科发展，参见潘文国. 对比语言学：历史与哲学思考[M]. 上海：华东师范大学出版社，2006，以及贾洪伟. 一部史书 功在千秋——评潘文国教授《对比语言学：历史与哲学思考》[J]. 俄语语言文学，2009（3）.

同，研究的成果不仅可以促进所对比语言的研究，而且可以为语际翻译、语言教学和双语词典的编纂等提供理论指导（潘文国，2004：381）。此外，对比研究本身也是一种类型学研究，可以为语言类型学、语言共性研究提供重要借鉴。

概括地说，语言和文化之间的共性，是确立汉英可比性的基础和前提；语言和文化之间的差异性，是汉英对比的出发点和归宿。关于语言共性的研究，早在17世纪的《普遍唯理语法》中就有精辟的论述。作者认为，既然语言是思想的外在表现，那么语言和思想之间必然有着内在联系。人类语言的共性既表现在人类语言本身的形式和功能上，也表现在人类共同的认知心理上，还表现在语言生存的外部环境上。潘文国提出，要从哲学上思考汉英对比研究的理论基础问题，并建议把洪堡特的“语言世界观”作为对比研究的哲学基础。① 他指出，“语言是一种世界观”的具体含义主要表现在三个方面：一是语言反映不同民族的概念和意义体系；二是语言反映不同民族的价值体系；三是语言反映不同民族的思维方式。这样，承认语言是一种世界观，就与只是把语言看作“工具”的“工具论”以及索绪尔的“语言学的唯一的、真正的对象是就语言和为语言而研究的语言”的封闭语言观划清了界线。承认语言是一种世界观，也为人们正确认识语言的共性与个性，确定语言对比研究的重点，以及正确认识语言影响、语言渗透、语言转换和语际翻译等问题提供了基础。②

潘文国（2004）进而提出，汉英对比应该立足于三个层次，即语音及语法表层的对比、语言表达法的对比、语言心理的对比。层次不同，对比的目的也不相同。语音及语法表层的对比目的，是为外语初学者提供简便的“拐杖”；语言表达法的对比目的，是帮助已具有一定语言水平又经常需要在两种语言间转换的人更地道地使用语言；语言心理的对比是更深层次的对比，试图推导出隐藏在表达法背后的心理和文化因素，进行一种哲学式的思考，目的是为了最终建立中国的语言哲学。③

三、汉英对比研究的理论价值

纵观中外语言学的研究和发展史可以看出，人们对语言本质的认识离

① 潘文国. 换一种眼光何如——关于汉英对比研究的宏观思考[J]. 外语研究，1997（1）.

② 冯智强. 汉英对比研究的又一座高峰[J]. 白城师范学院学报，2003（3）.

③ 冯智强. 汉英对比研究的又一座高峰[J]. 白城师范学院学报，2003（3）.

不开语言的比较或对比。美国语言学家哈特曼（Hartmann，1980：22，转引自许余龙，2003：前言）指出："如果说语言学的根本任务是对语言的某种现象加以阐述的话，那么可以说，语言学的所有分支都是某一种类型的比较，因为对某一语言现象的阐述，总是要涉及和包含对这一现象中的各种表现的比较。"美籍华裔语言学家赵元任说："所谓语言学理论，实际上就是语言的比较，就是世界各民族语言综合比较研究得出的科学结论。"①中国语言学家吕叔湘指出："一种事物的特点，要跟别的事物的比较才显出来。……要认识汉语的特点，就要跟非汉语比较，要认识现代汉语的特点，就要跟古代汉语比较；要认识普通话的特点，就要跟方言比较。无论语音、词汇、语法，都可以通过对比来研究。"②

对比语言学的目的是通过对比寻找语言的共性和差异。这一目的决定了对比语言学的两种基本研究方法：求同对比与求异对比。求同对比是通过对比寻找共同点，求异对比是通过对比寻找差异点。③ 正是这两种研究方法的运用，使我国的汉语语法研究迈上了一个新台阶。其表现是：通过对比的研究，揭示汉语独特的结构规律，加深对语言共性和个性关系的认识，从而促进理论的创新。此外，对比研究还有助于进一步了解不同语言的社会历史和文化特点。

第二节　汉英谚语对比研究

汉语和英语都有丰富的谚语。汉语谚语体现了汉民族对客观世界的认知和态度，记述了使用者的社会、历史和文化的发展过程，呈现出中华民族的文化个性。同样，英语谚语与英美的社会历史文化的关系密不可分，其语言组合结构和修辞特征与英美文化密切相关。因此，对比汉英谚语不仅可以窥见汉英文化特定的社会背景以及谚语语义形成、引申、发展的文化轨迹，而且可以有效揭示汉英民族思维方式、文化模式、认知心理和表现特征。这里只是立足谚语所体现深层文化内涵的角度做一般性的解释，至于其他方面比如结构类型、修辞特点等方面的微观分析和宏观解释，在正文不同章节中体现。

---

① 王　力. 王力论学新著[M]. 南宁：广西人民出版社，1983.

② 吕叔湘. 通过对比研究语法[J]. 语言教学与研究，1977（2）.

③ 何善芬. 英汉语言对比研究[M]. 上海：上海外语教育出版社，2003.

一、谚语的民族文化性

在体现语言文化特征方面，谚语比其他语言成分更具有典型性，因为谚语是语言使用者代代相传、不断提炼的结果，是集体智慧的结晶。即使在今天的社会里，历史流传下来的谚语仍然在塑造人们的道德行为、社会规范中起着相当重要的作用，对人们的思维方式、认知基础也有相当重要的影响。

谚语属于熟语的一种，是定型的语言表达形式。它用简单通俗的话语反映出深刻的道理，是语言使用者智慧的结晶和经验的总结。

从社会语言学角度看，谚语所负载的文化内容十分丰富，所折射的人文世界非常精彩，所表达的处世道理十分深刻，所反映的世态人心也十分直接。①

从认知科学的角度看，社会的发展是人类对主客观世界的认知过程，在这个过程中，认知主体与环境的相互作用产生了关于世界的概念。在概念的形成和发展过程中，语言符号起到了根本性的作用，人类正是通过语言的沟通认识世界，并传递和继承人类所积累的文化知识。

不同的语言文化体系都是其使用者在不同生态环境下创建的，在不同语言系统中，表达同一理性概念的词，由于在不同的文化环境中不断地被使用，从而获得了附加在理性意义上的不同文化感情色彩，并引起不同的心理反应。因此，不了解这种文化感情色彩，就不能获取语符所承载的全部信息。② 就此而言，不同民族、不同社团的语言都能反映其使用者认识和把握语言世界的方式，而不同的方式又构成了不同语言的独特文化价值。③ 因此，从历史发展角度看，谚语是技术不发达社会的百科全书，是人类认知的产物。在人类对自身和世界的探索中，始终保持着人与世界的原始关联：作为一种体验、一种情感方式，它在人与自然基本相似的基础上，诠释着人类对自身及周围世界的理解。④

在语言的文化信息中，谚语是重要的文化信息载体，记载和表达了人类的物质文化和精神文化，并将其储存起来世世代代传承下去。因此，谚

---

① 崔希亮. 汉语熟语与中国人文世界[M]. 北京：北京语言文化出版社，1997.

② 林纪诚，俞青海. 语言与文化综论[J]. 教学研究，1989（3）.

③ 夏　雨. 语言文化论析[J]. 外语学刊，1994（6）.

④ 陈家旭. 英汉隐喻认知对比的研究基础[D]. 上海：华东师范大学，2004.

语是人类历史文化的活化石。揭示谚语蕴藏的文化信息，了解其反映的文化现象，不仅对于准确、全面掌握谚语的文化内涵，正确无误地运用谚语具有重要的现实意义，而且对广泛地认识社会文化现象，获取知识、增长智慧也具有不容忽略的作用。总之，谚语是了解民族文化的重要途径。

二、汉英谚语的共性和差异

纵观语言学的发展历史，人们对语言共性和个性关系的认识是不断深化的。从古希腊和罗马的传统语文学研究，到历史比较语言学、结构主义语言学以及包括形式语言学、语料库语言学、认知语言学等在内的当代语言学，人们经历了从共性到个性、再从个性到共性的认识历程。语言个性是各民族语言的特质，语言共性是不同语言共有的性质。个性是从不同语言性质的对比中提取出来的；共性是以各种具体语言研究为基础，从个性中概括或推衍出来的。

思维是大脑的机能，人类大脑的生理结构是相同的，作为人脑机能的思维也就没有民族性，而是具有全人类的共性。作为思维主要工具的语言，由于受其使用者的社会、文化、历史等因素的影响，具有浓厚的民族独特性。相同的生理构造和不同的民族文化特征表现在语言的共性和个性上。

（一）汉英谚语的共性

汉英谚语的共性虽有许多表现形式，但从根本上说，它来源于人类隐喻性思维的共性。

隐喻性思维的形成与人类的身体经历、物质环境息息相关。汉英民族远隔千山万水，一个属于以农耕为主的民族文化，一个属于以海洋为主的民族文化，但由于都生活在同一个星球上，相同的身体构造和感知器官，并且在改造自然世界过程中积累了大致相同的身体经验，使得具有不同文化背景的汉英民族也有一些相同的文化积累，形成了一些认识上的共性。因此，尽管汉英民族使用的语言系统迥异，但基于共同的认知结构，扎根于不同文化中相似的身体经验，形成了汉英民族认知经验的共性，反映在语言中便凝结成为共同的文化语义。这种汉英民族认知的共性可从喻体相同、喻义相同的谚语中体现出来。例如：

眼不见，心不烦。 Out of sight，out of mind.

老鼠过街人人喊打。 A rat crossing the street is chased by all.

雷声大，雨点小。　　Big thunder，little rain.

有其父必有其子。　　Like father，like son.

以“老鼠过街人人喊打（A rat crossing the street is chased by all）”为例。在英国民间传说里，rat（老鼠）常与人的灵魂联系在一起，是魔鬼撒旦的化身，并具有超人的魔力，因此常被看作不祥之物。rat 在英语中还可以指脱党者、退会者、变节者、叛徒、特务、破坏罢工者、下流女人等一切卑鄙小人。[①] 汉语中，与老鼠相联系的词语也多带贬义。老鼠是窃贼，而且本领特别大，它昼伏夜出，偷吃粮食，“鼠窃狗盗”是对其特征的写照。老鼠其貌不扬，因此有“贼眉鼠眼”。老鼠看不远，视物只有近距离，这是“鼠目寸光”的由来。老鼠出洞窃食，总是先在洞口探头探脑，张着小眼，竖起双耳，左右张望，“胆小如鼠”是其逼真写照。《汉书·五行志》记载，燕王旦造反，有鼠衔其尾，舞于王宫端午门，王使夫人以酒脯伺鼠，以为端详，结果谋泄伏诛。以上可以看出，老鼠在汉英民族人们的心目中都是负面形象。鼠的这些特征在隐喻和转喻的作用下都可以用来隐喻人的活动和特征。在源域中，我们可以用鼠代表其特征，也可以用其特征代表鼠范畴本身，这就隐含着范畴或特征的转喻映射。正是这种对老鼠共同的看法形成了汉英民族联想和类比的一致性。

（二）汉英谚语的个性

每个民族都有民族心理的历史积淀和深层结构，每个人都有本国、本民族、本地域的心理遗传，并决定着他的精神气质、思维方式的特点及倾向等。一方面，语言是思维最有效的工具，思维活动需要借助语言来进行，思维成果也需要语言来表达，共同的生理结构和生存环境致使不同民族的思维具有共性特点；另一方面，由于各民族所赖以生存的自然环境和社会环境的差异，各民族的思维方式会有不同的特点。因此，总体而言，不同民族的思维方式和语言特点既有总体上的一致性，也有明显的个性。

汉英语都负载了大量有关民族习俗、传统文化和历史文学典籍等方面的独特内容，且都有建立在它们之上的独特认知方式，他们将自己对现实的认识投射到各自的语言中，在语言形式和结构以及心理表征上呈现出不同的特点和差异。谚语的主要功能是说明事理，总结规律，但不同民族的谚语总是依存于本民族的社会生活，与本民族的历史、语言、生活习性、

① 程立，程建华. 英汉文化比较词典[Z]. 长沙：湖南教育出版社，2000.

生活环境、宗教信仰等有密切关系，不同语言的谚语就会体现出各自鲜明的文化特色。比如，汉英民族在表达同样信息的谚语时，却运用了不同的类比和想象方式：

鹬蚌相争，渔翁得利。	Two dogs fight for a bone, and a third runs away with it.
挂羊头卖狗肉。	Cry up wine and sell vinegar.
有钱能使鬼推磨。	Money makes the mare to go.

以“挂羊头卖狗肉（Cry up wine and sell vinegar.）”为例。在汉语中，“挂羊头卖狗肉”是从“悬牛首卖马肉”衍化而来。

春秋时代的齐景公是个昏庸无能、愚蠢可笑的国君。他喜欢宫廷里的女人穿着男人的衣饰，因而齐国的一些女人也开始模仿，风行一时。齐景公发现这种情形后，便派官吏制止，结果毫无效果。一天，丞相晏婴来见景公，景公对他说：“我派官吏出去禁止女扮男装，但是禁止不了，这是什么原因？”晏婴回答说：“你在宫里提倡女扮男装，而在宫外却禁止这种打扮，这正如悬挂着牛头做招牌，实际上卖的是马肉（原文是：君使服之于内，而禁之于外，犹悬牛首于门而求卖马肉也）。如果你在宫里禁止，那么宫外的女人也就不敢再男装打扮了。”后来，人们从“悬牛首于门而求卖马肉”衍化出“挂羊头卖狗肉”，用来比喻“表里不一”的虚假作风，即以好的名义做招牌，实际上兜售恶劣的货色。

又比如，在汉人心目中，羊的性格温顺，体态和谐，洁白可爱。汉人对“羊”的这种认知鲜明地体现在汉字的构造上：“羊”与“大”字构成“美”，故在汉文化中有“羊大为美”的说法。《说文解字》：羊，“祥”也。这样，“羊”变成了美丽与吉祥的象征。与之相对，汉语中的“狗”字贬义多、褒义少，常被比喻为供人使役的牲畜或助人作恶的帮凶。于是，与狗有关的词语或成语几乎都带有贬义。如：走狗、恶狗、狗东西、看门狗、哈巴狗、狗汉奸、丧家犬、狗腿子、狗娘养的、狗急跳墙、狗仗人势、狗屁不通等。不仅如此，甚至那些从“犬”旁的字也大都带有明显的贬义色彩。如：犯、猥、狠、狂、狰狞、狡猾等。“挂羊头卖狗肉”这一谚语，正是汉语使用者通过颂羊贬狗的传统观念，并依据“羊”和“狗”外表特征的某些相似性建立类比和联想的结果。与汉语谚语不同的是，英语使用“wine”和“vinegar”做喻体，这或许是因为，英语中的“wine”（葡萄酒）”与“vinegar（醋）”都是用粮食酿成的，它们的酿制过程基本相同，颜色也比较接近，这就容易使英语民族在“wine”和“vinegar”之间建立联想，从而形成不同于汉民族的文化背景以及相关的认知特点。

第三节　本书研究的问题及意义

一、研究的问题

本书主要从认知语言学的“隐喻思维”或“概念性思维”角度入手，对比汉英谚语的共性和个性。

认知语言学认为，语言的形成来源于人类与客观世界的相互作用，词义的产生或扩展是人类隐喻性思维的结果。在语言的文化信息里，谚语是一种重要的表现形式，是文化信息的重要载体，它记载和表达了人类的物质文化、精神文化的发展信息，并代代传承。

谚语作为普遍存在的特殊语言现象和表达方式，是人类认知活动的产物，是以概念隐喻为认知理据的，其形成和理解机制在于概念结构的映射。进一步说，谚语这一特殊的语言表达方式是以人的身体经验为理据的：一方面，概念隐喻中源域和目标域的联系是建立在人们对客观世界的直觉运动感知经验基础上的；另一方面，概念隐喻中的源域概念也是直接来源于人们对外部世界的运动感觉经验。因此，认知语言学认为，以人们最直接的身体经验为基础的谚语是最普通最常见的习语①。

一般而言，谚语所表达的道理，是通过语言使用者把社会生活的特殊情况与更为普通、常见、具体的概念相联系而突显出来的。谚语具有超出各种文化背景差异性的共同特点，其中最重要的就是谚语的运用往往建立在其比喻义基础上，即谚语的运用反映了概念隐喻在人们认识理解世界中的作用。与此同时，谚语还有体现各种文化背景的特性，因为比喻义的运用常常受不同文化传统和语言类型、语言结构特点的制约。

本书立足于汉英谚语，通过对汉英谚语结构类型和语义特点在微观和宏观层面的对比，分析了汉英谚语共性和个性的产生原因，并从汉英谚语形成的理论基础和机制以及谚语理解的文化认知理据等方面做深入探讨，以此证明经验和认知在语言结构和功能的构建过程中所具有的重要作用。

二、研究的意义

作为一种广泛流传并具有特定含义的固定词组或短句，谚语是一种语

① 本书中汉语的“熟语”“习语”等同于英语的“idiom”。

言不可或缺的重要组成部分。经过长期锤炼形成的谚语表现力异常丰富，是语言中的精华和瑰宝，它像一面镜子，洗练、形象地反映了一个民族在不同历史时期的社会制度、风土人情、生活哲理，是语言文化研究的重要内容。因此，建立在汉英谚语结构类型、修辞手段对比之上的认知语言学研究，不仅有助于了解所对比民族的文化特征，有助于从不同文化角度认识谚语所体现的文化内涵，而且在本族语言教学、对外汉语教学、跨文化交际、语言研究等方面都有十分重要的意义。

第一，这项研究成果可以有效地运用于本族语教学和第二语言教学以及对外汉语教学。这是因为语言教学只有同文化教学紧密结合，才能促进语言应用能力的提高。谚语蕴藏着丰富的民族文化，不仅在人们日常生活中广泛使用，而且还应用于文学作品、新闻报道和商业广告等方面。汉英谚语的对比研究可以揭示隐藏在语言背后的深层文化内涵，可以更好地服务于语言教学。

第二，这项研究成果可以广泛地应用于跨文化交际。语言是民族精神的外在表现，与思维有着密切的关系，谚语作为浓缩的语言精华，最能反映本民族的文化特点。汉英谚语对比研究使我们能更加清楚地了解汉英的民族特征和思维方式，从而增进不同文化之间的理解和包容。就此而言，汉英谚语的对比研究具有跨文化交际方面的应用价值。

第三，这项研究成果可以广泛运用于词汇学、语义学以及词典编撰。谚语作为熟语的一种，是人们长期习用、形义相对固定的语言单位，是不同于普通词汇的语言结构单位。对这种语言单位的界定、分类以及在此基础上做进一步的阐释，不仅能够为词汇学、语义学的研究提供重要的材料和研究内容，而且可以为词典编撰提供重要的参考和依据。

第四，这项研究成果能体现文化语言学和认知语言学的价值。谚语结构蕴含着大量的隐喻特征，体现着不同民族深层的文化内涵，从汉英谚语研究入手，不仅有助于我们了解各民族的文化特征，同时有助于我们从不同文化的角度去体会谚语反映的深层认知特点。

第五，这项研究成果可以运用到民俗学研究领域。谚语是人民群众创造的一种现成话，反映和总结了历史和现代生活的种种经验和规律。谚语作为语言的一种形式，随着社会的发展而不断发展，印有鲜明的时代特征，其内容涵盖社会生活、风俗习惯的各个方面，反映了民众对现实社会生活的心声。因此，汉英谚语的对比研究有助于汉英民俗学的对比研究。

第四节 本书的理论基础和研究方法

一、理论基础

大多数谚语既有一个字面意义，也有一个隐喻意义。在传统语言学看来，谚语是一种特殊的语言现象，其隐喻义不能从它的组成成分的单个词汇意义中推测出来。因此，从意义角度看，谚语作为一个整体，其组成部分具有不可拆分性；从修辞角度看，谚语本身是一种“死喻”；从谚语理解角度看，它只能作为一种特殊的“词汇单位”死记硬背。正因为如此，传统语言学把谚语的研究限定在词汇学范畴，认为谚语是独特的一种语言表达方式，像其他词汇一样有内在的词法和句法结构，有其独特的修辞功能、语用功能，有其独立于概念体系的特定语义。因而，本质上是语言性而非概念性的。

认知语言学的兴起为谚语研究提供了新的视角，认知语言学认为，谚语是人类认知活动的产物，是人类体验性活动的结果。大多数谚语是建立概念隐喻基础之上的，正如美国语言学家莱考夫（Lakoff，1993：245）指出：“隐喻映射有些是普遍存在并具有普世性的，而有些则是特定文化所独有的。”谚语的理解是人类从一个知识域到另一知识域的概念结构映射，因而，谚语本质上是概念性的而非语言性的。

本书力图在前人研究成果的基础上，以汉英谚语的对比为切入点，从认知语言学的角度，特别是从现代隐喻理论的角度，结合语言类型学和标记理论的研究成果，对汉英谚语的语言结构形式、语义特征进行较为深入的对比分析。谚语是人类概念系统的产物，大多数谚语具有隐喻性；谚语的形成是人类隐喻性思维与客观世界互动的结果；谚语的理解是一个知识域的结构在另一个知识域的映射；汉英谚语的共性和差异源于不同民族的文化认知。具体而言，本书通过文化因素在汉英语言系统中的积淀，揭示汉英的思维方式、价值观念、社会习俗、宗教信仰、心理状态等特征在谚语中的表现，从而揭示汉英谚语形成和理解的认知机制。

二、研究方法

（一）描写与解释相结合的方法

语言描写是解释的基础，解释则是语言描写的归宿。本书采用描写与解释相结合的方法，首先对汉英两种语言中的谚语加以描写和分类，在此基础上从隐喻认知的角度，结合现代类型学和标记理论的研究成果，对汉英谚语结构形式和语义特征开展微观层面的对比，并尝试性地对谚语形成和理解机制做出解释。

（二）对比分析方法

汉英谚语数量众多，类型纷繁，本书采用对比分析法从复杂的谚语现象中寻找其深层的文化内涵。具体而言，首先，确立汉英谚语对比的基础；其次，从谚语的结构、语义和文化特征等方面加以系统的对比；最后，从认知语言学的角度解释汉英谚语差异的文化理据，从而认识汉英谚语的文化共性和个性。

第五节 语料来源

本书的语料主要依据权威的谚语工具书、语料库以及汉语、英语和汉英对比研究的论著。关于工具书，主要依据《新英汉词典》（*A new English-Chinese Dictionary*，上海译文出版社，2005）、温端政与沈慧云合编的《谚语词典》（语文出版社，2004）、《新华谚语词典》（商务印书馆，2005）和约翰·辛普森（John Simpson）的《牛津英语谚语词典》（上海外语教育出版社，2003）等，从中选取一些典型的、主要是喻体不同、喻义相同和喻体相同、喻义相同的汉英谚语作为本书分析的基本语料；关于语料库，本研究主要采用北京大学汉语语言学研究中心的 CCL 语料库，从中选取一些报纸、小说中口语性较强、通俗易懂的谚语作为本书重要的补充语料；至于从汉语、英语以及汉英语相关论著中引用的谚语例证，为了节省篇幅，不在此列举，请参看脚注、参考文献以及书末附录。

第一章　汉英谚语研究概观

第一节　相关术语辨析

一、汉英熟语的界定及其分类

（一）汉语的“熟语”与英语的“Idiom”

汉语的“习语”和“熟语”几乎是等同的概念。汉语的“习语”分为广义和狭义，广义的习语指词语和意义固定组合的小句，狭义的习语即熟语。对于汉语狭义的习语即熟语，英语有多种对应的词语，如：idiom，fixed/set phrase/expressions，phraseology，formulaic language 等，但最普遍的对译词是“idiom”。正因为有这种对应关系，所以英语的“idiom”可以与汉语的习语、熟语、成语、惯用语等对译，英语中的“idiom”也有广义和狭义之分。从广义上说，“idiom”泛指语言中所有的惯用语和特殊表达方式，如英语口语中的“What is he?”，它表达的并不是其字面意义：“他是什么？”而是习惯用这种方式询问“他是做什么工作的？”从狭义上说，“idiom”是指英语中长期以来惯用的、表达完整意义的、结构定型的词组或短语。《朗文英语成语辞典》把“idiom”定义为“含有特殊意义的固定词语组合，其意义并非等同单个的词义相加。”

汉语的“熟语”不是中国传统语言学的术语，而是 20 世纪初从国外译借过来的，既指某种语言“固定词组或词语的总和”，即“熟语”，也指“研究固定词组或词语的一门学科”，即“熟语学”。

熟语学是近半个世纪以来兴起的一门年轻的语言学分支学科。在我国，语言学家最初研究“熟语”的源流、特点和运用时，较多地受到前苏联“熟语学”体系的影响，将其归入特殊词汇的范畴，主张从词汇学角度去研究。[①] 为了行文的一致性，本书把英语“idiom”和汉语的“熟语”看做同等或对

① 杨万娟. 论谚语和它邻近的种属分界[J]. 中南民族学院学报，2001（3）.

等的概念。

（二）汉英熟语的界定及其分类

熟语是词汇体系中大于词的固定词组的类聚体。[①] 现在，国内外汉英熟语研究领域的术语使用异常混乱，其概念常常是相互重叠的。有时，不同的术语被用来描述相同或相似的言语单位；有时，一个术语又可用来表示不同的言语现象。也就是说，在汉英语界，人们对这个术语的理解和运用存在很大的分歧。

1．汉语学界对熟语的界定和分类

综合汉语学界对熟语的界定及其分类的不同理解，大致可以归纳出以下几种：

（1）熟语包括成语、惯用语、歇后语、谚语、格言，参见胡裕树《现代汉语》（上海教育出版社，1981）、孙维张《汉语熟语学》（吉林教育出版社，1989）、温端政《汉语常用语词典》（上海辞书出版社，1996）等。

（2）熟语包括成语、惯用语、歇后语、谚语，参见武占坤与王勤《现代汉语词汇概要》（内蒙古人民出版社，1983）、张静《新编现代汉语》（上海教育出版社，1980）、易洪川《应用汉语教材》（北京语言学院出版社，1992）等。

（3）熟语包括成语、谚语、俗语、歇后语，参见符淮青《现代汉语词汇》（北京大学出版社，1985）。

（4）熟语包括成语、惯用语、歇后语，参见黄伯荣与廖序东《现代汉语》（高等教育出版社，1997）持这种界定和分类法的人，把熟语定义为人们常用的定型化了的固定短语，它是一种特殊的词汇单位。熟语包括成语、惯用语和歇后语[②]。

（5）熟语包括成语、歇后语、惯用语、俗语、谚语，参见王勤《汉语熟语论》（山东教育出版社，2006）。

2．英语学界对熟语的界定和分类

综合国内外英语学界对“idiom”的界定和分类，大致可以归纳为以下几种：

（1）熟语是词汇的一种，是词的固定组合，其成员是成语、谚语、警

---

① 王　勤. 汉语熟语论[M]. 济南：山东教育出版社，2006.

② 黄伯荣，廖序东. 现代汉语[M]. 北京：高等教育出版社，1997：312.

句和格言、歇后语、俗语与惯用语，参见王德春《汉语谚语与文化》（上海外语教育出版社，2003）、徐通锵《语言学通论》（北京大学出版社，2006）等。

（2）熟语包括动词性习语（idioms verbal in nature）、名词性习语（idioms nominal in nature）、形容词性习语（idioms adjectival in nature）、副词性习语（idioms adverbial in nature）和谚语五大类。除谚语外，每一大类又分成若干小类。这种分类法的立足点是语法结构和语法功能。（陆国强，1983 & 1997）

（3）把熟语等同于习语，并将其分为成语短语、明喻成语、成对词、短语动词、量词短语、谚语等六大类，每一大类中又细分为若干小类。（张以文，《英语习语词典分类》，1999）

（4）把“固定词组”（fixed expressions）等同于“习语单位”（phraseological unit），二者都泛指熟语，它包括凝固搭配、语义上异常搭配（grammatically ill-formed collocations）、谚语、惯用语句、警句和明喻。（Carter，1987；Moon，1998）①

（5）习语（idiom）包括三类：纯习语（pure idiom）、半习语（semi-idioms）和字面意义的习语（literal idiom）。纯习语是一种约定俗成的由两个以上单词组成的非字面意义的词语，如：“kick the bucket”（死）和“spill the bean”（泄漏秘密）；半习语是指其中的一个或多个单词可从字面意义上理解，但至少有一个单词是不能从字面理解的，如：“foot the bill”（付账）和“a fat salary”（高薪）。语义上没有纯习语和半习语复杂的习语是字面意义的习语，如：“on foot”（步行）和“waste not，want not”（不浪费，不愁缺）（Fernando，1996）。

从以上可以看出，国内外学者对熟语或习语（idiom）这个术语的使用比较混乱。刘叔新（1990：119）建议把熟语分为固定语和常语，前者属于语言，是现代汉语的词汇单位，属词汇学研究的对象，包括成语和惯用语；后者属于言语，是比较稳定的语言单位，包括谚语和格言。本书遵从汉英语学术界多数人的观点，把熟语看作一种特殊的词汇单位，由词组构成并大于词的一种特殊的固定词组。成语、惯用语、谚语、格言等单位以意义、构成特点、语用共性为基础聚合起来，构成了有规律、有层次的汉英熟语系统。

（三）汉英熟语的分类及对应关系

从理论上说，不同语言的术语单位和类型是可以对应的。但实际上，

---

① 张　辉. 熟语及其理解的认知语义学研究[M]. 北京：军事谊文出版社，2003.

由于民族语言的特点以及各国语言研究的角度和深度不同，这些术语单位和类型很难做到一一对应，汉英熟语也不例外。在英语中，有关熟语的语言学术语有 idiom，proverb，popular saying，popular phrase，set phrases，maxim，famous phrase 等。这几种术语与汉语的成语、谚语、俗语、格言、歇后语、典故等往往互相交叉，很难一一对应。① 尽管如此，英汉语的这些术语还是可以形成一种大体的对应关系：

"idiom"大致相当于汉语的"成语"，有时泛指整个熟语，《新汉英词典》也解释为"习语"，《牛津现代高级汉英词典》解释为"惯用语"。

"proverb"大体相当于汉语的"谚语"。

"popular saying""popular phrase""set phrases"是三个同等概念，大体对应于汉语的"俗语"和"惯用语"。

"maxim"大体相当于汉语的"格言"。

"famous phrase"大体相当于汉语的"警句"。

根据这个大体对应的关系，本书主要研究英语的谚语（proverb），它是熟语（idiom）的下位概念。

关于英语的"proverb"，《牛津英语谚语词典》序言指出："谚语是传统的、简短而凝练的常言，用来提供劝导或表达寓意。"从有关文献的实际运用看，许多被称作谚语的短语，用我们的术语来界定并不是谚语。18 世纪以前，"proverb"这个术语的含义比现在要广得多，它包括明喻和暗喻的表达方式以及描绘事物的词组等。② 现在我们通常认为，"proverb"应以句子的形式出现。因此，以词组还是以句子为研究对象是传统语言学和现代语言学谚语研究的区别所在。我们在前文已做过叙述，这里就不再赘述。

一般来说，谚语（proverb）的概念有广义和狭义之分。广义的谚语与汉英语的俗语（popular saying）是同一个概念，它还包括格言（maxim）和警句（famous phrase），是一个意义比较宽泛的概念。它有四个特点：（1）为人民群众所创造、所使用，具有广泛的群众性；（2）语句简单凝练，在结构上具有相似的固定性；（3）流传在群众的口头上，具有鲜明的口语性；（4）用于说教、讽喻或表达判断、推理，在功能上具有科学性和教育性。狭义的谚语可以看作以传授知识为目的的俗语。③ 另外，可以根据谚语表

① 王德春等. 汉英谚语与文化[M]. 上海：上海外语教育出版社，2003.

② John Simpson. 牛津英语谚语词典[Z]. 上海：上海外语教育出版社，2001.

③ 温端政. 谚语[M]. 北京：商务印书馆，1985.

达的内容，将其分为隐喻性谚语和字面性谚语（也称非隐喻性谚语）。本书中所研究的谚语是广义的隐喻性谚语。

二、谚语、成语、惯用语、俗语、格言

谚语与成语、俗语、惯用语、格言和歇后语一样，都属于熟语，都是语言中比较特殊的一类符号，是定型的语言表达形式。由于历史的积淀、社会的习用，使得这些语言符号在形式上、意义上、功能上和使用环境上具有区别于其他语言符号的特点，主要表现在：形式上是定型的，意义上是整体的，功能上可以将其当作一个词、一个短语使用。

然而，谚语与成语、俗语和格言之间的界限有时并不十分明显，在一定程度上可以相互转化。正如武占坤和马国凡指出的：它们“彼此同中有异，异中有同，完全用一个标准，把它们从错综复杂的联系中严格的区别开来，是相当困难的。”[①] 王德春（2003）认为，英语熟语的划分并没有非此即彼的清晰界限，而且它们还可以转化。史蒂文森（B. Stevenson）在《麦克米伦谚语、格言和警句》指出：“表达普遍真理和行为准则的、具有句子形式的格言是谚语的幼虫期。格言获得广泛接受，就像幼虫的翅膀丰满，变成谚语飞向世界各地。”这段话形象地说明了熟语种属之间的转化。

鉴于汉英熟语分类的对应情况以及它们之间的相互转化情况，下文就谚语与成语、惯用语、俗语、格言作一简单的区分。

（一）谚语与成语

英语熟语的分类标准与汉语熟语不同。严格地讲，英语中没有与汉语成语相对等的熟语。但是，曾自立（1983）和王德春（2003）认为，英语熟语中还是可以找到与汉语成语相对应的情况。武占坤、马国凡（1980：4）把谚语和成语视为词汇的特殊成分，认为它们都是语言中习用的定型性的现成词汇，是一种在结构上大于一般词语的词组或短句。现拟从语体风格、语言形式、历史来源等方面对汉英成语和谚语加以比较。

成语的语体风格主要以书面语的形式存在，而谚语主要出自大众之口，其语体特点是口语性强，如（/前是成语，/后是谚语）：“弄巧成拙” / “偷鸡不成反蚀一把米”；“本性难移” / “狗改不了吃屎”；“一丘之貉” / “天下乌鸦一般黑”；“求全责备” / “金无足赤，人无完人”；“measure for measure”

---

① 武占坤，马国凡. 谚语[M]. 呼和浩特：内蒙古人民出版社，1980.

（针锋相对）/“tooth for tooth，eye for eye”（以牙还牙，以眼还眼）；“stew in one’s own juice”（自作自受）/“As you make your bed, so you must lie on it.”（自作自受）；“a mere flash in the pan”（昙花一现）/“A wonder lasts but nine days.”（昙花一现）。

成语的语言形式以四言组合（也称四音节）为基本形式；而谚语一般都在四音节以上，并且没有固定的音节数，如（/前是成语，/后是谚语）：“因时（因地）制宜”/“到什么山，唱什么歌”；“滴水穿石”/“绳锯木头断，水滴石头穿”；“众志成城”/“众人拾柴火焰高”；“张冠李戴”/“张公帽子李公戴”，等等。四言组合是汉语成语的特色，英语的成语是两个或两个以上的词或词组的固定组合，其谚语常常是由固定的词或词组组合成的句子。如（/前是成语，/后是谚语）：“put the cart before the horse”（本末倒置）/“Don’t put the cart before the horse.”（切勿本末倒置）；“crying for spilt milk”（覆水难收）/“It is no use crying for spilt milk.”（覆水难收），等等。

成语的意义结合紧密，成分结构不能代替或增减，定型性比谚语强，如：“吹毛求疵”不能说成“吹毛求病”；“cast pearls before swine（明珠暗投）”中的“pearls”“swine”也不能用其同义词“jewery”“pig”代替；“make a mountain of a molemill”（小题大做）中的“mountain”也不能用“hill”代替；“一鸣惊人”一般不能扩展成“一鸣而惊人”；虽然“一鸣而惊人”也可以说，但一般不把它看作成语。谚语的定型性不如成语强，成分结构有时可以代替或增减，如“三个臭皮匠顶个诸葛亮”也可以说成“三个臭皮匠赛过诸葛亮”；“狗嘴里吐不出象牙”也可以说成“狗嘴里长不出象牙”；“留得青山在，不愁没柴烧”也可以说成“留得青山在，不怕没柴烧”；“Fish begins to stink at the head.”（鱼要腐烂头先臭）中的“stink”“at the head”可以分别被“rot”，“from the head”代替；“light come，light go（来得容易去得快）”也可以说成“lightly come，lightly go”“lightly gained，lightly lost”“lightly won，lightly held”，等等。

成语的历史来源一般大都有据可查，它们或来源于古文献中的典故，或来源于古文献中的语句，如：“拔苗助长”出自《孟子・公孙丑上》、“狐假虎威”出自《战国策・楚策一》；“fish in troubled water”（浑水摸鱼）源自于《伊索寓言》。而谚语一般无据可查，多出自人民大众之口。

（二）谚语与惯用语

谚语与惯用语的区别主要表现在语言形式上。汉语惯用语的语音形式主要是三音节为主，多数是简短的定型化词组，例如“敲边鼓、挖墙脚、走后门、高帽子、对台戏”，而谚语的构成形式是短语，而且多为对仗式短语。同样的意思，谚语和惯用语在表达方法上有明显的不同，如：“牵牛要牵牛鼻子”/“牵鼻子”、“平时不烧香，临时抱佛脚”/“抱佛脚”。前者是谚语，后者是惯用语。

英语中“set phrases（固定词组）”大体对应于汉语的“惯用语”，例如：“by and large”（自由地）；“fall in love with”（爱上某人）；“as busy as a bee”（像蜜蜂一样忙）等。但是，英语的“set phrases”又不完全等同于汉语的惯用语。汉语惯用语的音节数常常为三音节，而英语的“set phrases”在音节数量上不仅仅局限于三音节，有的常常表现为两音节形式，如：“come true”（实现）。还有的音节数量是四音节、五音节，甚至更多，如：“fly into a rage”（勃然大怒）；“have one’s head in the clouds”（如坠云里雾中）。

（三）谚语与俗语

温端政（2005）把俗语定义为“汉语词汇里为群众所创造、在群众口语中流传、具有口语性和通俗性的语言单位”。他以叙述的内容和方式为标准，对俗语进行了分类。同时，他把谚语定义为“通俗并广泛流行的定型语句，简练而形象化，大多数是劳动人民创造出来的，反映人民的生活经验和愿望”。他认为谚语有广义和狭义之分，广义的谚语等同于俗语，狭义的谚语是俗语的下位概念，即俗语应包括表述性谚语、描写性惯用语、引述性歇后语，如：“到什么山唱什么歌”“车到山前必有路”等。英语中的“saying”一词用来指俗语，也常用来指谚语。但我们这里所指的俗语，是就其狭义而言，不包括谚语在内，与“proverb”“set phrase”等是并列的。因此，为了区别俗语和谚语，我们把英语中“popular saying”视作等同于汉语的“俗语”。如：“All your swans are geese.”（美妙希望化成泡影）。曾自立（1983：3）认为，从所采取的修辞手段和表达内容来看，有的英语俗语有点像中国的歇后语。如：“The devil lurks behind the cross.”（魔鬼躲在十字架后面——貌善其恶）；“The die is cast.”（骰子出手——大局已定）；“Rob Peter，to pay Paul.”（拆了东墙补西墙——挪东补西）等。本书的研究采用的是对谚语广义的理解。

（四）谚语与格言

《朗文现代英语词典》把谚语定义为“一种广为流传的表达人们智慧的

简短格言”。如：“Live and learn.”（活到老，学到老），“It’s never too old to learn.”（为学不怕年高），“Pride goes before a fall.”（骄者必败）等。“格言”是汉语传统的提法，并不是普通词汇学的术语（武占坤、马国凡，1980：19）。通常说的“格言”，是指那种可以作为人们立身处世的行动准则、道德规范、具有“座右铭”性的言论说。格言是一种“可为法式的言简意赅的语句”（见《辞海》“格言”条）。《现代高级英语词典》对格言的解释是：“用简短的言词表达的行为之公认准则和普遍真理（widely accepted rule of conduct or general truth briefly expressed）”。从格言的定义看，谚语与格言有很多相似之处。但是，把谚语与格言做整体比较，可以明显看出两者的差别：谚语是人民群众生活和斗争经验的总结，内容十分丰富，语言通俗易懂，大多是人民群众的集体创作和口头流传。例如：“虚心使人进步，骄傲使人落后”“只要功夫深，铁杆磨成针”“A watched pot never boils.”（心急吃不了热豆腐），“Too many cooks spoil the broth”（厨师多了烧坏汤）等。格言多用于书面语，内容比较单一，语言形式典雅，说明一般的处世道德和哲理，大多是社会上有影响的人物的个人创造。如：“识时务者为俊杰”“小不忍则乱大谋”“Enough is Enough”（知足者常乐）。有的格言为人民群众所接受并广为流传和运用，已转化为谚语。如：“兼听则明，偏信则暗”“工欲善其事，必先利其器”“He laughs best who laughs last”（谁笑到最后，谁笑得最好）“The children show the man.”（从小看大，三岁看老），“Failure is the mother of success.”（失败是成功之母），“Knowledge is power.”（知识是力量）等。

第二节 汉英谚语界说

一、英语谚语界说

谚语是以简短精练的形式表述事理且具有劝诫作用的传言。关于谚语的定义，很多权威的英语词典都曾做过解释。著名的《韦氏大词典》认为谚语“是一种通用的格言，是一种经验智慧的累积。”《韦伯国际大词典》把谚语定义为“简短的格言，特别是经验、格言、箴言、智慧的浓缩。”《朗曼现代英语词典》对谚语的定义是“一种广为流传的表达人们智慧的简短格言，它语言凝练，常具有鲜明的形象和一定的韵律，易于记忆。”《牛津现代高级英语词典》把谚语定义为“一种众所周知的表述普通哲理和劝诫的俗语。”

一些从事谚语研究的专家也对英语谚语做了解释。例如：蒂泰尔曼（Gregory Titelman）（*Random House Dictionary of Popular Proverbs and Sayings*，ix，New York，1996）在谚语词典的绪论中把谚语视为不同民族、不同年龄、不同时代劳动者的集体智慧结晶，通常以简练的语言形式，更常以隐喻的形式来表述一个普通的思想内容。曾自立在《英语谚语概说》中对英语谚语的定义是“谚语是英美等国人民群众的口头创作，凝集了人民群众生活和斗争的经验，在英美等国人民中广为流传的一种较为定型的富有意义的语句，具有传授经验、教训以及诲人和劝诫等功能，语言简练、通俗，常有鲜明的形象和一定的韵律，易于传诵和记忆。”

二、汉语谚语界说

谚语作为一种在民间广泛流传的语言形式，在汉语里早已存在。在先秦和汉代，谚语和俗语的概念大体相同。先秦文献中有很多有关谚语的记载，当时称作“谚”。随着音节的双音节化，出现了由“谚”和“语”合成的“谚语”，“俗”和“谚”合成的“俗谚”等名称，但所指仍然与俗语相当。如《礼记·大学》郑玄注：“谚，鱼变反，俗语也。”《左传·僖公五年》陆德明注：“谚，音彦，俗语也”。由此可见，不论是所指的语言事实，还是后来的解释，都与俗语大致相当。俗语是与“雅言”相对的，通常被视作不登大雅之堂的村言野语。所以，谚语在古代又被称作“野语”“俗谚”“鄙谚”“鄙语”等。从上述对谚语的解释，我们能很明显地看出，在当时谚语被认为是俗语或市井口头传说。

（一）古籍对谚语的解释

1．传言

《说文解字》谚，传言也。段注：传言者，古语也，凡经传所称之谚，无非前代故训……。

2．俗语

（1）《广韵》：谚，俗言。

（2）《正字通》：谚，俗语，民俗常称诵也。

（3）《礼记·大学》：故谚有之曰：人莫知其子之恶，莫知其苗之硕。释文：谚，俗语也。

（4）《国语·越语下》：谚有之曰。注：谚，俗之善语也。

（二）现代词典和学者对谚语的定义

1．现代词典对谚语的定义

《现代汉语词典》（汉英双语）把谚语定义为“在群众中间流传的固定语句，用简单通俗的话反映出深刻的道理。”

《现代汉语规范词典》对谚语的定义是“谚语是熟语的一种，是民间广为流传的固定语句，用简短通俗的语言说出深刻的道理，是群众生活经验的结晶。”

《辞海》谚语条的解释是“谚语是民间文学的一种形式，而民间文学是群众集体口头创作，口头流传，并不断集体修改、加工的文学。”

2．现代学者对谚语的定义

郭绍虞在《谚语的研究》一书中把谚语的定义概括为：“谚语是人的实际经验之结果，而用美的言词以表现者，于日常谈话可以公然使用，而规定人的行为之言语。”

温端政的《谚语》就谚语的来源和定义作了解释。他指出，谚语在古代典籍常常单称为“谚”或“语”；也有在“谚”“语”之前加“俚”“鄙”“俗”等称作“俚语”“鄙语”“俚言”“鄙谚”“俗谚”等；明清以来的小说，多称作“俗语”“俗话”“常言”“古语”等。谚语在古代被定义为在群众中广泛流传并世代口耳相传的通俗而简练的语言形式。现代人们对谚语的理解包括广义和狭义两个方面，广义的谚语等同于俗语，具有三个基本特点：

（1）为人民群众所创建、所使用，具有广泛的群众性；

（2）语句简单凝练，在结构上具有相对的固定性；

（3）流传在群众的口头上，具有鲜明的口头性。

他把狭义的谚语定义为“以传授知识为目的的俗语。”很显然，温端政没有严格区分谚语和俗语，把谚语和俗语看成是一样的。

武占坤、马国凡（1980）合著的《谚语》从谚语的性质出发，把谚语定义为“谚语是通俗简练、生动活泼的韵语和流传，是人民群众表现实际生活经验和感受的一种现成话。”

王德春（2003）在《汉英谚语与文化》中把谚语看作“意义相对完整的固定句子”。他从四个方面概括了谚语的特点：（1）谚语是语言中一种重要的熟语，是语言相对完整的固定句子，有韵律，用词通俗，修辞生动，言简意赅；（2）谚语是人民生活经验的结晶，人类智慧的闪光，包含特定的文化色彩；（3）谚语启迪人生，指导人们的行为，有传授经验、道德教育、宣传鼓动等社会功用；（4）谚语来自人民的实际生活经验。主要源泉是民间口语，也有相当的谚语来自书面文献，如宗教经典、文学作品等。

第三节　汉英谚语研究综述

一、汉语谚语研究综述

（一）古代的汉语谚语研究

谚语研究有2000多年的历史。在先秦和汉代，谚语和俗语的概念大体相同。俗语是与“雅言”相对的，通常被视作不登大雅之堂的村言野语，所以，谚语在古代又被称作“野语”“俗谚”“鄙谚”“鄙语”等。根据温端政（2000）的观点，本书把我国古人对谚语的研究分为三个时期：

1．先秦时代的谚语研究

通常认为最早的有关谚语研究的典籍是东汉服虔的《通俗文》，该书被认为“开通通俗词典的先河”，“是一部解释通俗用语的词典”（刘叶秋，1983）；“是一部搜罗最丰富、解释最精的俗语词典”（钱剑夫，1986）。另外东汉崔寔的《农家谚》和南北朝时期梁朝刘霽的《释俗语》也是我国古代较早研究谚语的著作。

2．唐宋时期的谚语研究

唐宋时期，由于文学地位的提高，俗语的收集和整理工作进一步受到重视。唐代李商隐的《义山杂纂》和宋代周守忠的《古今谚》是这个时期的代表作。《义山杂纂》是最早把俗语分为“近似歇后语”和“谚语”的著作之一。

3．明清时期的谚语研究

明、清两代，人文学士在俗语的收集和考释方面进入了一个新的阶段，出现了一批带有辞书性的俗语著作。其中，影响较大的有明代杨慎的《古今谚》、陈士元的《俚言解》和清代钱大昕的《恒言录》、杜文澜的《古谣谚》、平步青的《释谚》等。

在等级森严的封建社会，尤其是进入秦汉中央集权的专制时代，君臣、官民的名分区分十分严格。这种严格的等级区分认为语言有雅俗、高低之分，从而使普通民众的语言学习受到了限制，语言的运用也受到了明显的影响。再加上古代书面语和口语的严重脱节，谚语被统治阶级视为下层人所用的、不登大雅之堂的语言。因此，不为统治阶级所重视，研究谚语的成果在学术著述中得不到应有的地位。

总体看来，我国古代对谚语的研究主要集中在资料的收录和来源的考证方面，通常把谚语研究看成是古代汉语方言学的一个组成部分，对谚语的释义和性质认定等理论方面的探讨涉及不多。在传统目录学中有关研究谚语的著述，大都列入子部小说类或杂家笔记、杂谈类的篇章中。例如：南北朝时期梁朝刘霽的《释俗语》录于《隋书·经籍志》中的杂家类，唐代李商隐的《义山杂纂》被录入《宋史·艺文志》中的小说类，宋代周守忠的《古今谚》被录入《四库全书总目》子部小说家类，等等。直到晚清杜文澜的《古谣谚》问世，才有收录谚语的专著。

（二）现代的汉语谚语研究

现代的谚语研究开始于 20 世纪上半叶。这一时期，人们对谚语的性质有了比较清楚的认识，在理论探讨方面取得了显著的成果，基本上改变了 20 世纪前那种重语料收集、轻理论探讨、重考源轻释义、重典籍轻口语的倾向。根据温端政（2000）的观点，本书把我国现代的谚语研究分为四个时期：

1．20 世纪初到新中国成立

这个时期的代表人物是郭绍虞、薛诚之、王顺等。郭绍虞的《谚语的研究》首次用狭义的谚语理解代替了古时对谚语的广义理解，对谚语的内容和形式进行了比较全面、系统的分析，并把谚语、歌谣、格言、寓言等与其他容易混淆的语言形式加以比较。王顺的《北夏农谚的研究》关于农谚及其功用的论述以及农谚时代性和地方性的分析，开创了农谚收集、整理和研究的先河。薛诚之的《谚语的探讨》最先提出谚语是一种语言形式，属于民俗学的范围。全书从谚语的性质、内容、表现方法等方面进行了探讨，同时对中国古今谚语的演变加以考察。作者还把谚语与歌谣、成语、格言、歇后语进行了鉴别。

2．新中国成立到改革开放前

新中国成立后到 80 年代初的谚语研究与当时的政治背景有着密切关系。这个时期的谚语研究比较注重谚语内容、分类和特点等方面的探讨，注重民间谚语的研究，把谚语视为熟语的一种，并逐步开始从语言学特别是词汇学的角度来研究谚语。朱泽吉的《论民间谚语所表现的阶级意识与社会风气》，杨鹏、田光等关于谚语阶级性的研究，马国凡《谚语的特点》，杨欣安《成语与谚语的区别》，王毅《略论中国谚语》等著作是这个时期主要的研究成果。

3．改革开放后至21世纪前

这个时期的谚语研究因受到理论语言学的影响而进入了鼎盛时期，在研究的广度和深度上都达到了新的高峰。在广度上，这个时期的谚语研究范围包括谚语的性质、内容和形式以及谚语产生和发展的结构规律。此外，在谚语的功能研究方面也有一定建树，包括谚语的社会功能、语法作用和修辞作用。主要的著作有武占坤、马国凡《谚语》、王勤《谚语歇后语概论》、温端政《谚语》等。还有一些成果涉及汉英谚语的对比研究，如：郁福敏、郭珊莲《英汉习语对比》、蒋磊《英汉习语的文化观照与对比》；在深度上，注重谚语的语言学研究，注意发掘谚语的内在规律；在形式上，从语音、语法、修辞、语义等结构和特征方面对谚语加以研究，并在研究过程中广泛运用现代语言学的理论和方法；在内容上，注重谚语的文化内涵和跨文化差异，把知识性作为谚语的本质特征，把以传授知识为目的作为认定谚语主要功能的标志，并为谚语与成语、俗语、格言、歇后语的区分提供了更便于掌握的标准，如：孙维张的《汉语熟语学》。

4．新世纪

进入21世纪后，谚语研究取得了新的进展，主要体现在谚语研究不再局限于对谚语结构形式、语义特征、文化特征等的分类和描写上，而是运用了现代语言学（如对比语言学、认知语言学、心理语言学等）的理论和方法，从对谚语的形式研究转向对谚语语义的形成机制、理解认知以及社会功用等深层次方面的研究。王德春《汉英谚语与文化》、张辉《汉语熟语的认知语义学研究》、王勤《汉语熟语论》等是这个时期的代表作。《汉语熟语的认知语义学研究》从认知语义学的角度，运用福科尼耶（Fauconnier）的概念整合理论以及认知语言学的其他理论，对汉语熟语（特别是成语）加以系统的诠释。《汉英谚语与文化》既从语言角度探讨文化，又从文化角度研究语言，竭力阐明两种社会现象的密切关系，并从汉英谚语的渊源、文化涵义、语言特点和社会功用等方面进行了较全面的分析。这个时期的英汉或汉英对比研究也逐渐摆脱了“严重依赖英语语法”的束缚，开始了以汉语为主的对比语言学研究，成果颇丰。但是，目前运用现代语言学理论对谚语进行研究的成果很少，这也是本书研究的主要意图。

二、英语谚语研究综述

（一）西方的英语谚语研究

与我国的谚语大致相似，西方初期的谚语也大多源于格言且带有教训意义。早期西方谚语的突出特点是与宗教有非常密切的关系，大多数谚语是作为传教士及神父用作规劝世人和教育民众的工具。西方谚语研究最早可以追溯到《旧约圣经》（*Old Testament*）中的箴言篇（The Book of Proverbs），是古以色列国王所罗门（公元前 1033—前 975 年）所收集的智者格言。智者所传述的格言在当时应该说是谚语，由所罗门王收集成篇后置于《旧约圣经》中用来规劝世人（周磐林，1975）。

1．古代的英语谚语研究

英国最早对谚语的研究见于 7 世纪中叶盎格鲁撒克逊（Anglo—Saxon）的传教士庞尼菲斯（Boniface）所保存的一封信中。如：A coward often misses glory in some high enterprise；therefore he dies alone（懦夫常常在伟业中因错失荣耀而孤单地死去）。欧洲文艺复兴初期，起源于国外的谚语大量地渗入英国，被译成英文后逐渐融入该国文化。最早的英语谚语集是 1546 年海伍德（John Heywood）的《英国谚语对话录》。之后，有 1641 年出版的福格生（David Ferguson）的《苏格兰谚语集》（*Scottish Proverbs*）、1614 年出版的康登（Camden）《不列颠遗风》（*Remaines Concerning Britaine*）等。英国早期谚语的研究也主要集中在资料的收录和来源的考证等方面，其目的之一是注重实用和教育意义，大多为传教士和神父所作，用来在日常生活中规劝世人。1823 年狄斯累利（Issac D'Israeli）的《谚语哲学》（*The Philosophy of Proverbs*）是英语谚语的早期学术性研究成果（周磐林，1975）。

2．现代的英语谚语研究

20 世纪初欧洲大陆掀起的索绪尔语言学革命，标志着现代语言学理论的诞生，从此语言学的研究跨入一个崭新的时期。20 世纪中后期，认知语言学的兴起，改变了过去人们对谚语的研究方式，开始注重语义的认知理解，从语言和思维的关系角度来解释谚语。泰勒（Archer Tylor）、米德（Wolfgang Mieder）、吉布斯（Raymond W. Gibbs）、霍内克（Richard P. Honeck）等是这个时期谚语研究的代表人物。1997 年霍内克（Honeck R.P.）的《谚语思维——对谚语中睿智的认知理解》（A Proverb in Mind: A Cognitive Science of Proverbial Wit and Wisdom）是这个时期的代表作之一。书中重点从认知语言学的角度揭示了谚语理解的三种理论模式，即扩展了的概念基础理论（The Extended Conceptual Base Theory）、链条隐喻理论（The Great Chain Metaphor Theory）和双语码理论（The Dual Coding Theory）。霍内克（Honeck，1997：5）指出，谚语使用的历史虽有趣但不清楚。了解谚语最早使用时间的唯一途径是文字记录。他把谚语理论研究归结为七种观点：个人观、形式观、宗教观、文学观、实用观、文化观和认知观。霍内克（Honeck）认为每一种观点都有独特之处，有助于我们掌握谚语，但是它们对于我们认知和理解谚语并不具有相同的价值。个人观、宗教观、文学观和实用观的科学目的性不强，而形式观、文化观和认知观具有较明确的科学研究目的，其目的、假设、方法和理论结果也与前四种观点不同。①

（二）国内对英语谚语的研究

国内对英语谚语的研究始于 20 世纪 80 年代，研究者主要集中在外语界。大多数研究成果主要在英语谚语的收集整理、溯流追源、文化内涵、修辞特点和汉英或英汉翻译等方面。曾自立《英语谚语概说》、童之侠《谚语格言》、郭建民《英语谚语研究》、赖金《常用英语谚语》等著作是这个时期的主要代表。曾自立《英语谚语概说》一书主要从文化和运用的角度对英语谚语加以研究，内容包括英语谚语的定义、民族性、思想性、艺术性、句式特点和运用以及翻译等方面，书中也对英语谚语与成语、俗语、格言加以界定和区分。童之侠《谚语格言》、赖金《常用英语谚语》主要是对英语谚语的收集整理。邸雅清《英语谚语初探》、张焕珍《英语谚语的民族性探析》、赵翠萍《英语谚语的修辞色彩》、胡作友《英语谚语的修辞背景及修辞功能》等，则主要从文化的角度，通过英语谚语的源流来探讨它的民族性和修辞特征。

三、汉英谚语对比研究综述

汉英语对比研究建立在人类语言共性的基础上。对于人类语言共性的研究，早在 17 世纪《普遍唯理语法》中就有精辟的论述。19 世纪马建忠《马氏文通》被认为是建立在语言共性基础上的第一部汉语语法著作，其实质是汉英对比。从杨自俭与李瑞华（1990）、王还（1993）、赵世开（2001）、王菊泉与郑立信（2004）等编著的有关英汉或汉英对比论文集中，我们可

---

① Honeck, R.P. *A Proverb in Mind:A Cognitive Science of Proverbial Wit and Wisdom*[M]. New Jersey: Lawrence Erlbaum, 1997.

以看到，书中几乎没有收录有关习语或谚语对比研究的论文。在中国期刊全文数据库检索中，从 1986 年至 2006 年共发表的汉英或英汉谚语对比研究论文有 133 篇，硕士论文有 6 篇，且几乎都集中在我国的外语学界。这些研究论文所采用的研究方法，主要是从静态的共时层面，通过描写和对比来分析汉英或英汉谚语的结构和修辞；研究的内容主要集中在汉英或英汉谚语的文化差异上，如谚语的民族性和宗教性差异等；研究的目的主要是服务于外语教学、翻译和跨文化交流，如贾永芳《论汉英谚语的中西文化差异与文化共性》、张晓玲《汉英谚语的跨文化对比分析》、谢友福《从不同文化看汉英谚语的差异》、蔡丽萍《从汉英谚语的比较看中英文化差异》、宋悦兰《汉英谚语的文化差异》等，研究专著主要有王德春《汉英谚语与文化》。

汉英谚语的对比研究大致可以分为以下几类：

（一）通过对谚语的追源溯流揭示汉英两种语言所代表的文化特点。如郑卫《汉英谚语源流、分类及语言特征比较》、汪德华《汉英谚语的语言共性》、周淑萍《汉英谚语渊源比较分析》、张亚丽等《汉英谚语的共同特点》，等等。

（二）通过谚语的民族性、宗教性等特征透视中西文化的差异和共性，如付海荣《汉英谚语中的民族特色初探》、杨敏芳《试论汉英谚语之民族特色》、胡振东《汉英谚语反映不同的宗教思想与观念》和克利福德（Clifford H. Plopper）《从谚语看中国的谚语》等。

（三）着重从语言文化教学和语言翻译的角度加以对比，如罗虹《汉英谚语的比较与翻译》、时慧《汉英谚语的比较及其英译》、李气纠《汉英谚语的文化分类及其翻译》、包通法《谚语的文化沉淀的认知与翻译》、黎晓容《从汉英/汉英谚语翻译对比看东西文化之异同》等。

（四）着重从语言的形式、语义和语用特点来对比分析谚语，如王德春等《汉英谚语语义对比》、柳燕梅《认知结构在谚语理解中的表现特征》、包通法《谚语的文化沉淀的认知与翻译》、张舒《汉英谚语文化含义比较研究》、温洪瑞《汉英谚语文化涵义对比研究》、笪玉霞《试析汉英谚语的语义和句法特征》、张连超《成语和谚语意义的认知理据》等。

（五）通过汉英谚语的对比，揭示两个民族在婚恋观、时间观、价值观等方面的文化差异，如冯晓辉《含动植物词的汉英谚语研究》（硕士论文）、魏丽娟《汉英谚语中动物意象的比较研究》（硕士论文）、王曰珠《汉英谚语中共存的女性歧视现象及其原因》、龙千红《汉英谚语中的女性形象及其成因》、张逵等《从谚语看汉英民族传统婚恋观》、杨宏《美国价值观在英语谚语中的体现》、陈旭宏《美国人的时间观在英语谚语中的折射》、刘尚贤《汉英语中关于金钱谚语的对比研究》等。

（六）通过汉英谚语修辞特点的对比，揭示汉英文化上的差异，如傅云霞《汉英谚语修辞特点比较》、方小兵《英语辞格分类与汉英辞格对比》、王德春等《汉英谚语修辞》、张少林《汉英谚语主要修辞形式比较》、邹艳等《汉英谚语修辞特点的比较》、童长清《论汉英谚语语言修辞特色的相似性》、倪景亚《英语谚语的句式结构及修辞特点》、牛桂玲《汉英谚语的语言结构与修辞》。此外，还有个别论文涉及汉英谚语的社会功能研究，如刘玉来《商业谚语促销作用探析》等。

综观英语和汉语谚语研究以及汉英谚语的对比研究可以看出，长期以来，学者们虽然对谚语进行了大量的研究，但由于种种原因，这些研究还不够充分，对谚语的关注远不及成语和惯用语等。从已有的研究情况看，谚语的研究重点主要集中在对谚语的界定以及与其他熟语属类的比较、谚语与文化的关系、谚语的修辞特点、谚语的翻译和汉英或英汉谚语的对比等方面，有关谚语意义方面的研究成果并不多见。

随着认知科学的发展，语言学家逐渐把认知科学的研究成果与语言研究相结合，开始从认知的角度研究语言。谚语作为语言的重要组成部分，当然也不例外。从西方的研究趋势看，谚语研究已经从描写和对比开始转向隐喻认知研究，即从静态分析转向动态研究。但笔者发现，目前国内学者还缺乏对谚语的认知语言学研究，特别是从认知语义学的角度对谚语加以研究的成果还不多见，如谚语的形成和理解机制、语篇功能和使用者的心理等。本书立足于认知语言学，借鉴莱考夫（Lakoff）和福科尼耶（Fauconnier）等人的隐喻理论研究成果，运用对比语言学的理论和方法，对汉英谚语的语义特点、谚语形成和理解的机制、谚语理解认知的文化理据进行尝试性的研究。本书力图证明：谚语是人类隐喻认知的产物，大部分谚语不仅建立在概念隐喻基础上，而且深深扎根于本民族的文化土壤。

小　结

英语的“idiom”与汉语的习语、熟语、成语、惯用语等具有广义上的对等关系，熟语学是近半个世纪以来兴起的一门年轻的语言学分支学科。在探究汉英熟语界定及分类的基础上，进一步对谚语、成语、惯用语、俗语、格言等相关术语的内涵进行了区分：成语在语体上偏重书面语，而谚语则更重口语性；惯用语多是定型化词组，而谚语多为对仗式短语；俗语在广义上与俗语等同，具有口语性和通俗性，反映人民的生活经验和愿望；格言通常作为人们立身处世的行动准则和道德规范，谚语的内容要更为广泛，大多是人民群众的集体创作并口头流传。英语谚语研究最早可追溯到《旧约圣经》，20 世纪现代语言学的出现揭开了现代英语谚语研究的序幕，并随着认知语言学的兴起开启了对谚语的语义、语言与思维关系的研究。我国的谚语研究始于 2000 年前的先秦时期，现代汉语研究则始于 20 世纪上半叶，进入 21 世纪后，采用现代语言学理论和方法，如对比语言学、认知语言学、心理语言学等，对谚语的形式研究转向对谚语语义的形成机制、理解认知及社会功能等方面的研究。

汉英对比研究内容涉及两种语言的文化特点、谚语的民族性、宗教性、英汉谚语互译、英汉谚语的修辞特点等。已有研究成果采用认知理论及以语义形成和理解机制的研究还不充分，因此，运用对比语言学的理论和方法，对汉英谚语的语义特点、谚语形成和理解机制、谚语认知的文化理据研究是我们的出发点，并以英汉民族思维的隐喻共性作为对比的基础。

第二章 谚语研究的哲学基础

语言是人类与自然的纽带、江河日月、悲欢离合、美丽与丑陋、文明与野蛮，怜悯与冷漠无不杂居在这片神奇的精神土地上。语言丰富了世界，人类借助语言构建客观事实，客观世界的不可知性才变得日益清晰；客观世界通过语言折射人类的心理认识世界，语言规则是现实对象的规律在语言中的投射，语言和人类的认知密不可分。

洪堡特说，一个民族的精神就是他们的语言。语言是民族的最根本特征，民族之间的差异主要表现在语言的差异上。语言与思维具有发生学的同源性。没有语言，人类的理性思维就丧失了思想的表达工具，失去了生存的土壤。同时，人类的精神活动也不断地影响语言，在语言与精神之中，真正起主导作用的还是人的精神。

谚语是广泛流传于民间的言简意赅的短语，多数反映了劳动人民的生活实践经验，而且一般都是经过口头传下来的。它多是口语形式的通俗易懂的短句或韵语，人们生活中常用的现成话。谚语类似成语，但口语性强，通俗易懂，而且一般都表达一个完整的意思，形式上差不多都是一两个短句。谚语内容包括极广，有的是农用谚语，如“清明前后，栽瓜种豆”；有的是事理谚语，如“种瓜得瓜，种豆得豆”；有的属于生活上各方面的常识谚语，如“饭后百步走，活到九十九”。类别繁多，不胜枚举。谚语跟成语一样都是语言整体中的一部分，可以增加语言的鲜明性和生动性。谚语作为一种特殊的语言形式，在某种程度上反映了人类对于大自然的认知总结，反映了民族的文化和精神。

而哲学是文化的根、语言研究的摇篮。以大自然为研究对象的哲学是万物之学、智慧之学。自语言文字诞生的那天起人类就开始了对语言性质的思考。在谚语的哲学基础探讨上，本书将沿着一条主脉，即语言作为人类体验世界结果的一部分，西方哲学称之为“非客观主义”“新经验主义”或“体验哲学”等等。这种语言研究的思维取向，强调了人的身体经验、认识方式、联想能力在获取知识、建构知识中的重要作用，注重人在概念形成和表达中的能动性。在相似的客观事物面前，人类的思维为什么会各具特色？表述与结构有什么不同？人类虽具有相似的概念化能力，但会由于经验的不同会产生不同的概念系统。在英汉谚语的研究领域中，大多数研究主要呈现以下特征：（1）集中在习语的结构形式、韵律特征、词汇特点等微观层面以及谚语的文化特征等宏观层面；（2）从认知及隐喻的角度进行研究；（3）从语言对比角度出发，探讨英汉习语在各方面的异同。这些研究侧面都是从可以观察到的语言用法外部对语言加以研究，没有从人类的理性发展探讨语言形式形成的潜在人类认知规律。

谚语的形成凝聚着人类的智慧，是对客观事件认知的基本表达。谚语体现了人与外部世界的相互作用，以及人类自身的身体体验的总结。本书将从哲学的不同角度和侧面对谚语的认知基础加以探讨，主要分为三大部分：（1）从心智哲学角度加以探讨；（2）从认知语言学即心理空间及概念合成理论的角度；（3）从体验哲学的角度。这三个方面既各有偏重，又不互相重叠。但是它们具有同源性，都认为语言形式与人类的思维以及身体体验具有极大的相关性。甚至可以认为，人类的思维与身体体验构成了语言表达的基础。而谚语作为千百年来形成的人类最直接、最简练的形式更能反映人类与外部世界的思维和身体交互。

第一节　心 智 哲 学

一、心智哲学的基础

心智哲学或心灵哲学（philosophy of mind）是以认知科学为背景，与分析哲学和语言哲学有着深刻渊源的哲学理论。它研究人们的心智、意识等及其同身体尤其是大脑的关系（徐盛恒，2010：30-35）。心智不是物理实体，不能将其物化。当我们提及人们具有“心智”时，我们讨论的是人们的特征而不是人们所拥有的某种物体。人们具有“心智”意味着人们能够感觉和思考等等。心智哲学的研究目标是要解决三个问题：（1）心智的本质和心智的工作原理；（2）心脑问题；（3）有关心智的各种各样的心理概念应如何进行分析的问题（章士嵘、王炳文，1996：6-7）。

心智（mind）概指人们的心理和智能的显现，具体指人们对事物的认知及其沉淀、储存和提取，通过生物（大脑及其他器官）反应而回应外界动因的能力总和。心智哲学是对这一总结的哲学思考、解释和概括。心智哲学视域下的语言研究是基于常识的研究方法，主要表现为以三个常识性的假设（此处所谓假设，即不言自明的常识。）作为出发点，对人类意识展开研究和描写。心智哲学视域下语言研究的涌现（emergence）指的是意向材料以涌现的方式呈现在人脑中。涌现观认为，意识材料的呈现形式往往并非文字或语音，而是场景图片（image/figure）。这些场景图片所传达的意义远比图片的构成元素所蕴含的含义叠加起来更为丰富。

心智哲学视域下的语言研究把影响人类观念的立场分为三类：物理立场、意向立场和设计立场。意向立场决定意向态度。心智哲学认为，意向性倾向于“利己”的根本特征，这就是心智哲学领域下语言研究的意向观（intentionality）。

既然我们要使用心智哲学视域下的语言研究方法，我们需要先了解这种方法的由来。心智哲学视域下的语言研究方法由徐盛桓教授于上世纪 90 年代提出，并在 2000 年以后渐成体系。心智哲学研究基于三个假设：（1）语言最基本的性质是基于心智，语言的基本属性建立在心智基础之上；（2）感知觉信息的表达是语言运用的基础，语言表达的是感觉和感受；（3）语言表征的是心理表征，语言表达的内容是记录和描写心智的结果；持四个观点，即计算观、意识观、意向观和涌现观。

在心智哲学中，意识被视为一个过程。这个过程从物理信息的输入开始，通过一系列计算推导，最终在人脑形成感觉和感受的生物信息。这个感觉和感受通过语言转换，形成话语表达出来。所谓计算，其实是一种隐喻的表达。喻指在心智哲学视域下，话语产生过程具有代数计算特征：有基本变量、参照变量、计算模型、结果变量等称谓概念，有建模、推衍、拓扑等进程概念。但是，我们并不认为话语的产生过程等同于计算机所使用的数理语言过程，只是取其相似之处而比喻。当研究处于初始阶段，往往因为缺少自有术语而不得不借用其他相关学科的术语加以描述，这也是一种常见情况。这就是心智哲学视域下话语生成的计算观（calculation/communication）。依据心智哲学视域下话语生成的计算观，话语的生成过程是动态的、连续的、内容上相互关联的。

感觉主要基于生物物理过程，是形成感受的基础；感受源于生物心理过程，有时（在自由意志的影响下）也可反作用于感觉。基于感觉形成的意识称为原始意识（primary consciousness）。而自由意志体现在心理上就是自主意识或者反思意识（reflective consciousness）。正如齐振海先生所说，智能体的感觉总是选择自身可能获得意义的事物，而语言、认知和思维以智能体的身体性和感觉运动系统为基础。意识活动表现为知、意、情三者的统一：知指知识，指对客观世界的知性与理性的认识；意指意志，指在追求某种客观世界为目的和理想时所表现出来的意愿、志向、毅力、信心等的精神状态；情指情感，指对客观事物表现出来的情绪、感觉、评价。意识就是对客观事物知意情的综合心理反应，语言运用表征的就是人类的知意情，这是心智哲学视域下话语生成的意识观。

与其他哲学思潮相比，心智哲学最显著的特点是将哲学问题与人的身体、心智联系起来。哲学不再是一个游离于“人”之外的抽象概念，而是与人的生理结构、心理结构及心智状况密切相关的理论体系。随着科学的发展与分化，心智已不再是哲学家专属的研究对象，心理学、神经生理学、脑科学、语言学、人工智能、神经控制论、人类学等学科从各种专业角度对其加以讨论。科学的发展使心智哲学成为一门被冠之以“哲学”之称的交叉学科。

心智哲学与语言研究的联系纽带在于语言是基于心智的，语言对现实的表征依赖于大脑对现实的表征。语言活动在心智哲学中被看作是心智活动的反映，心智活动是哲学研究的对象（徐盛恒，2010：30-35）。语言研究的取向随着心智哲学的演化而有所不同。

二、心智哲学的历史演化

心智哲学不是脱离历史传承而凭空出世的学科，“身心”关系是哲学界一个古老而复杂的话题，也是促使心智哲学产生的根源。20 世纪 50 年代，与逻辑实证主义和分析哲学一脉相承的心智哲学，在认知科学发展的背景下，特别是脑和神经科学发展背景下的重新建构。探索心智的路程经历了两千多年之后，以“心智”命名的哲学理论最终走向了历史的前台。

（一）逻辑实证主义阶段——心智哲学的孕育

20 世纪初，哲学领域中的逻辑实证主义（logical positivism）与心理学领域中的行为主义（即华生之行为学说）遥相呼应，相辅相成。两者都以“证实”为原则，旨在清除非科学的思考。逻辑实证主义产生于相对论的创立和量子物理学发展的背景下，它以经验为根据，运用逻辑分析工具进行推理，采用剖析语言的方法，用概率论来修正结论。逻辑实证主义试图把包括心理意向等现象还原为外在的、可观察的物理行为，拒斥形而上学。它具有非常浓厚的科学主义精神，主张哲学只有成为科学的工具，才有存在的价值和意义。

逻辑实证主义的中心问题是意义问题。它提倡命题如果是可以证实的，就有认识意义、是科学的；如果不可证实，就没有认识意义、是不科学的。石里克（Moriz Schlick）在《哲学的转变》中提出：我们现在认识到哲学不是一种知识的体系，而是一种活动的体系，这一点积极表现了当代伟大转变的特征；哲学就是那种确定或发现命题意义的活动。哲学命题得到澄清，科学使命题得到证实。科学研究的是命题的真理性，哲学研究的是命题的真正意义。逻辑实证主义把哲学问题归结为语言问题，认为哲学的任务就是对语言加以逻辑分析，哲学以研究语言的有意义和无意义为基础，命题意义是它的证实方法。

该派所倡导的逻辑实证主义精神使科学的方法走进哲学，它以对语言进行证实的方式清除了形而上学，对心智问题进行了概念的逻辑分析，对心理意向进行实证的物理还原，为心智哲学的发展奠定了基础。

（二）“语言转向”阶段——心智哲学的成长

“语言转向”来自于分析哲学的发展。分析哲学是一种以语言分析作为哲学方法的现代哲学流派，它认为哲学的许多问题是由于语言误用造成的，对语言的清理是分析哲学的基本任务。分析哲学思想丰富而庞杂，但各分支学派都遵循着一个普遍特征：即重视分析方法和重视语言在哲学中的作用，把语言分析当作哲学的首要任务，旨在通过语言分析来解决哲学问题的分析哲学运动促成了哲学中的“语言的转向”。语言不再只是工具，而是人类的存在家园，“只有语言才使人成为作为人的生命存在”（Heidegger，1971：189）。

“语言转向”经历了前后两个时期。第一个时期是以早期维特根斯坦为代表的分析哲学，以数量逻辑为哲学分析的工具，以形式语言为哲学分析的基础，强调日常语言的不规范性。第二个时期是以后期维特根斯坦、奥斯汀等为代表的语言哲学，以在经典逻辑基础上建立的哲学逻辑、语言逻辑和人工智能逻辑为分析工具，将研究的基础转向日常的自然语言。心智哲学与分析哲学或语言哲学是一脉相承的，它是语言哲学在认知科学发展背景下的理论重建，语言哲学的发展最终使心智哲学成为一个独立的研究方向。

（三）“认知”转向阶段——心智哲学的成熟

心智哲学在哲学中举足轻重的地位取决于从语言到心智本身和认知研

究的转向。心智哲学与过去的哲学都不同，它不是一般地关注主体，而是关注与脑和心智相关联的语言能力。这样，脑与心智就处于哲学的核心地位——这就是哲学认知转向的意义（蔡曙山，2008：43-52）。

塞尔（J. R. Searle，1932—）通过研究意向性和人工智能，完成了心智研究上的认知转向，他称自己的心灵理论为“生物学的自然主义”的心理理论。塞尔称之为“生物学”是因为对精神现象存在的解释方式是生物学的而不是计算机式的、行为的、社会的或语言的解释方式；称之为“自然主义”是由于心灵是自然的一部分（Searle，1998：54）。传统哲学将“物理世界（身）”与“心智（心）”完全割离开来，以探讨两者之间的关系为目标。塞尔理论调和了物理世界与心智之间的矛盾，将哲学的目标调整为在两者相容性的理解。心灵现象被赋予了本位论的地位，但与计算机程序不同，心灵具有内在的心理内容，程序的形式句法本身不能保证具有心理内容，也就是说，这种本位论具有主观意义。福德（Fodor）的心理表征理论也将物理世界与心智的边界进行淡化。心理表征理论的核心是“思维语言”，这类似于一种生物学意义上确定的代码，以心理表征形式编码的信息在外来刺激与行为之间起着中介作用，心灵犹如在大脑中运行的软件（任晓明、李旭燕，2006：46-52）。心理表征理论更加明确地把心灵整合到了物质世界中。

“身心”相容的结果是人类包括语言在内的一切活动都是心智的反映，心智哲学是认识人类自身的出发点。因此，塞尔（Searle，1999：2069-2080）提出：“50 年前，语言哲学被认为是第一哲学，而现在这一位置已为心智哲学所取代。”至此，心智哲学完全走入历史的前台，成为 21 世纪的“第一哲学”。

三、语言研究的心智哲学取向

在心智哲学的发展初期，“认知”转向还没有彻底实现，认知科学的影响还没有完全介入到语言研究中，从研究方法和研究目标的角度，语言研究主要处于形而上学的范式。这一阶段语言研究的主要取向是“意义”问题，“意义”被认为是揭示语言本质的首要问题，也被认为是解决哲学问题的出发点。根据不同的研究传统，这段时期对“意义”的研究主要形成了两个研究派别。一派以弗雷格（Frege）为传统，研究重点在强调逻辑的形式语言，一派以摩尔（Moore）为传统，研究重点在强调应用的日常语言。

弗雷格把说话者作为一个认知主体，从说话者所具有的知识角度来说明语言表达式的意义，他主张意义与指称（reference）是相区别的。弗雷格认为句子的认识价值不是取决于指称，而是取决于意义（Frege，1948：209-230）。按照他的观点，“晨星是晨星（a=a）”和“晨星是暮星（a=b）”虽然都符合指称的对应形式，但两个等式的功能是不同的。前一个句子是同语重复，没有为我们提供任何新知识，不具有认识价值，后一个句子则提供了新的知识。“晨星”指日出以前出现在天空最亮的星，“暮星”指晚上最亮的星。两者同指“金星”，指称相同，但意义不同。

弗雷格的意义理论引起逻辑研究方式的转变，构建了比较完整的逻辑演算系统。他认为日常语言具有不确切性和模糊性，包含了许多边界不明的述谓，不能通过设置规则和逻辑关系来解决这些非科学话语中存在的问题。倡导将科学、逻辑和数学作为解决语言以及哲学的方法，旨在通过以精密方式表达思想的逻辑概念创建出一种完美的或理想的形式语言。同时代的罗素也认为日常语言不能逻辑地、科学地表达意义、理解思想与世界，从而主张创造精确的人工语言系统。罗素的研究使语言的分析更加趋向于形式化。其他的实证主义者，如早期的维特根斯坦和奎因（Quine）等人的研究成果也都为弗雷格和罗素的观点提供了注脚。

摩尔以“捍卫常识”的立场著称，认为日常判断和行为在研究语言“意义”问题上具有优越性，日常实践是语言和哲学的检验标准。他坚持采用日常语言分析的方法来解决“意义”问题，推崇日常语言分析。

后期维根特斯坦是继承摩尔传统的代表人物，他反对构造人工语言，主张研究自然语言中词和语句的用法。传统的意义理论认为意义就像是蕴含在词语里的一种实体，任何面对同一词语的人都会得到相同的意义。维氏对此表示异议，他认为意义并不是一个恒定不变的东西包藏在词语之中，它有赖于我们在不同的语境条件下对它所做的不同理解（周宪，2000：332）。维特根斯坦在《哲学研究》中指出：“每个符号自身似乎是死的。是什么给了它生命？——它在使用中才是活的。”维特根斯坦的论述明确了他关于“意义”的核心思想是“语言的意义在于应用”，强调语言的使用及其心理因素对语言意义的影响。

奥斯汀继承了“意义即应用”的思想，他重视对日常语言的词语和句子的意义分析，特别重视对语言发生的语境因素分析。他的“言语行为理论”从研究日常语言的功能入手，阐释了人们如何应用语言表达句子的意义和言外之力（illocutionary force）。格赖斯 （Grice）通过交际意向分析语言意义，意在解决除了语言结构之外，还有什么因素使语言表达富于意义的问题。他认为语言意义是由说话者通过言语使听众识别他的意向，并产生一定言语效果的过程（Tyler, 1992: 3-51）。语言的意义包括通过句子结构自然表达的自然意义和与说话者的“意向”相联系的、具有规约性的非自然意义。奥斯汀和格赖斯等对意义理论的阐述基本上构成了现代语用学的雏形。

在心智哲学发展阶段，语言和心智的研究处于中心地位。当时认知科学还只是处于萌芽阶段，语言的研究方法基本上采用形而上学的范式。研究者们热衷于语言和如何表达人们的思想与思维活动，因此“意义”为主要的语言研究取向。两种对“意义”的研究方法都注重分析手段、人工语言分析的方法是形式上的简化，把复杂命题简化为简单命题，把复杂概念化为简单概念；日常语言分析方法是意义上的简化，主张“释义”，也就是把一个句子或一个词与其相仿或相反的句子或词相比较，在比较中理解其用法和意义。心智哲学的发展推动了形式语言由自然语言分析的转变，语言研究不仅注重句法和语义的分析，更加注重语言分析中人的因素和身心关系。

第二节　体 验 哲 学

认知语言学是近几十年语言学界兴起的一种新的语言研究领域，是将人的语言能力当作一种认知能力来加以研究的，或专门研究语言与认知之间的关系。与生成语言学注重形式、从形式出发不同，认知语言学重意义、从意义出发。认知语义学是认知语言学的一个重要组成部分，它的发展与现代语言学的发展密切相关，但与语言学研究不同的是，它的发展既有语言学的传统，又有哲学的传统。尤其是在 19 世纪末和 20 世纪上半叶，语言哲学的研究对现代语义学的发展产生了重大而深刻的影响。到了 20 世纪 70 年代之后，在逻辑学和语言哲学发生转向的大环境下，语义学生发出了形式语义学和认知语义学两个重要分支。形式语义学和认知语义学最显著的分歧在于对语言命题真值的看法不同，前者把真值局限在真值条件上（Montague，1974），后者则认为真值取决于由情感、意图性和行为组成的经验世界，它本质上是隐喻性的（Lakoff & Johnson，1980）。因此，蒙塔古的做法实际上是把日常语言简化为一种形式化的语言，他的基本方法就是给句子指派真值，以形式语言以及常项、变项、谓词和量词等为研究目标；而认知语义学更多关注日常语言功能的丰富性，具体就体现在对语言中人类经验意义的多样化重视上，把语言意义视为心理活动的产品，或者从更根本来讲是身体结构和身体活动对客观世界的反映，体现了非语言经历向语言转化的概念化过程。

一、体验哲学的历史演化

（一）早期体验哲学的基本观点

体验哲学的思想雏形是莱考夫在 1987 年的《女人、火和危险事物》中提出的，当时他称之为“Experientialism”或者“Experiential Realism”；在 1999 年莱考夫与约翰逊合作的著作《体验哲学》中，他们二人丰富并确立了一个全新的哲学理论，即“Embodied Philosophy”，对西方长久以来的经验主义或唯理主义的传统哲学观提出了质疑和批判，对哲学、认知科学特别是认知语言学产生了深远影响，成为划分第一代和第二代认知科学的分水岭，成为认知语言学的主要哲学基础。

西方传统哲学的基石是：我们能得到关于世界的绝对的、无条件的真理，对于理性主义者来说，只有先天的推理能力能给我们关于真实世界的知识；对于经验主义者来说，我们关于世界的全部知识是来自我们的感知（直接或间接），是由感觉能力所建构的。而莱考夫和约翰逊两位教授则认为人类的思维主要是隐喻性的，二人早期将这一主要理念称之为“新经验主义”，到了 1999 年改称为“体验哲学”。这种全新的理论吸收了客观主义的合理成分，但在许多关键性原则立场上，则对客观主义进行了彻底的批判，认为这种理论在本质上是错误的，丢弃了人在认识范畴、形成概念、进行推理和建构语义时的主观能动性，忽视了人的身体经验、生理构造、认知方式和丰富想象力所起到的重要作用。但同时他们意识到：否定客观主义并不等于要走上主观主义的道路。主观主义者不顾外界实际，单凭主观意识和想象，主张主观与客观分离，把头脑中的模式作为思维第一性的东西，并认为意义和真理不受客观现实的约束，这显然是十分荒谬的。因此，他们提出了非客观主义的五个观点，这些观点构成了体验哲学的认识基础：

（1）世界范畴的主客观性和依存性。现实世界中的范畴、关系是通过人的主观作用被认识的，客观外界不可能独立于人的意识，必须充分考虑到范畴化过程中人的因素。

（2）人类思维的体验性和互动性。人们的思维、心智、概念都是直接基于现实世界、感知体验、身体运动，不可能与生理、神经无关，具有体验性。客观世界中的范畴、特征、关系对其形成有基础性的始源影响，但不可能像客观主义所认为的那样是镜像般的影射，而是身体与客观外界互动的产物。

（3）心智结构的隐喻性和完形性。由于人在认识世界中发挥着一定程度的主观能动性，心智结构要超出对现实的直接映射，在体验的基础上运用了隐喻、换喻等方式，使得人类不断形成抽象概念，发展出抽象思维能力。人类的思维、心智、推理在本质上是隐喻性的，具有创作性。因此，思维、心智就不可能像计算机一样对抽象符号进行机械运作，心智的完形性决定了它不可分解为“建造构块”。

（4）概念结构的非符号性和建构性。概念结构不是符号结构，不与外界完全直接对应，这是因心智结构和思维方式具有上述特点所使然。概念结构是在人的身体和大脑与客观世界互动基础上建构而成的。同时，思维的完形特征使得概念具有整体性，可用认知模型来描写人类的概念结构。

（5）意义系统的模糊性和整合性。意义是基于体验的心智现象，是主客互动的结果，具有动态性、相对性、模糊性，不能用简单组合和形式主义的方法通过运算获得。意义主要依靠原型范畴理论来限定，要用整合方式对其加以描写。

二、体验哲学的成熟

到了 1999 年，莱考夫和约翰逊在二人合著的《体验哲学》中，将早期的思想概括为三条基本原则：心智的体验性、认知的无意识性和思维的隐喻性。

（1）心智的体验性

人类对外部客观世界的把握，并不是客观的、镜像的反映，而是由身体经验形成范畴或概念，身体、大脑与环境三者互动，为日常推理和思考提供认知基础。

莱考夫和约翰逊（1999：497）指出：“概念是通过身体、大脑和对世界的体验而形成的，并只有通过它们才能被理解。概念是通过体验，特别是通过感知和肌肉运动能力得到的。”可以想象，人类是从认识自己和认识空间开始逐步了解世界的，因此空间概念和身体部位是我们形成若干抽象概念的两个主要基础，既是人类原初思维的起点，也是人类思维范式的最重要隐喻源。正是依赖人的身体经验和行为，概念和范畴才得以形成，而认知结构和范畴知识作为中介层将语言和现实连接起来，既赋予语言以意义，同时给现实以语言符号。因此，反映在语言中的现实结构是人类心智的产物，而人类心智又是身体经验的产物，使得认知、心智、知识成为可能的，只能是人的身体经验而不是什么超验。基于体验哲学，语言的普遍性并不是因为乔姆斯基所说的人生来就具备的普遍语法结构，而是因为全人类面对的是同一或基本相同的客观世界，共享自然规律；我们还有相同和类似的身体器官、感知能力和认知能力，这就决定了使用不同语言的人具有基本共同的思维，成为人类能够交际、理解和互译的认知基础。

泰勒（Taylor，2002）指出，认知语言学的研究是三元的，其基本问题是语言与心智的关系，在这个理论框架中，语言、世界、感知的关系始终是核心：语言从自然属性上可以看作是一套符号系统，从社会属性来说则是人们交流、交际的工具，从心理属性上来说是人们思考和认识世界的工具。认知语义学倾向于从概念形成的过程和特点来定义词的意义。例如，想要理解“星期一”的概念，必须置于“一个星期有七天“这个背景下才行得通；”对“岛”的概念的理解，必须依赖“陆地”和“水”的概念以及二者间的关系。塔尔米（Talmy，2000）也认为，认知语义学应当关注语言中概念内容赖以组织的规律和过程，语言的形式特征应该更多地从概念的角度予以考察，通过心理结构来解释语言中有关概念现象的特点；同时，在充分理解语言如何实现这些结构的基础上，发现这些结构本质所具备的一些特点。

（2）认知的无意识性

乔姆斯基语言观的哲学基础主要来自笛卡尔（Rene Descartes，1596-1650），但在某些地方略有不同，如笛卡尔认为推理、语言是有意识的，而乔姆斯基则认为是无意识的，莱考夫和约翰逊二人则认为乔姆斯基对认知科学做出了很大的贡献，使得第一代认知科学得出了“认知的无意识性”这一重要结论。

认知的无意识性指我们心智中的所思所想没有直接的直觉，我们即使理解一个简单的话语也需要涉及许多认知运作和神经加工过程，而视觉、听觉、嗅觉等神经加工的过程并不能被意识到，大部分的推理过程和语言习得也是在无意识状态下进行的。当人运用范畴和原型对事物概念化时，每一个原型就相当于一个神经结构，它能使我们进行与范畴相关的推理和想象，但此类推理和想象也是无意识的过程，占据了思维的很大比例，并成为意识思维的基础。这种无意识认知就像一只“看不见的手”，指挥着我们对经验的概念化。传统英美分析哲学认为所有思维都是有意识的，通过先于经验的反思就能完全知晓，在体验哲学这里是行不通的。

因此，在体验哲学这里，客观世界是人们体验和认知的基础，认知是人们对客观世界感知和体验的过程，是人与外部世界、人与人互动协调的产物，是人对外在现实和自身经验的理性看法，通过认知人们才能对世界万物形成概念和意义。人类通过原型对范畴概念化，每一个原型都是一个神经结构，它使我们进行与此范畴相关的推理和想象，但这种基于原型的推理并不为我们所意识，它们“隐藏在认知能够意识到的层面之下，意识无法达到，运行速度极快而无法捕捉”。（莱考夫，1999：10）。正如经验主义哲学的主要代表人物，美国哲学家杜威指出的：“相对每一个事物都有一个‘探究’的过程”，这是有机体同它的环境之间相互调节的一种过程。人的认识是把原始的模糊不清的经验转变为明确的对象，把混乱的经验变成有条理的过程，即范畴化的过程。

人的思维是不能脱离身体的，即用来连接概念系统的结构来自于身体经验，并从身体经验获得意义。然而，外部世界是由各种性状不同的事物构成的，人们在认知世界的过程中怎样区分这些千差万别的客观事物呢？这就牵涉到分类问题，分类的心理过程通常被称为范畴化，是人类思维和语言的一种基本特性。美国心理学家罗施（E. Rosch，1938—）在对鸟、蔬菜、水果等十个范畴进行了实验研究，提出了“典型理论”。她认为，对于大多数概念范畴来说，不可能依据某些必要和充分的标准来对其本质属性加以明确的说明，有些公认的必要标准往往不是充分的，有些物体“严格说来不能归入某范畴，但若将标准放宽一点似乎也未尝不可”。罗施还指出，同一范畴的内部成员之间的地位并不相同，典型成员具有特殊地位，被视为该范畴的正式成员，非典型成员则根据与其典型成员的相似程度而被赋予不同程度的非正式成员地位。譬如，在“鸟”的范畴下，燕子和夜莺常被视为典型成员，而企鹅就相对是非典型成员。这种认知范畴的典型理论运用到语义研究上，就会对传统语义学形成质疑和挑战。因为语义范畴内在地含有了中心和边缘的区别，也就是说每个语义范畴都含有原型与非原型、典型与非典型，以英语中谎言“lie”为例，这一范畴包含的原型特征为：（1）话语与事实不符；（2）说话人的目的是说假话；（3）说话人的目的是欺骗。但常见的习语“white lie”的特征就只是部分符合“lie”的典型涵义，说话人的目的是处于无奈或善意，它在“lie”范畴中的典型性就低于“transparent lie”（明显的谎言），但不能完全依赖形式语义学的真值判断来否定“white lie”具有的部分成员性特征。这样就可以看出，“lie”范畴的边缘显然是模糊的、开放的，这种中心和边缘的界定不能完全依赖纯语言知识，而更多依赖人的直接或间接的身体经验。

（三）思维的隐喻性

传统的分析哲学和形式主义哲学认为概念都是非隐喻性的，可通过弗雷格的系统意义来确立，或通过抽象符号与独立于心智的世界之间纯粹的、客观的关系来确定。而思维的隐喻观对这类观点提出了尖锐的批判。莱考夫和约翰逊在《我们赖以生存的隐喻》一书中对其做了详细论述，重点思想如下：

（1）隐喻是基于身体经验的（1999：468），我们日常经验中的相关性不可避免地会引导我们获得基本隐喻，它是身体、经验、大脑和心智的产物，只能通过体验获得意义，这样就把主观判断和感觉运动经验连接起来，我们能自动和无意识地获得这些思维隐喻模式，而且一定要利用隐喻思维，隐喻的体验性说明它们不可能是任意的。

（2）隐喻使大部分抽象思维成为可能，它是不可避免的，是我们最伟大的智力之一。

（3）隐喻的基本作用是从始源域将推理类型影射到目的域，大部分推理都具有隐喻性。隐喻性的推理使得抽象的科学论述成为可能，哲学也是基于隐喻形成统一的核心理论。

隐喻不是个别文学家的特权，而是人们正常认知世界的方式，是人类思维的普遍共性，存在于全世界的文化和语言之中。正是隐喻，使我们能够正确理解抽象概念域，使我们能由熟悉事物的知识推及到新的领域；也正是隐喻，把哲学中的理论连接起来成为一个完整的理论体系，并赋予其巨大的解释力，使得我们能更好地理解哲学理论。哲学理论都运用了隐喻性思维，因此隐喻不是哲学研究的障碍物，没有隐喻就没有哲学。

概念是大脑对事物一般属性和本质属性的反映，是在抽象概括的基础上形成的，是用词来表示的。词义是概念在语言中的表现形式，概念是词义的基础。词义通过概念来反映事物或现象。概念域或者认知域可以是一个简单的概念，也可以是一个复杂的知识系统。各种概念和知识系统构成一个具有层次的认知域网络，构成我们的百科知识体系，对高层次概念的描述依赖于对低层次概念的认知操作。

隐喻是指两种概念域之间的映现，它借助一种典型的、易于描述的、熟悉的、具体的概念域阐释较难描述的、不够熟悉的、抽象的概念域，是从基本的概念域向高一级的概念域投射，如：

He was spitting fire.

The painting set fire to the composer's imagination.

The killing sparked off riots in the major cities.

He was burning the candle at both ends.

The bank robber snuffed out Sam's life.

The speaker fanned the flames of the crowd's enthusiasm.

以上习语涉及火的各种属性，包括火的起始（spark off，set fire）、火的熄灭（snuff out）、能量的运用（burn the candle）、火势的增强（spit fire，fan the fire）等。人们对火的认识用以描写各种抽象的情感意义，因为在我们的概念体系中通常存储了关于火、爱情、想象、热情等基本概念，凭借对火的理解和各种情感体验，这些分属于不同知识域的基本概念通过隐喻的方式联结起来，产生了新的概念隐喻：生气是火、爱情是火、想象是火、生命是火、热情是火等，继而这些概念也具备了火的种种属性。实际上，人们在理解谚语的过程中，认同概念隐喻是始源域向目标域的映射，并通过始源域思考并概念化目标域内的概念。同一始源域既可以隐喻多个目标域，也可以是同一始源域的不同方面突出同一个目标域的不同方面。在上述例子中，始源域"火"就隐喻了多个目标域"爱情""想象""生气""冲突"等，火的诸多属性又会隐喻目标域的方方面面。通过两个域的映射和类比，加之人类的身体经验和知识储备，便不难理解为什么点燃想象之火就是激发想象力，扑灭起义之火就是终结起义，喷火表示愤怒，为某人举火把就是爱恋某人。决定习语意义的，既涉及概念隐喻目标域的意义，同时也受到对始源域概念的量化和实体化。

隐喻根植于体验，但这种体验不一定是直接体验，也可以来自间接体验。一方面，隐喻是基于对事物、行为、现象等之间相似性的感知；另一方面，隐喻也可以创造相似性，强调任一方面都是不完整的，隐喻和相似性之间具有一种互相依存的辩证关系。

三、体验哲学对语言的解释力

认知语言学反对客观主义的哲学观，认为认知是通过现实世界和身体经验形成的，人类对世界的感知和理解是语言产生的基础。该观点符合唯物主义的“物质决定意识”这一基本思想，因此，语言最终不可避免地会受到现实世界的间接影响，体验哲学对语言的成因具有强大的解释力，下面将简要论述体验哲学对语言在音义、词汇、句法层面的解释力。

（一）体验哲学在音义和词汇层面的解释力

大部分关于语言起源的理论是基于模仿说的，包括对自然界中物体和动物声响的模仿以及对事物形状的模仿。可以说，音义学（语音和语义之间的象似性）已开始引起普遍重视。在《论语言的起源》（1772）一书中，赫尔德（Johann Gottfried Herder，1744-1803）就提出了语言源于对自然界声音模仿的观点：人依靠知性统治自然，而知性也正是语言之母；从物体发出的声音中，人提取出区分特征，从而构成了一种生动的语言。”他以此为出发点十分严厉地批判了任意说。正是因为在现实与语言之间存在“认知”这一中介，现实世界是通过人类的认知加工之后才与语言符号发生联系的，这才出现了语言符号与现实世界存在不同程度的差异。即使是拟声词也绝不会，也不可能完全复制自然声音，况且不同民族的的发音系统和拟声方式存在很大差异。再如，象形文字的形态也不是图画般的临摹，如果把语言符号视为是对真实世界中客体的真实临摹，则又陷入到客观主义“镜像观”的定义之中。

早期的符号任意说是基于心智和身体分离的二元论，意义一旦与身体经验无关，也就与符号无关，符号丧失了理据性，实际上大部分语言符号在某种程度上都存在理据性。

传统的语言观认为，语言与客观世界的关系是直接对应关系，语言是对客观世界的直接反映，具有独立于人的思维之外的客观意义。世界万物都有其独立其外的内在特征，语言是表现性特征的外在符号，外在符号之所以获得意义是通过与外部世界发生联系。语言本身是封闭的、自足的体系，不受语义的影响，因此语言符号的形式与意义之间是任意性关系。这种观点承认语言与世界之间是由大脑中的概念联系的，但此处的概念是符号与事物之间的自然联系，不受人认识事物方式的影响和干预，不强调人的认知对概念形成的作用。

认知语义学对语言的任意性提出了质疑，认为不同语言的共性说明语言不完全是任意的，而是受到认知环境、生活环境、认知能力和社会环境的制约，在很大程度上是有理据的。尽管语言符号在基本范畴等级上、在不可分析为更小单位的词素上有一定的任意性，或者有些已经丧失了理据。但是，在构成上位或下属范畴的词语或词组及在构成更大语言单位短语和句子的过程中是有动因、有理据、可论证的。只是其动因和理据不在于语言形式直接反映外部世界的事物，而是反映人对世界的认知方式，即语言形式相对于人的认知结构来说并不是任意的。语言并不能直接反映客观世界，而是认知能力和客观世界互动的结果。词法、句法不是自主的，是受功能、语义和语用因素支配和制约的，是不同层次的语言单位，是形式和意义相结合构成的具有内在结构的象征符号（赵艳芳，2001）。人类在体验的基础上通过认知加工对现实世界进行范畴化，获得了范畴，每个概念与一个范畴相对应，同时形成意义，然后将其固定于词语之中。因此，词语的形成也是基于我们的身体经验。认知语言学家还强调用原型范畴理论来解释语言中词汇范畴的一词多义现象，一个词往往会有一个中心意义，然后通过隐喻或转喻等方式不断扩展，形成一个多义词的语义范畴，它们之间是具有理据性或称为象似性的。

（二）体验哲学在词法层面的解释力

许多词法和术语源自对现实世界的隐喻，还转用隐喻性来反映现实世界中的各种现象。英语中名词的性、数、格等，动词的人称、时、体、态等基本词法范畴，也都反映了人类初民在对客观外界体验的基础上逐步形成的认识和理解。体验哲学认为，人类的词法范畴也是与人类的体验密切相关的，语言表达中许多词法范畴形式都是人们体验和认知的外在化表现。

1. 名词的性基于人们对自然生物性别的认识，许多古代语言倾向于将无生命的事物视为生命体，从而赋予其性别概念；名词的数则是人们基于对事物计数这一生活需要之上的认识形成的。

2. 代词的近指与远指反映了人们对事物空间距离的认识，如英语和汉语中的“this”与“that”、这与那，再将它们与数量概念结合起来就成了“these”与“those”，这些与那些。

3. 事件角色的人称范畴是现实交际中不可缺少的因素，讲话时首先得有个讲话人为信息的出发点，再要有个讲话对象，还可能会提到其他人或其他物，在词法范畴中就有了“我、你、他（它）”，反映了生活中的己方、对方、他方。如果再将数量概念考虑进来，就有了三种人称的单复数形式，在于主格、宾格、所有格结合起来，就形成了屈折语中人称代词的各种形式变化。

4. 时态范畴是基于对事件发生事件的认识而形成的，现实的时间范畴可以分为现在、过去、将来，这在很多语言中都要用不同的词法范畴来表达，因而就有了各种时态。

5. 实际上，语态就是人们对动作主体或受体关系的认识在词法上的反映，动作可以区分出及物和不及物，据此就有了主动态和被动态之分。

6. 虚拟语气是人们对事件虚实认识在语言表达中的反映，英语中的虚拟语气常常在表达形式上与常见用法产生矛盾，如时态与动作发生时间的错位，人称与数的不一致，用形式表达上的矛盾来反映语义上的虚假。

可见，人类初民在对现实感知和体验的基础上形成了各种认识，这些认识在语言表达中就有了对应的词法形式。

（三）体验哲学在句法层面的解释力

许多认知语言学家认为，人类语言的句法结构也是体验和认知的结果，塔尔米认为，人们在各种类型的身体经验（特别是力量-动态型）的基础上逐步建立起抽象的意象图式，然后在其基础上形成了基本句法结构。莱考夫提出了“形式空间化假设”（spatialization of form hypothesis，SFH），语言中的基本表达方法是基于六种动觉意象图式之上的：容器图式、部分-整体图式、连接图式、中心-边缘图式、始源-路径-目的图式、其他图式（上下、前后、线性等）。兰盖克则基于弹子球模型和舞台模型分析了英语基本句型的成因。这三种理论的共通之处就是：人类在对现实世界体验的基础上通过认知加工而逐步形成了句法，它是主客观互动的结果。也就是说，“现实-认知-语言”这一模式对句法具有强大的解释力，若句法结构真的是建立在与其同构的空间意象图式、概念结构、故事结构之上，那么就能批倒天赋说，有助于回答儿童为何能在有限的时间内熟练地掌握语言，从而对语言对比研究和习得提供有力的佐证。

（四）体验哲学对语篇连贯的解释力

以体验哲学为哲学理论基础的认知语言学认为，语篇连贯并不一定要依靠衔接手段，而主要是靠心智上的连贯性（the coherence in mental text）取得，必须从认知角度来分析。我们生产语篇时是建立“统一的认知世界”，确定一个或多个思想或主题后，应选用与此相关的语句加以表述，跳跃性的、不连贯的思维就会产生不关联的语句，东拉西扯、毫不相关的概念和命题难以堆砌成一个具有整体意义的语篇。我们接受语篇也遵循统一的原则，如一个语篇提供的信息通过激活机制在心智中建立起一个统一的或可被接受的认知世界，语篇就具有连贯性。衔接手段的选用也是由统一的认知世界所决定的，理解时也主要起到一个语义流动的向导性作用。可以这样说，一个语篇在心智上形成一个统一的、可被接受的认知世界，语篇就具有连贯性，形成这样的认知世界主要是基于以下条件的：（1）概念成分上的照应性；（2）命题发展上的索引性；（3）语用推理上的顺应性。

连贯还存在一个程度性问题，语篇中如果使用较多的连接词语，提供较为直接而又明显的认知导向，能满足上述三个条件，可形成一个较为统一的认知世界，语篇的连贯性就较高。也就是说，语句上的联系越紧密，概念间取得联系的缺省项越少，命题发展线条越清楚，认知加工所需时间和努力越少，连贯性就越高。反之，如果听话人或阅读者需要运用大量的认知运作才可发现其间的关联性，则该语篇就趋向于成为“连贯性”范畴的边缘成分。一些难以理解的文学作品或晦涩的诗歌，往往就是由于读者难于找到话语之间的直接联系，语句大多超出了人们的认知世界和背景知识，语篇意义就很难被领会，其中的信息也就难以有效传递了。

小　结

谚语是一个民族固有的精神文化遗产，它反映着民族的人生观和世界观，并且给我们揭示处世的方式，可以说它是反映一个民族生活世态的一面镜子。哲学实现了由抽象语言向生存语言的转换。本章从心智哲学、认知语言学以及体验哲学的角度探索了谚语研究的哲学基础。

从心智哲学角度看，普遍性的观点认为：语言通过意向性来反映客观实在，是连接二者的纽带。所以意向性往往成为研究语言意义的起始点。心身问题是心智哲学中重要的论题。笛卡尔的“心身二元论”和相互作用论的矛盾给近代心智哲学带来了很多启示，是心智哲学研究的出发点，也决定了其基本理论取向。关于“心”的内容即意识一直以来都是科学家和哲学家的难题。关于意识的问题最不能用物理学来解释的就是感受性的问题。而谚语的使用在很大程度上解释了意向性和感受性所体现出来的命题关系。在认知语言学方面，本书在阐述概念空间和心理空间理论诞生的基础和发展，并分析了谚语的使用所体现的心理空间和概念空间的基础理论。

其次，体验哲学为谚语的研究提供了新的视角，英汉谚语的共性源于人类认识机制的共性，英汉谚语的生成和构建过程和人类的基本认知方式息息相关，是身体经验、隐喻、意象图式和范畴化共同作用的产物。

第三章 汉英谚语的认知基础

认知的过程是包括感知觉、知识表征、概念形成、范畴化以及思维在内的大脑对客观世界及其关系加以处理，从而能动地认识世界的过程，也是通过心智活动组织客观世界的经验，并将其概念化和结构化的过程（赵艳芳，2004：1）。客观世界经验在大脑中形成的认知结构是概念，其形成过程即概念化过程。语义与概念、功能、人类的知识紧密相联，其形成过程也是概念化的过程。概念是通过身体、大脑以及人对世界的体验形成的，概念化过程实际上就是基于身体的体验过程。就此而言，人类的语言深深扎根于人类的认知结构中（Lakoff & Johnson，1999：139）。

认知语言学认为，人的概念系统是隐喻性的。隐喻在本质上是人类理解周围世界的一种感知以及形成概念的基本认知方式，是用某一领域的经验来说明或理解另一领域经验的一种认知活动。例如，说到“时间”，汉英民族都习惯用“金钱”的概念来表达，“Time is money.”（时间就是金钱）之所以能被理解，是因为我们的生活经验提供了“金钱等同于贵重”这样的信息，“时间”范畴与“金钱”范畴因具有某种可类比性而被并置在一起。在语言表达中，有人把时间比喻成金钱，信息接收者便会自动将二者相近的语义特征抽离出来，形成隐喻的理解机制。人们还用“浪费、节省、花掉、投入、值得、剩余、失去”这些词语谈论时间，这些都不是凭空而来的，它既是经验的总结，也是隐喻机制作用的结果。“人们的日常生活中充满了隐喻，即使在严密的科学语言中隐喻也是随处可见；哲学越是抽象，就越需要借助隐喻来思考。语言史学家的研究表明：用来描写人类精神活动的词语几乎毫无例外地借助描写物质活动的词汇。”① 在日常生活中，人们往往参照熟知的、有形的、具体的概念来认识那些难以定义的概念，于是便形成了不同概念之间相互关联的认知方式。总之，“我们赖以思维和行

① 束定芳. 隐喻学研究[M]. 上海：上海教育出版社，2005.

动的一般概念系统，从本质上讲是隐喻式的”（Lakoff & Johnson，1980：1）。

第一节　认知语言学理论

一、基础理论

（一）兰盖克的“空间语法”与“认知语法”理论

心理空间与概念合成理论是认知语言学的重要组成部分，为进一步深入挖掘、构建和理解人类认知活动下的语言意义，提供了新的理论基础、指明了新的研究方向。

兰盖克（Langacker）于1976年提出了“空间语法”理论，于1987年又出版了《认知语法基础》（*Foundations of Cognitive Grammar*）的第一卷（理论前提）及第二卷（描写应用），细致地阐释了“认知语法”，其实即是对“空间语法”的深化，也就是说，“认知语法”实际上就是最初的“空间语法”，“空间语法”是“认知语法”的原型，构建了他自己称为“空间语法”的理论框架。之所以称其为“空间语法”，这主要是因为他所持的一种语言观点，即语言表述如同观察事物，涉及诸种情景的观察视角，而这种视角显然是以自我（ego）为中心的角度择用。他将这一理论观点应用于对英语认识类情态动词“must，will，would，ought to，should，can，could，may，might”等的分析，发现其语序与概念化的分层结构相关。1982年，兰盖克发表了《空间语法、可分析性与英语被动语态》（Space Grammar，Analysability，and the English Passive）一文，从不同视角探讨了学界已经确认的语言学理论不可回避的一些基本假设，对语言结构形成了前后一致的看法，提出语法是一种符号现象，并强调语法结构可分析性的重要性。这篇论文构建了“空间语法”的描写性框架，同时简要描述了对语义结构以及语法配价关系的研究途径。很明显，从初期建立的“空间语法”不难看出，兰盖克对语法结构和语义结构的研究视角明显带有他早起对美洲印第安语言研究成果的痕迹，而且他对语言研究所持的认知观已有所显露。

需要特别指出的是，在20世纪80年代后期，“空间语法”改名为“认知语法”，其认知性主要表现在如下几方面：（1）语法概念的界定有赖于感知表征的诸种特性，如语法上的主语和宾语的界定有赖于诸种概念化情景的图形/背景组织；（2）各种语言结构的形成和范畴化有赖于各种认知过程，而这些认知过程与其他的认知系统具有共性；（3）诸种语言表征的构建与其他表征类似，如某一范畴中的诸成员关系并不是绝对的，而是度的问题；（4）有些语言现象能反映出意向的运作，即对于同一种情景，人们形成不同识解的能力；（5）对显示的概念化基于对世界的认知模式。

（二）福科尼耶的“心理空间”与概念合成理论

1985 年，福科尼耶（Fauconnier）出版了《心理空间》一书，标志着“空间语法”的研究进入了一个新的阶段，无论研究范围，还是研究重点，均有了新的延伸和拓展，并且其研究思路更加清晰和明朗。

福科尼耶提出，心理空间就是人们在交谈和思考过程中为了达到局部理解与行动的目的而临时储存于工作记忆的概念集，而隐喻则是跨心理空间映射的结构。他指出，在自然语言意义实时构建过程中，通过各种语言形式，心理空间得到建立、所指和辨认的诸种具体情况，并认为，对相关的语言组织的理解会将我们引向对空间域的探究，而这些空间域建基于我们的谈话或听话过程，并且我们借用各种语义要素（elements）、角色（roles）、策略（strategies）及关系（relations）来建立这些空间域。他还进一步指出，这些空间域实际上就是彼此具有相互联系的心理空间。

在构建心理空间过程中，语言起着至关重要的作用，因为语言能确立各心理空间的关系，以及各心理空间中各语义要素之间的联系。心理空间理论应成为探讨语言意义构建的关键，并以此为出发点，系统地考察了语言结构在人类认知结构中的体现，揭示了自然语言意义的生成与理解过程，为语言的意义探究提供了一个崭新的理论视角。心理空间的映射是人类思维组织和认知的一部分，虽然语言为这种映射提供了众多的素材，但映射在本质上不是语言所为，而是存在于概念化的过程。

1986 年，福科尼耶撰写并发表了《角色与连接的途径》（Role and Connecting Paths）一文；1990 年又相继发表了《空间域与连接》（Domain and Connections）和《隐性意义》（Invisible Meaning）两篇论文；1994 年又出版了专著《心理空间：自然语言意义构建面面观》（*Mental Space: Aspects of Meaning Construction in Natural Language*）；1995 年与特纳（Turner）合作发表了长篇论文《概念整合与形式表述》（Conceptual Integration and Formal Expression），初次提出了概念合成理论，并将合成空间作为多空间模式中最后也是最为重要的一个。1996 年，他与斯威策（Sweetser）联合编写了《空间、界与语法》（*Space，Worlds and Grammar*）一书；同年，他又与特纳合作发表了《作为语法重要过程的合成》（Blending as a Central Process of

Grammar）一文，前后主要探讨了心理空间的生成、通过各心理空间的互动产生心理空间的合成，从而实现自然语言意义的实时构建。这就是福科尼耶于 1997 年在《思维与语言中的映射》（*Mappings in Thought and Language*）一书中展开系统而详尽论述的概念合成理论。在这本著作中，福科尼耶论证了各心理空间相互关系和互动作用，以此为基础，勾勒出了一个“四空间”交互作用的自然语言意义实时构建模型，反映了诸多语言现象中心理空间的认知操作，揭示了自然语言中意义实时构建及连接各心理空间的映射过程。“四空间”模型是相互映射彼此连接的四个抽象的心理空间网络。福科尼耶认为，各空间域之间的映射是人类所独有的意义产出、意义迁移和意义处理等认知能力的核心，而语言的结构和运用为潜在的诸空间域之间的相互映射提供了依据；显性语言只是其隐性意义构建这座认知冰山所露出水面的一角而已；意义的实时构建随着我们的思维和交谈而向前推进，属于高层次的复杂心理运作过程，它既发生于各空间域之内，又发生于各空间域之间，即既有域内的心理运作过程，又有域际的互动性心理操作。

《思维与语言中的映射》的出版轰动了认知语言学界。这一专著较为系统地提出并详尽地阐释了概念合成理论，其宗旨就是揭示自然语言中的意义实时构建及连接各心理空间的映射过程，即“四空间”交互作用的自然语言意义构建模型。这四个空间就是类指空间（generic space）、输入空间 1（input 1）、输入空间 2（input 2）和合成空间（blending space）。这一自然语言意义构建的宗旨是揭示概念合成的认知运作机制程序。首先是从类指空间映射到输入空间 1 和输入空间 2 这两个输入空间，反映的是这两个输入空间共享的而且通常是存在于人类大脑中更为抽象的思维常见结构和组织，同时规定核心的跨空间映射。这两个输入空间一旦发生直接的、部分而有选择性的对应映射之后，便会再被映射到合成空间，并在合成空间里借助“组合”（composition）、“完善”（completion）、和“扩展”（elaboration）这三个彼此关联的心理认知过程的交互作用而产生“层创结构”。“层创结构”的产生过程，就是意义的运演和形成过程。正因为有不断的认知思维和心理运演不断地在此展开，整个认知模型展示了一个动态的认知运作过程。他认为，语言研究的重点就是意义的构建过程，因此心理空间的建立、映射和合成机制自然便成为概念合成理论研究的核心问题。

1998 年，福科尼耶发表了《心理空间、语言的情态与概念整合》（Mental Space，Language Modalities and Conceptual Integration）一文，同年还与特

纳合作撰写并发表了两篇论文《概念整合的诸种原则》（Principles of Conceptual Integration）和《概念整合网络》（Conceptual Integration Networks）。《概念整合网络》指出，概念合成或概念整合，也称之为心理合成，是一种基本的心理运作，具有统一的结构和动态的特点，可运用于包括隐喻和转喻在内的思维或行为等诸多方面。1999 年，在第六届国际认知语言学会议上，福科尼耶宣读了论文《体验式整合》（Embodied Integration）；同年，他与特纳再次合作撰写并发表了论文《转喻与概念整合》（Metonymy and Conceptual Integration）。2000 年，他发表论文《方法与类化》（Methods and Generalizations），同年与特纳再次合作，发表了《压缩与整体性洞悉》（Compression and Global Insight）一文。2001 年，他撰写了《概念合成与类推》（Conceptual Blending and Analogy）一文；2002 年与特纳再次合作出版专著《我们思维的方式》（*The Way We Think*）。在这部专著中，他们提出：概念合成是一种基本的心理认知机制，即便是最简单的思维活动，其背后也隐藏着极其复杂的运作机制，它无处不在，无孔不入，却不易为人们所觉察；认知语言学的根本任务之一，就是要发掘和认识语言运用幕后概念合成过程中的诸种原则和运作机制。顺着这一思路，他们归纳出概念合成理论的导向性制约因素（guiding constraints），即组构性原则（constitutive principles）和管制性原则（governing principles）。组构性原则就是跨空间的部分映射、对合成空间进行有选择性的投射以及在合成空间中产生“层创结构”。管制性原则具体表征优化“层创结构”的各种策略，同时还表现于其他一些方面，如结构、范式的完善、整合、诸种关系的强化、网络中各种连接的维系、合成空间的清晰性以及在整个网络合成空间中结构的关联性等。所有这些原则均受制于一个目标，即获取具有人类维度的概念合成，即在人类易于理解的熟知框架中具有直接的感知和行为。概念合成若要达成具有人类尺度的合成空间，则要求概念合成网络在对合成空间进行投射时具备对诸要素和结构富有想象力的转换；一旦概念合成达成具有人类尺度的合成空间，这一合成空间就往往能够参与生成其他具有人类尺度的合成空间。此外，福科尼耶和特纳进一步提出了概念合成网络的四大类型，即简单网络、镜像网络、单域网络和双域网络。

这一时期的西方认知语言学家已开始尝试将心理空间理论应用于语言诸层面的探索，如在《叙事话语中言语与思维的视角与表征》（Perspective and the Representation of Speech and Thought in Narrative Discourse）一文中，桑德斯和雷德克（Sanders & Redeker）将心理空间理论中的观点与叙事话语中的视角及焦点联系在一起，力图将心理空间理论应用于叙事话语中言语与思维的关系研究中，这也是将理论研究与语言实践探索相结合并将理论推进一步。

作为认知语言学的核心组成部分，概念合成理论是在概念隐喻理论的基础上形成的心理空间理论的延续和发展，其研究的中心问题是言语解读中各心理空间的建立、彼此的映射与合成机制的实时认知运作。这一理论将隐喻研究推向了另一层认知深度——隐喻言语的实时解读过程，为人类正确认识自身的言语心理认知能力提供了一个有力的诠释，同时也为语言研究开辟了一个新的天地。

（三）心理空间和概念合成理论的完善

概念合成理论以心理空间理论为出发点并通过概念隐喻理论发展而来，描述跨空间映射，具有强有力的解释力，但西方许多学者开始质疑其内部运作机制，从不同角度对概念合成理论提出大量改进和完善的意见。2003 年，哈德（Harder）发表《心理空间：我们究竟何时需要它们》（Mental Spaces：Exactly When Do We Need Them），对概念合成理论的论证方法及其合理性提出了质疑。他认为，概念合成理论的论证方法与奥卡姆（Ockham）从简单到复杂的论证方向性的剃刀原则相悖。因此，他建议，对于认知运作过程中的复杂问题，最好借用心理空间和概念合成理论来加以解释和分析，而对于像“in France”这样的认知过程，其结构本身就较为简单，无需使用这一理论加以繁复的解释和分析。

2004 年，布兰特（Brandt）出版了《空间、域和意义：认知符号学论文集》（*Spaces，Domains and Meanings：Essays in Cognitive Semiotics*），从认知符号学的角度考究并分析了心理空间理论和语义域的预定定位以及与大脑的神经组织和人类现象学一致的心理结构问题。2005 年，他又发表《心理空间和认知语义学：批评性述评》（Mental Spaces and Cognitive Semantics：A Critical Comment）一文，对心理空间理论的哲学基础提出异议，同时论述了心理空间的无限性。他认为，认知语义学研究应全面探寻语言现象。他提议，人们应改变先前对意义的拘谨看法和认识，合理地完善并发展心理空间和概念合成网络。与此同时，他还提出了概念合成五空间论：基础空间（base space）、呈现空间（presentation space）、所指空间（reference space）、关联空间（relevance space）和合成空间（blending space）。布兰特的五空间论补充和修正了福科尼耶的概念合成四空间论，对心理空间理论和概念合成理论的反思也成为他所提出的认知符号学的重要组成部分。

2005 年，福科尼耶发表了《压缩和层创结构》(Compression and Emergent Structure)，在理论上详细地阐述了层创结构的产生与压缩的相互作用，进一步推动了概念合成“四空间”模型的内部运作机制的发展。他指出，类比、范畴化、范畴延伸、隐喻、转喻、框架、违实性和语法结构等心理模型，均可看作概念合成的结果。压缩是建立于因果、类比/非类比、时间、空间、变化、身份、部分/整体和表征等关键性关系的认知运作，并将分散的概念结构压缩成为合成空间中易于人们理解、操作和把握的具有人类尺度的场景。福科尼耶认为，最佳的合成空间应是简单并且能利用现存的可及性结构。

在 2005 年发表的《概念整合理论的制约：概念合成及分解的级次》(Constraining Conceptual Integration Theory：Levels of Blending and Disintegra tion）一文中，巴什（Bache）指出，概念合成理论存在普遍适用问题，难以对人类认知的具体例子作出精确的解释。因此，他认为，概念合成的级次和概念分解对整个概念合成的运作过程需要某种程度的制约，并认为在心理空间的整合过程中，概念合成起到了联合并统一各独立输入空间的作用，而概念分解的作用则是将概念的整体分解为诸成分、特征和局部结构，以便个体性地投射到合成空间中去。

格雷迪（Grady）也在 2005 年发表了论文《作为概念整合输入的主隐喻》(Primary Metaphors as Inputs to Conceptual Integration)。他认为，概念合成最为突出的一个方面就是力图将各种极为广泛而又繁杂的概念现象统一起来，并将这些概念现象视为一个单一的认知过程的产物。这一论文集中讨论了各种隐喻合成(metaphoric blends)，充分说明了隐喻合成有别于其他合成类别的诸种特性的原因，特别是审视了隐喻诸种对应关系的性质。这些隐喻对应关系是从心理体验诸种特定类型之间反复出现的各种关联衍生出来的。因此，了解概念合成的诸种过程并不等于能了解隐喻概念化的全过程，特别是概念之间存在各种类别的隐喻关系，其运作有其自身的诸种原则，与其说是合成的产物，倒不如说是对合成过程的输入。

在《概念合成的物质定位锚》(Material Anchors for Conceptual Blends）一文中，哈钦斯（Hutchins）指出，概念结构应该与物质结构相结合。他认为，概念合成过程包括对物体的感知过程，因而也包括身体与物质世界的相互作用。在思维过程中，为了生成并运作概念成分诸种稳定的表征，需要对概念合成过程加以定位，即将概念成分映射到相对稳定的物质结构上。物质定位锚就是合成空间投射物质结构的输入空间。

福科尼耶的层创结构假说认为，在两个输入空间向合成空间投射的过程中，所生成的层创结构不存在于任何的输入空间，而是映射过程中一系列不规则性所产生的结果，即始源域和目标域之间的不对称性和非对应性。门多萨（Ruiz de Mendoza Ibáñe）对合成心理空间中的不规则性和不对称性提出质疑。对此，他和佩娜（Pena）在 2005 年发表了《概念互动、认知运作和投射空间》（Conceptual Interaction，Cognitive Operations and Projection Spaces）一文，提出了“组合的输入空间假说”，并认为在映射过程中不存在任何的不规则性，概念合成是始源域的部分成分和目标域部分成分之间进行有原则组合的产物。因此，在各种认知操作（如跨域映射，域的扩张、减少、增强等）的基础上，构建了一个投射空间。

在《概念合成、身体印记和情感规范——以古汉语为例》（Conceptual Blending，Somatic Marking and Normativity：A Case Example from Ancient Chinese，2005）一文中，斯录格兰德（Singerland）探讨了概念合成的物质基础问题。他认为，概念合成是通过人类易于把握的情感-身体反应才得以实现，因而，整合可以支配产生于基本场景的情感，并利用这些情感来影响更为复杂或抽象场景中的决策。因此，即便是处于不同文化和时代的人，其内心的情感反应基本保持不变，而且是可预测的。人类共有的认知能力构建了普遍适用的概念结构基础。

二、体现心理空间和概念合成理论的英汉谚语

谚语是人民群众在社会生活和生产实践中的经验结晶。汉语谚语的独特性主要表现在结构和语义上。在长期的使用过程中，要准确揭示谚语的语义，关键是要注意谚语的字面意义和实际意义的关系。莱考夫认为隐喻是以一个完全不同的范围经验去理解另一个范围的经验，隐喻推论涉及两个概念范围即喻体范围和本体范围，隐喻可以定义为跨概念范围的系统映射。我们可以看出，在做汉英谚语的隐喻推论时涉及的本体范围和喻体范围，其实也可以理解为汉英谚语的字面意义和实际意义两个范围，汉英谚语的隐喻跨概念范围的系统映射实际上也可以是字面意义和实际意义的系统映射，如下诸例所示：

留得青山在，不怕没柴烧。（Where there is life，there is hope.）

你不能这样做，事情急了，赶快走！中国有句古话："留得青山在，不怕没柴烧。"（夏衍《秋瑾传》）

眼下你要在肚子里撑开船，天大的苦楚压在心底。记住我的话："留得青山在，不怕没柴烧！"（鲍昌《庚子风云》）

"留得青山在，不怕没柴烧"字面意义是有青山存在，就不怕没有柴火烧。实际意义是只要保存实力，就不用担心没有希望和生路。在以上例子中，本体是留得青山在，不怕没柴烧，喻体是"你不能这样做，事情急了，赶快走！"和"眼下你要在肚子里撑开船，天大的苦楚压在心底。"喻体范围中的"赶快走"和"天大的苦楚压在心底"的实际意义和特征映射到本体范围"留得青山在，不怕没柴烧"的字面意义。根据概念隐喻理论的原理，隐喻是利用经验结构和喻体推论去理解本体。我们可以先分析一下上例的喻体范围和本体范围的事件结构、意图结构和因果结构。从事件结构图看，连续发生的事件相关联；从意图结构看，"留得青山在"的目的是为了有柴烧；从因果结构看，因为有青山在，自然便有柴烧。

福科尼耶的概念合成理论所提及的"四空间"包括类指空间、输入空间 1、输入空间 2 和合成空间。在上例中，"留得青山在，不怕没柴烧"是输入心理空间 1，例句中的交谈语境是输入心理空间 2。普通空间包括用于两个输入空间的框定结构、角色结构和意象图式结构。在普通空间的抽象结构里，将输入空间 1 与输入空间 2 形成对应连接，"留得青山在，不怕没柴烧"的字面意义与实际意义形成对应连接，"留得青山在，不怕没柴烧"与交谈中的语境的框定结构形成对应连接。

在合成空间中，"留得青山在，不怕没柴烧"的实际意义与交谈语境融合，两个输入空间中的对应成分进入合成空间组合起来。组合之后，在长期的使用过程中，"留得青山在，不怕没柴烧"的意义得到进一步完善，并将其所承载的意义与输入空间整合起来，把新的意义和特征引进交谈和话语中。最终，通过组合、完善和精细化过程，建立合成心理空间。因此，我们做出这样一个推论，即只要保存实力，日后就不愁没有办法，也可以说，只要活着，就有机会。亦如下诸例所示：

纸里包不住火。（Truth will come out anyway.）

常言道："纸里包不住火。"……父亲终于有所觉察，并很快弄清了一切。（郑荣臣《海礁石》）

刘桂娃压低嗓音，说："好孩子，给你讲，纸里包不住火，雪里埋不住人。谁办了坏事，也瞒不住众人的眼睛。"（王英先《枫香树》）

福科尼耶认为，人们的思考和交谈其实就是在建构心理空间之间的映射联系。在整个语言交流过程中，对于说话人来说，是一个编码过程，而对于听话人来说，是一个解码过程。语言的编码和解码是有规则的组合，对语码的理解也不是任意的，而是受认知所限定的，交谈双方都是认知活动的参与者。在空间映射论中，人类将对概念的抽象和事物的相似性作为人类认知的基础。

两个或多个概念之间可以提取相似概念，经过概念整合，这样便能形成隐喻。而通过相似性，能使说话人和听话人更好地理解编码和解码。"纸里包不住火"的字面意义就是纸是包不住火的，人们在长期的使用过程中将字面意义抽象化，便产生了实际意义。而它的实际意义是用来比喻事实真相难以隐瞒，总会暴露。因为字面意义和实际意义两个概念存在相似性，可以形成隐喻，在上例的第一例中，说话人和听话人首先发挥认知主观能动性，在隐喻的认知推理过程中，"纸"、"火"与"父亲终于有所觉察，并很快弄清了一切"形成隐喻表达，保证了在心理空间映射过程中，从一个认知域投射到另一个认知域，从一个心理空间投射到另一个心理空间，听话人根据输入空间之间的映射关系，从而经过整合能够形成隐喻输出。"纸""火"与"父亲弄清了一切"即有真相终究会被发现这一提取的概念作为中介桥梁，从而使得"纸""火"和"父亲终于有所觉察，并很快弄清了一切"形成隐喻关系。

前人栽树，后人乘凉。（One generation plants the trees in whose shade another generation rest. / One sows and another reaps.）

前人栽树，后人乘凉。修桥铺路，与人方便，这是功德无量的好事情。（白危《垦荒曲》）

俗语说得好："前人栽树，后人乘凉。"我们守着祖宗的遗产，过了一生，后来儿孙，自有儿孙之福。（清·颐琐《黄绣球》第一回）

在上例中，谚语"前人栽树，后人乘凉"的字面意义是前人种下树，后人来乘凉。而在句子中它的实际意义是前人艰苦创业，后人享福。"栽树"与"艰苦创业"，"乘凉"与"享福"之间具有类比性关系，构成隐喻，而隐喻借用两个源域"栽树"和"艰苦创业"来分别映射不同的目标域"乘凉"和"享福"。这也是从一事物所形成的心理空间投射到另一事物所形成的心理空间。在语言交际过程中，说话人和听话人发挥认知主观能动性，利用对两种事物感知的交融来表达他们对客观现实的真实感受，从具体概念中逐渐获得了抽象思维，即通过具体可感知的经验去理解抽象的不可感知的概念范围，将已整合的概念映射到事物与事物之间的关系这一目标域上，从一心理空间映射到另一心理空间，在合成的空间形成隐喻输出，产生“层创结构”，形成新的概念联系。听话人也能够通过说话人的情感和态度以及对主客体的联想，正确认识到说话人所表达的意思。

第二节 谚语的概念系统

概念隐喻作为人类概念系统中的核心概念，对人类日常的思维方式和话语表达起着重要作用。可以说，隐喻是人类组织概念系统的重要基础（束定芳，2005：128）。

汉英语中都存在着大量的隐喻。英国修辞学家瑞恰慈（1936：98）曾经说过：“我们日常会话中几乎每三句话中就可能出现一个隐喻。据统计，普通语言中大约70%的表达方式源于隐喻概念”。[①] 作为人类认知活动产物的谚语，它们大多数也是具有隐喻性的。

一、谚语与人类认知

“进取诸身，远取诸物”是人们认识和描述事物的基本原则。认知科学认为，人类的发展是其对主客观世界的认知过程。在这个过程中，认知主体与环境的相互作用产生了关于世界的概念，其中语言符号的应用具有根本性的作用：人类通过语言的沟通来认识世界，传承文化。瑞恰慈（Richards，1936：130）指出：“语言是不同领域经验的交汇点，不仅是认知的表现形式，而且是它的组成部分，源于日常经验的认知系统构成了语言运用的心理基础。”语言是人类一般认知活动的结果，是人类经验的产物，与客观世界之间并没有直接的对应关系。语言的中介是人类经验所促动的人类概念，所以语言不是独立于其他认知能力和知识的一个自主形式系统，而是认知机制的一部分。词法和句法也不是自主的、任意的，而是有理据、有动因的，是由认知、语义、语用、文化、社会等因素促动的。同样，谚语作为语言的组成部分，也不可能是自主的、任意的，它来源于人们的经验。从

---

① 束定芳. 隐喻学研究[M]. 上海：上海外语教育出版社，2005.

历史的角度讲，是先有词后有谚语及其他习语。谚语是由若干个词组成的、表达某种特定意义的固定词组，是人们利用已有的词汇，根据自身的生活经验构造出来的。谚语的理据来自人的认知机制，包含隐喻、转喻、规约知识等多种模式。

二、谚语是概念系统的产物

人类的概念系统是隐喻性的，隐喻是人类概念形成的基础。莱考夫（1993）认为，人类的认知体系首先是一个充满隐喻性思维的体系，而思维过程中所使用的概念隐喻是参照一个知识域去理解或经历另一个知识域。前者通常是具体的、较熟悉的实体领域，称为源域（也称为喻体），后者通常是无形的、不熟悉的抽象领域，称为目标域（也称为本体）。概念隐喻的存在使人们看到了不同概念之间的内部联系，从而以已知喻未知，以简单喻复杂，以具体喻抽象。

谚语是人类认知活动的产物，具有超出各种文化背景差异的共性，其中最重要的就是：谚语常常是建立在比喻义而非字面意义的基础上，也就是说，大部分谚语是建立在概念隐喻基础上的。谚语所表达的道理是通过将社会生活中的特殊情况与生活中更为普通、常见、具体的概念相联系而突显出来的，是人们利用已有的词汇，根据自身的生活经验构造出来的。更进一步说，谚语这一特殊的语言表达方式是以人的身体经验为理据的：一方面概念隐喻中源域和目标域的联系是建立在人们对客观世界的直觉经验基础上；另一方面概念隐喻中的源域概念也是直接来源于人们对外部世界的运动感觉经验。谚语的运用反映了概念隐喻在人们认识世界中的作用。

譬如，汉语谚语“一寸光阴一寸金”和英语谚语“Time is money”都是用我们日常生活中的“钱”来理解抽象概念“时间”的。“钱”在我们的日常生活中起着重要作用，我们的衣食住行都离不开钱。于是，人们便把时间和金钱联系起来，把它们做比较，通过金钱来说明时间的重要性，从而达到理解和认识时间的目的。从英语谚语“Time is money”和汉语对等的谚语“一寸光阴一寸金”这个谚语中，我们可以看到概念隐喻是如何影响人类的日常活动的。

（1）You are wasting my time.（你在浪费我的时间）

（2）I don’t have time to give you.（我没有时间给你）

（3）How do you spend your time these days?（你这些天是如何过的？）

（4）That flat tire cost me an hour.（那次轮胎爆胎花了我一个小时）
（5）I've invested a lot of time in her.（我在她身上投入了很多时间）
（6）I don't have enough time to spare for that.（我没空管那个）
（7）You're running out of time.（你的时间越来越少了）
（8）Put aside some time for pinpong.（留一些时间打乒乓球）
（9）Is that worth your while?（那件事情值得吗？）
（10）Do you have much time left?（你还有很多时间吗？）
（11）He's living on borrowed time.（他剩的时间不多了）
（12）You don't use your time profitably.（你的时间用的没有效益）
（13）I lost a lot of time when I got sick.（我生病时失去了很多时间）
（14）Thank you for your time.（谢谢你的时间）[①]
（15）你浪费了我的时间。
（16）这样做可以节省几个钟头。
（17）你还剩下多少时间？
（18）他在这个问题上花费了太多的时间。
（19）一寸光阴一寸金。

在很大程度上讲，隐喻和转喻与文化有关，因为经验域在所有的文化中并非一致。上述汉英两种语言都包含了“时间是金钱”的概念隐喻，英语用“浪费”“拥有”“花费”“投入”“用（花）光”“存留”“剩余”“使用”“失去”等表达“金钱”等概念的词来表达“时间”，而汉语也用“浪费”“剩余”“剩下”“花费”“珍惜”等概念来比喻时间。但是，汉英谚语彼此强调的金钱特征却不尽相同。汉语谚语“一寸光阴一寸金”源自《淮南子·原道训》：“故圣人不贵尺之璧而重寸之阴，时难得而易失也。”“一寸光阴”指日影移动一寸，形容时间短；“金”在古代指“钱”，比喻贵重。这一谚语的字面意义是指一寸光阴和一寸长的黄金一样昂贵，比喻时间十分宝贵。

相比之下，英语的“money”（钱）蕴涵了“a limited resource”（有限的资源），而“a limited resource”又蕴涵了“a limit commodity”（有价值的商品），即“Time is money.”概念隐喻除了强调“Time is a limited resource.”（时间是一种有限的资源）外，还强调金钱的特殊商品的价值，即“Time is a valuable commodity.”（时间是一种有价值的商品），可以用来投资、预算并赚取利润。在一个概念隐喻系统中，概念隐喻和用来表达这些概念的词

① 以上例子选自束定芳. 隐喻学研究[M]. 上海：上海外语教育出版社，2005：132.

语之间存在蕴涵关系，并呈现一种层级关系，这就使得隐喻概念具有相当的系统性和连贯性。

第三节 谚语的认知系统

莱考夫和约翰逊在1980年出版的《我们赖以生存的隐喻》（*Metaphors We Live By*）掀起了与隐喻相关的认知科学革命。他们认为，隐喻在日常生活中随处可见，它不仅出现在语言中，也出现在思想和行动中。概念隐喻体系决定了人们感知的内容及其行动的方式。“隐喻的本质是用一种事物或经验去理解和经历另一种事物或经验。我们赖以思维和行动的一般概念系统，从本质上讲是隐喻式的。”（Lakoff & Johnson，1980：1）这就是所谓的概念隐喻理论，该理论认为，隐喻是人们思维、行动和表达思想的一种系统的方式。在日常生活中，人们往往参照熟知的、有形的、具体的概念来认识未知的、无形的、抽象的概念，形成不同概念之间相互关联的认知方式。福科尼耶（Fauconnier）和特纳（Turner）（1996，1998）的“整合空间理论”正是在概念隐喻理论基础上提出的一种崭新的认知理论，其中概念整合与概念隐喻在许多方面有相似之处，这两种理论都有助于对汉英隐喻性谚语做动态的诠释。

一、框架理论与谚语认知

（一）框架理论

框架理论体现在菲尔默（C. Fillmore，1929-2014）于20世纪七十年代末提出的框架语义学（Frame Semantics）理论中。在菲尔默和凯（Fillmore & P. Kay）等框架语义学家看来，事物的基本框架或固有特征是事物的语义框架（semantic frame）。语义框架是一种概念系统、经验空间，是人们在长期的生产活动中观察、感知、体验世界的经验积累。语义框架经历了从具体的概念结构到高度抽象的意象图式提取、归纳和合成的发展过程，是人类基于认知和语用经验逐步建立并不断完善的整个知识体系的重要组成部分。作为概念系统的框架语义知识，它潜存于语句、语篇的深层结构中，蕴含于字里行间，多以隐性语义形式存在，需要我们去激活、去认知。在文本中，框架语义信息常呈隐性状态，往往只可意会，不可言传。一个词语的框架语义是以人们对该词语所指对象的典型特征产生自然联想为构建基础的，是词的概念意义的外围意义。

“框架是代表典型情境的数据结构……我们可以把框架看成是网点及其关系组成的网络。”[①] 根据这一观点，框架是人们对现实生活中典型情境的归纳和抽象，常以某一言语社团进行某种特定活动（比如看病、就餐、商业交易等）时按照地点、时间和因果关系联系起来的一个标准化、理想化的事件和状态系列。[②]框架表征是由多个相关命题构成的知识网络，在这一网络中，命题与命题之间相互关联，组成一个严密系统，要理解这一体系中的任何一个命题，就必须理解整个体系。在语言交际过程中，我们只要涉及其中的任何一个命题，都会激活所有其他命题。这一体系为谚语语义的理解提供了背景和动因。作为经验主义语义学的进一步发展，框架语义学强调语言与经验之间的连续性，并用框架将我们的经验知识和语言结构结合起来。[③] 以汉语谚语“鹬蚌相争，渔翁得利”为例，它所涉及的基本框架元素有：鹬、蚌、渔翁及鹬蚌相争的场面等。假如我们提及渔翁，就可能连想到“鹬蚌相争，渔翁得利”；再如，英语谚语“You can take a horse to the water，but you cannot make him drink.”（牛不喝水，不能强按头），它所涉及的基本框架元素有：马、水、牵马者、牵马过程、喝水等。

（二）谚语是以句子为焦点、语境为框架的语用现象

这里，我们以谚语“鹬蚌相争，渔翁得利”为例，探讨谚语的字面意义和比喻意义（也作谚语义）是如何在语境中获得的。谚语“鹬蚌相争，渔翁得利”描写的是如下情形：蚌张开壳晒太阳，鹬去啄它，却被蚌壳钳住了嘴，两方互不相让，渔翁来了，把他们两个都捉住了，这是谚语的字面意义。在日积月累的生活经验中，不断发现了一些与“鹬蚌相争，渔翁得利”类似的场景，人们便用这一现成的谚语来形容，以达到言简意赅的效果，如“他们家有一棵三人抱的大树，兄弟二人争夺不休，结果贱价卖给外乡人，真是鹬蚌相争渔翁得利。”在这段话中，并不是描写“鹬和蚌互不相让的情形”，即不是表达该谚语来源域里的意义或字面意义，而是说明“两兄弟像鹬和蚌一样互不相让，结果让外乡人捡了便宜”。换言之，在前

---

① Minsky, M. Frame-System Theory[A]. In *Theoretical Issues in Natural Language Processing*[C]. Cambridge: MIT Conference Proceedings, 1975.

② 赵艳芳. 认知语言学概论[M]. 上海：上海外语教育出版社，2002.

③ 潘艳艳. 框架语义学：理论与应用[J]. 外语研究，2003（5）.

述语境中，语篇的含义是通过谚语的隐喻机制获得的。[①]

莱文森（Levinson，1983：110 & 147）认为，隐喻的使用表明说话者违反了合作原则的“质准则”，这样产生的会话含义属于特殊含义。特殊含义是偏离句义、与语言形式无关的语义，对于它的获取，需要的语境量比较多（熊学亮，1999：60）。也就是说，“两兄弟像鹬和蚌一样互不相让，结果让外乡人捡了便宜”是“鹬蚌相争，渔翁得利”在该语境下获得的特殊含义。

在语言使用过程中，这条谚语在多个类似场合被反复使用，在多个类似语境中获得了多个类似特殊含义。人们发现：尽管“不相让的双方”“争夺的对象”“获得好处的一方”都会因具体事件而异，但其特殊含义的共同点都是“双方争斗第三方获利”。这一共同点与某个具体语境无关，却依旧在隐喻的作用下，违反了合作原则，可以看作这条谚语的一般含义。由此可见，这条谚语经历了从特殊到一般的语义泛化过程。

从特殊到一般的过程，就是谚语逐渐脱离语境（decontextulization）的过程。“在脱离语境的过程中，语言单位的语义明确化或规约化（semantically specified or conventionalized）”（Marmaridou，2000：52）。因此，谚语的含义再从一般到比喻，即谚语的含义与隐喻的参与无关，与是否违反某个准则无关，而是通过比喻被赋予了意义，语言使用者约定俗成地认为“鹬蚌相争，渔翁得利”表达的含义是“双方争斗第三方获利”。“比喻意义和一般含义不是互补（即非此即彼）的关系，两者之间的差异是以无向量的形式存在的，区别非常微妙，有时辨别这两种含义也不太容易”（熊学亮，1999：61）。但我们认为，不应忽略从一般到比喻的过程。当然，在谚语的理解和使用过程中，语言使用者通常使用的都是谚语的比喻意义，然后依据比喻意义再推导出某个语境下的特殊含义。

二、概念隐喻理论与谚语认知

（一）概念隐喻理论

概念隐喻理论认为，隐喻是人类思维、行动和表达思想的一种系统的方式。在日常生活中，人们往往参照已知的、有形的和具体的概念，认识思维中未知的、无形的和抽象的概念，形成不同概念之间相互关联的认知方式，其本质是通过一类事物或经验来理解和体验另一类事物或经验。隐

---

① 孙亚，刘宇红. 熟语及其理解的认知语义学研究评价[J]. 外语与外语教学，2004（8）.

喻过程实际上是人们借助一个概念域（结构）去理解另一概念域（结构）的过程。

概念隐喻理论的核心是两概念域及源域和目标域之间的映射。概念域是隐喻理解和形成的基本单位，两域映射及其被激活的认知图式是理解隐喻的关键。莱考夫的概念隐喻理论正是利用两概念域的映射关系来解释隐喻的。他认为隐喻就是从一个人们比较熟悉或容易理解的源域，映射到一个不熟悉或难以理解的目标域，在源域和目标域之间形成系统而稳定的对应关系。这种映射具有单向性、不完全性、一致性的特征。单向性是指只有从源域到目标域的映射，没有从目标域到源域的映射；不完全性是指源域的框架只有部分会被映射到目标域之上；一致性是指映射不是随意的，映射的结构应与目标域的原有内部结构相一致。隐喻的心理基础是抽象的意象图式。

（二）概念隐喻理论与谚语理解

莱考夫和特纳（1989）将谚语看作一种特殊的隐喻。典型的谚语激活了普通动物、物体和情境的知识。这些知识结构属于类属层次图式（specific-level schema），不但包括“种属”层次的信息，如因果关系和事物的概况等，还包括特别的细节和具体的意象（束定芳，2001）。譬如，我们在理解谚语“Blind blames the ditch.”（拙匠埋怨工具差）时，正是利用了这种具体图式。在这个谚语中，“blind”不能仅仅被理解为盲人，而是泛指残疾人。莱考夫和特纳指出，这是因为有一个类属层次的隐喻在起作用，即“Generic is specific.”（种属是类属）。这一隐喻使某一特殊类属层次的图式，映射到无数的相平行、拥有与目标领域相同的种属层次结构的特殊种属层次的图式上去。

“Generic is specific.”（种属是类属）这个隐喻就像其他的类属隐喻一样，具有不定的源域和目标域。它对源域和目标域的唯一限制就是源域必须是具体图式，目标域必须是类属图式。种属是类属的映射内容，不是被限定在一组固定的成分中，而是由类属隐喻来限制，同时输入与最初限制相一致的源域类属结构。例如，有一位总统候选人，由于自己在某些方面不检点，导致竞选失败。他不仅没有认识和反思自己的过错，反而责怪媒体小题大做。如果我们用谚语“Blind blames the ditch.”来描述这一现象，这一谚语的工作机制就是“The generic is specific.”这一隐喻。我们从与这一谚语相联系的图式中选择出种属层次的有关信息，即：

——某人有某种缺陷

——某一场合他的这一缺陷导致了负面结果。

——他责怪这一场合不是他自己的缺陷。

——他应该寻找自己身上的原因，而不应该责怪他人。

具体的理解过程如下：我们首先从“Blind blames the ditch.”这个图式中可以选择出以下类属信息，如：

——某人是一个残疾人

——在某一场合，他的残疾产生了负面的作用

——他埋怨场合却不怨自己的残疾

——应该负责的是他自己，而不是场合

其次，从总统候选人这个具体图式可以选择出以下的类属信息，即：

——某人是一位总统候选人

——他的缺陷在于他没有意识到自己的不检点行为

——他遇到的情况是：自己在某一方面不检点且被媒体曝光

——结果他失去了候选人资格

——他埋怨媒体

——他责怪媒体的行为是愚蠢的

第三，我们通过下面的具体隐喻来理解以上两种类属信息，即：

——盲人对应总统候选人

——无识别能力对应没有意识到他的不检点行为

——跌入沟里对应不正当的行为且被曝光

——处于沟里对应失去候选人资格

——责备壕沟对应责备媒体

——盲人责备壕沟的愚蠢行为对应候选人责备报道的愚蠢行为

这样，用另外一个具体图式来说明类属图式，然后通过提取类属图式把类属隐喻“Generic is specific.”应用到具体图式中，从而创造了一个连接第一个和第二个具体图式的类属隐喻。

这一组信息构成了种属层次上的图式，而这一图式反过来又可以在许多其他类属层次上的图式中得以再现。莱考夫和特纳（1989）指出，关于谚语的理解，可以设定我们对事物的秩序或层次有一定的概念，对人类在宇宙中的地位有一定的了解。谚语一般涉及的是人，从表面看有些谚语的喻体虽然是其他事物，但我们仍可以通过其他事物来理解人类复杂的本质。

人类对隐喻的认知能力有赖于“存在大连环”。“存在大连环”是指一种文化模式，其中不同种类的存在及其特征体现出一种层级关系：高一级的存在高于低一级的存在。我们在谈论人类的高级能力时，是指其美学、道德和理智能力，而非体质特征以及动物本能或原始情感。我们区分高级和低级的生命形式，而“存在大连环”就是一种生命形式的层级结构——人类、动物、植物。无生命物质以及不同生命形式的本质特征的层级结构包括：理智、本能行为、体质特征等。

莱考夫和特纳认为，对于“存在大连环”存在着两种不同的理解：一种是基本的理解，一种是延伸的理解。基本的理解涉及人与其他低级存在的形式。这一理解在很多文化中都普遍存在，但从根本上讲，它存在于我们的无意识状态中，并成为我们思想的基础，常常不为人们所意识。延伸的理解涉及人类与社会、上帝与宇宙的关系，这一理解在西方文化中占据中心概念的地位。

下面是基本存在大连环的大概模式：

——人类：高级特征和行为（如思想和性格）

——动物：本能特征和行为

——植物：生物特征和行为

——复杂物体：结构特征和功能行为

——自然物理事物：自然物理特征和自然物理行为

这一大连环的基本特点是：高一级的存在拥有低一级存在的所有特征，但低一级的存在不能拥有高一级存在的区别特征。例如，动物不拥有心理和性格特征，但它们除了拥有本能特征外，还拥有生物结构和自然物理特征。一般认为，某一行为是因为拥有某一特征而引起的。低级存在不可能有高级存在的行为，因为它们不拥有高级存在所拥有的某种特征，例如：

“Big thunder, little rain.”（雷声大，雨点小）

可以这样描述这一谚语的理解过程：从字面上看，这一陈述是关于某一特定自然现象的。它生动地描述了两种事物之间的关系，但它没有明确提及目的领域，即从字面上看，它没有提及人或和人有关的事件。那么，我们是如何知道该谚语是用来描述人类事件，因而可以应用大连环隐喻的呢？首先，我们注意到，这一陈述并非一定要理解为谈论人类或事物。在一定的情境中，它可以是对某一场暴风雨的描述。但那样的话，它就不是一个谚语。其次，我们可以通过语境知道这一谚语是关于人的。如果对方问及一位熟人，我们说“Big thunder, little rain.”，那么，根据格赖斯合作原则中的相关原则，对方已经知道这一话语是关于人的，而且知道这是作为一个谚语使用的。

在没有任何上下文的情况下，如果听到以上话语，我们仍然能够判断出它是用来谈论有关人类活动的。这一过程有两个组成部分：（1）由该话语所唤起的特殊层次图式，（2）存在大连环隐喻。后者将前者唤起的图式映射到人类活动这一特殊层次的图式上，因为存在大连环，所以可以将暴风雨和人类连接起来。

三、整合空间理论与谚语认知

（一）整合空间理论

整合空间理论是福科尼耶（G. Fauconnier，1944—）在20世纪80年代提出的心理空间理论（Mental Space Theory）基础上的发展和延伸。“整合空间”是指心理空间的整合。心理空间是指人们交谈和思考时，为了达到局部理解与行动的目的而构建的概念包；整合空间理论就是对言语交际过程中各心理空间相互映射并产生互动作用的系统阐述，其宗旨就是试图揭示言语意义在线构建背后的认知背景。①

整合空间理论是福科尼耶（1985）和福科尼耶与特纳（1994）在莱考夫的双域映射即源域和目标域之间的映射基础上提出的，整合空间理论是四空间模型之间的相互作用。

四空间是指两个输入空间、一个类属空间和一个合成空间。两个输入空间与源域和目标域相似，类属空间对每一输入空间加以映射，代表两输入空间共享的概念结构，它反映两输入空间所共有的一些抽象结构与组织，并决定跨空间映射的核心内容。合成空间则是两输入空间的信息合并和互动的空间，两输入空间将各自的元素部分地投射到这里，并由此产生新的意义和层创结构。层创结构是合成空间里的重要内容，它并不直接来源于输入空间，而是认知主体对投射的对象经过复杂的认知加工过程，在大脑中形成的层创内容。整合空间理论认为，隐喻是连接语言和概念的一种显著的、普遍的认知过程，主要依赖喻体和本体这两个输入空间的跨域映射。不同的概念域能够被共同激活，在某些条件下，形成跨域联接，从而导致

① Fauconnier, G. & M.Turner. Blending as a Central Process of Grammar [A].In Adele Goldberg. (ed.). *Conceptual Structure, Discourse and Language* [C]. Stanford: CSLI Publications, 1996.

了新的推理。整合空间可以是约定俗成的，也可以是全部创新的（Fauconnier，1997）。

（二）整合空间理论与谚语认知

整合空间理论是在心理空间理论基础上发展而来的，心理空间包括实体和任何被说话者感知、想象、记忆或理解场景的部分表征。组成成分代表的是每一个话语实体，简单框架代表的是存在于各个成分之间的关系。心理空间理论系统地考察了人类认知结构和人类语言结构在认知结构中的体现。心理空间是一个“小概念包”，它是为了通过思考、交谈而达到局部理解与行动目的而构建的。整合空间理论主要是研究动态的意义建构理论。心理空间是一个认知域医学概念，它把意义定位于说话者的心理表征中，并把语言结构解释为促使说话者在指称结构里建立成分的线索。心理空间的各个成分只是把世界中的物体仅仅间接地指称未说话者心理表征的物体，而不管该物体是否真实。整合空间理论最初是用来回答关于间接指称和指称非透明性问题，并且在描述各种各样的语义现象和语用现象时已经被证明是行之有效的（Fauconnier，1997）。

在长期使用过程中，谚语从具体的初始来源域经过抽象过程，形成一个被社会普遍认可的规约性意义，这一意义是人们在头脑中逐渐习得和形成的一个概念图式。在话语中，人们使用谚语建立心理空间。由于谚语心理空间和话语感知空间具有某些对应或映射关系，二者常常整合形成整合空间。我们并非无缘无故地使用谚语，建立心理空间，并把谚语心理空间与话语感知空间整合起来，之所以如此，是因为它能使我们获得对意义的整体洞察，或者获得新的意义，使交际更有效、更具创造性。

人们通常把一个统一的事件分成一些因果关系链，这些关系链由许多更基本的事件组成，每个事件是前一个事件的结果和后一个事件的原因。也就是说，我们理解一个复杂的事件，故意把它简化为一组基本的事件。在谚语中，我们可以看到许多谚语具有感知和抽象思维的因果关系，但我们不把原因和结果关系看成一个相对独立的因素，而是把因果关系看作为一个不可分的复杂整体，形成因果关系的整合，使我们可利用整体洞察把握谚语的整体意义。另一方面，把一个复杂事件分解成一组更基本的事件，又可以帮助我们认识谚语的理解过程。我们人类具有整体洞察以及一步步分析和剥离整体洞察的思维能力，这是理解谚语的关键所在。

在汉英谚语中，我们可以看到许多这种因果关系整合的现象，这种整合可使我们得到一种整体洞察，从而达到对谚语的理解。譬如，英语谚语“Big thunder, little rain.”（雷声大，雨点小）本来指“雷”和“雨”两个特定的自然现象。这个谚语生动地描述了两种事物之间的关系，但它没有明确提及目的域。从字面上看，它没有提及人或与人有关的事件。那么，我们是如何理解这个谚语的呢？

首先，我们从“雷声大，雨点小”这个谚语中了解到“雷”和“雨”的相对量。其次，我们凭借关于事物属性的常识，了解到“雷”和“雨”的因果关系。最后，我们通过“雷”和“雨”之间的因果关系，形成了雷雨图式（thunderstorm schema）。这一过程可以描述为：

——雷雨至少包含两种具有因果关系的自然事件：雷和雨

——雷先于雨或者与雨相伴发生

——下雨前，雷声会使我们想到要下雨

——通常情况下，雷声的大小预示雨量的大小

我们正是运用以上知识来理解谚语的。这个谚语不寻常的地方在于：虽然雷声很大，可是令人感到惊奇的是：雨量很少，雨没有像雷声预期的那样对我们有太大的影响，即雷声大雨点小。这样的话，我们就可以把下面的信息添加到上面的雷雨图式中，即：

——在这种情况下，雨量低于我们从雷声中预期的

以上我们选择的是与源域图式（source-domain schema）相关的内容。就“存在大链条理论”而言，我们现在做的仅仅是非隐喻方面的，揭示的是类属层次的信息，即自然界的物理现象。假定我们在类属层次图式结构上理解“雷声大雨点小”，那么，这只是说明了一种自然现象，所能理解的也只是“雷声大雨点小”的字面意义。在此基础上，我们抽象出“雷声大雨点小”的种属层次图式结构，并描述如下：

——有一种情况（如，自然界客观现象）至少包含两类具有因果关系的事件（如，自然事件）

——一类先于另一类或者与另一类相伴而生

——第二类事件发生前，至少第一类事件使我们联想到第二类事件要发生

——第二类事件对我们具有影响力

——通常情况下，第一类的大小预示第二类的大小

——在这种情况下，第二类的力度低于我们从第一类中预期的力度

我们把具有种属层次结构的源域信息通过隐喻映射，与具有类似种属

层次结构的目标域信息建立联系。谚语的整合网络常常是人们使用谚语时，作为更复杂的整合网络的一个输入心理空间，这一心理空间与话语感知空间（另一输入心理空间）存在某种相似性，这种相似性形成了心理空间之间的跨空间的映射关系（Fauconnier，1997），具体可如下列三例所示：

（1）在今年年初的时候，北京市建委有关官员明确表示，今年北京将推出限价房，随着宏观调控政策的逐渐深入，尤其是北京国土资源部门在6月份将几块区域位置明确的限价地公布出来的时候，人们对限价房的期待则更为急迫，“我们都认为限价房离我们已经近在咫尺，”一位网友说，“短说3个月、长说9个月的时间过去了，限价房给我们的感觉依旧是雷声大雨点小。”（来源于2006年9月26日“中国产经新闻”）

（2）尽管来临的将是一场风暴，但人们却担心，它会不会又是雷声大雨点小，就像前十几次的降价，虽然有关部门说患者从中得到了几百亿元的好处，但人们感到的却仍旧是药价虚高。甚至于人们还担心，这场风暴也许根本就刮不起来，或者风暴最终会变成和风细雨，因为这次降价触动了更多部门的利益。（来源于2005年6月8日《经济参考报》）

（3）北京近两日持续高温，空调市场的旺季渐渐逼近，连日来，空调企业对今夏空调价格的“涨”声不断。但是记者从卖场了解到，市场实际情况是，所谓空调涨价不过是雷声大雨点小，空调价格非但没有上涨，反而降了不少。（来源于2006年6月5日《北京晚报》）

“雷声大雨点小”比喻声势浩大，影响甚微。在上述三个例子中，源域“雷声大雨点小”的相关信息被映射到目标域“限价房”“医药降价”和“空调涨价”事件之中。这种相似性是该谚语心理空间与话语感知空间进一步整合的基础。在整合过程中，谚语空间为其提供了谚语中存在的因果关系，这种因果关系为我们理解“限价房”“医药降价”和“空调涨价”的状况提供了可能。

第四节　谚语的认知机制

1980年，莱考夫和约翰逊的《我们赖以生存的隐喻》一书，将隐喻纳入人的行为活动、思维方式、概念范畴、语言符号等领域，并分别做了全面细致的研究，提出了概念隐喻的命题，将概念隐喻分为：结构隐喻、方位隐喻和实体隐喻。莱考夫和约翰逊（1980）认为，人们赖以思维和行动的概念体系在本质上是隐喻性的，这就是“概念隐喻体系”（metaphorical concept system）。人们以一个概念去理解建构另一个概念，以一个概念的词语去谈论表达另一个概念，这就是“概念隐喻”（conceptual metaphor）。概念隐喻普遍存在于各种语言，并贯穿于人的思维和行为中。

客观世界是人们体验和认知的基础，而认知是人们对客观世界感知与体验的过程，是人与外部世界、人与人互动协调的产物，是人们对外界和自身经验的理性看法。通过认知，人们对世界万物形成了概念。语言是对客观世界体验和认识的结果，语言理解和运用的过程也是认知处理的过程。因此，语言能力不是独立于其他认知能力之外，而是整体认知能力不可分割的一部分。谚语作为语言的重要组成部分，也是概念系统的产物，其中相似性、范畴化、意象图式、隐喻和转喻在谚语的形成和发展中起到了至关重要的作用。

一、谚语的形成基础——相似性

谚语比喻义的产生基于两个事物的相似性，也就是说其中介是两个事物或两个认知域之间的相似性。隐喻的相似性是认知主体在不同事物之间辨识或创造的共享特征或联系，它指喻体和本体之间存在着某些方面的相似，而这些相似性是人们使用隐喻之前就已经了解的。因此，相似性是谚语隐喻义的认知基础，即隐喻是通过联想事物相似性特征使概念具体化。束定芳（2005：172）指出，以相似性为基础的隐喻利用的是事物之间人们已感受到的相似性，而创造相似性的隐喻则是将原来并不存在相似性的两个事物并置在一起，构成隐喻，从而使人们获得对其中某一事物新的观察角度或新的认识。可见，相似性是隐喻赖以成立的基本要素。

相似性不仅建立在事物的内部特征上，还建立在事物与外部其他某种实体的关系上，可以通过联想构拟语词概念的连接。比如，汉语谚语“单丝不成线，独木不成林”，英语谚语“Many hands make light work.”（人多好干活），它们都是基于相似性基础上的联想，不用分析字面意思，我们自然而然就会想到具有普遍性的人类社会实践经验——团结力量大（Unity is power.）。由于谚语还保持着比喻的特点，因此其隐喻义就具有一定的形象性。形象性是理解谚语隐喻义的中介，没有形象性，其隐喻义就无从产生。吴国华、杨喜昌（2000：104）指出，隐喻义必须满足两个条件：（1）具有语义双重性，这种双重性能对不同的所指进行比较；（2）意义具有形象性，它可以保证全面地认识被比较的事物，不需要借助逻辑手段即可将不同的概念加以联想。如上面提到的汉谚“单丝不成线，独木不成林”，其字面意义是：“一根丝合不成线，一棵树成不了林”，比喻个人的力量单薄，办不成大事。在这一谚语中，用“单丝”和“独木”形象地比喻“一个人”，用“成线”和“成林”比喻“办成大事”。英谚“Many hands make light work.”中，其字面意义是：“许多双手使工作轻松（容易）”，比喻人多力量大。其中，用“many hands”形象地比喻“many people”（许多人），用“make light work”比喻“make work easy”（使工作轻松或容易）。上述汉英谚语既有语义上的双重性，又形象、生动地说明了生活中的某种事理。

二、谚语的形成过程——范畴化

从认知的角度看，范畴化指的是人类从万事万物在性质、形状、功能等各方面的千差万别中看到相似性，并据此将可分辨的歧异的事物处理为相同的类别，从而形成概念的过程和能力。它是一种以主客观互动为出发点对外界事物进行类属划分的心智过程，是一种基于现实对客观事物所作的主观概念及分类并以此赋予世界以结构的理性活动（王寅，2001）。范畴化的最终产物即是我们通常所说的概念，在认知语言学中被称为“概念范畴”。

范畴是人们的认知系统用于表示客观世界中被感知的实体的结构，反映事物本质属性和普遍联系的基本概念，是人类理性思维的逻辑形式。当感知系统从客观世界中获得关于某一实体的信息时，认知系统随之将这一实体归入某一范畴。语言的范畴化是认知语言学研究的焦点，对语言范畴化功能的系统研究，主要是从三个方面展开的，即揭示范畴性质和内部结构的典型理论（prototype theory）、跨范畴概念结构的隐喻、框架语义学（frame semantics）和心理空间（mental spaces），以及研究语言形式和概念意义对应的象似性（iconicity）现象。

赵艳芳（2004：102）指出：“人们认识事物的范畴化能力是以“原型”为中心向外扩展的，原型是某一范畴中最具有代表性的事物，其他的事物由于与原型有一定的家族相似性而被认为是属于同一范畴。”霍内克（Honeck，1987）等人在谚语范畴化研究中引入了谚语家族概念（proverb family）。谚语家族的组成成分是：一个谚语、用语言或图像对谚语的字面意义进行的解释、用语言对谚语的比喻意义进行的解释以及这一比喻意义的语言或图像事例。如：英语谚语（A net with a hole in it won't catch any fish.），其字面意义为："No fish will be caught by a net with a hole in it."（有洞的网捕不到鱼），比喻意义则为"A flawed instrument cannot perform its normal function."（劣器不可能正常工作）。另有二例："The missionary who didn't speak their language couldn't convert any of the natives."（不会说当地人语言的传教士就不可能教化当地人）；"The quarterback was inebriated and he threw wildly to his receivers."（组织前卫喝醉了，他把球胡乱地踢给了传球者）。

霍内克等人从对谚语范畴化的研究中得出结论：使一个谚语家族中的各成员结合在一起构成一个范畴的，不是成员间共有的深层结构、命题结构或者心理意象，而是一种抽象的、非语言的心理实体。霍内克将这种类似于图式的实体称为"概念基体"（conceptual base），并由此提出了谚语理解的"概念基体理论"（the Conceptual Base Theory）（Honeck et al，1980：127—162）。实质上，霍内克所说的"概念基体"就是范畴化。霍内克等（1987：103—120）做了大量的心理学实验，结果表明：谚语范畴是渐变的，而非二分的；作为范畴化参照物的是一种非语言的、非意象的、抽象的、一般的和有形成力的"概念基体"，而不是定义性特征、原型或者实例。"概念基体"将表面上并不类似的事例联系起来，从而构建一个范畴。相比而言，范畴化的三种传统观点捉襟见肘，黯然失色。霍内克等人也由此提出了"范畴化的概念基体观"（the Conceptual Base View Categorization）。霍夫曼和霍内克（Hoffman & Honeck，1987：121—140）也在实验的基础上提出，许多常用的比喻性语言能被迅速理解，表明这种语言是以比喻意义和概念的形式而非以字面释义被理解记忆的。"概念基体"具有形成力，它将数量无限大的一组具有家族相似性的事例纳入同一范畴，这些事例从表面和所指来看泾渭分明，但从理解者的角度看，却具有某种非特征性。①

三、谚语的构建模式——意象图式

意象图式（image-schema）是认知语言学为描写语义结构而提出的假设。所谓意象（image），是指人们在对事物的认知过程中，对一个客观事物或情形由于"识解"（construe）方式的差别，即凸现的部分不同、采取的视角不同、抽象化的程度不同等，从而形成不同的心理印象。图式（schema）是人们在与外界的日常交往中形成的一种简单、基本的认知结构，是对具

① 贾志高，程杰. 隐喻语言中的范畴化[J]. 山东师大外国语学院学报，2000（2）.

体经验的抽象。它是人们认识自身并与外界交互作用的产物，也是人类自然属性的产物。①

意象图式是一种认知结构，它是在对事物关系的认知基础上构成的，是知识的一种组织形式，并反复出现；它是人类经验和理解中一种联系抽象关系和具体意象的组织结构，是理解和认知更为复杂结构的基本途径。人类的经验和知识是建立在这些基本结构和关系之上的。类别概念、抽象概念的产生是建立在已知事物的具体意象基础上的，两类事物间的联系是通过类比和联想建立的，而类比和联想需要通过事物之间的某种相似性而建立起来。也就是说，不同的事物、经验和现象能够基于相似性或创造相似性来建立联系。这种通过类比和联想进行的相似性替换过程就是隐喻思维的基本过程。

隐喻的运用或表达的基础是类比和暗示，其意义不是字面意义而是说话者的意义，即比喻意义；而隐喻理解体现在隐喻思维方面的前提是类比和想象，其想象的基本导向是寻找本体和喻体之间的相似之处。意象图式这一概念在隐喻理解过程中的应用，不仅有助于本体和喻体相似点的发现，而且能为隐喻理解架起一座桥梁。因此，意象图式是构建隐喻的一种模式，是在身体经验的基础上形成的基本认知结构，是我们获得意义结构的主要方式。没有意象图式，我们就不能理解和表达经验，就不能把不同的经验域联系起来。简言之，意象图式赋予我们的经验以完整结构，赋予词语以意义。

人的经验中具有多种意象图式，莱考夫（1987）对其进行了概括总结，即意象图式包括：容器意象图式、部分-整体意象图式、连接图式、中心-边缘图式、起点-路径-目标图式、上-下图式、前-后图式、线性图式、力图式。约翰逊（1987）进一步概括了它们的基本特征：（1）意象图式决定我们的经验结构；（2）意象图式具有完形结构，在我们的经验和认知中是有意义的统一体；（3）存在将意象图式投射到抽象域的隐喻概念；（4）隐喻不是任意的，是源于日常生活中的经验结构。为此，对于隐喻的理解，人类需要推理，而推理具有两个特征：（1）基于人类的经验；（2）从具体到抽象域的投射。

我们以汉英语共有的谚语（喻体不同，喻义相同）“鹬蚌相争，渔翁得利”（When two dogs fight over a bone, a third run away with it.）为例，探讨

① 沈家煊. 意象和图式[A]. 暑期语言讲习班讲稿，2005.

意象图式在隐喻构建中的作用。具有海边生活经验的汉语使用者见到这个谚语时，在脑海中最先形成的是有关这一谚语的故事场景：蚌打开壳晒太阳，一只长嘴的水鸟（鹬）去啄它，被蚌壳钳住了嘴，双方都不相让。渔翁来了，把两个都捉住了（见于《战国策·燕策》）。概括地说，空间关系构成了这个谚语现实表征的基础，即“鹬蚌相争”这一客观现实的存在，是以人的生活经验和认识的存在为前提的，是范畴化了的存在，即人的生活经验和认识的存在赋予了客观现实一些基本的属性特征，如空间的远近和时间的先后。现实表征在大脑中的内化，即心理表征，形成谚语的意象图式。心理表征以现实表征为基础，是客观世界的主观映射，是一种概念化的存在。人们最初形成了“鹬蚌相争，渔翁得利”这一谚语的字面意义，在日积月累的生活经验中发现有许多与“鹬蚌相争，渔翁得利”极其类似的场合。于是，便用这个谚语来形容，从而形成了谚语的比喻意义。比喻意义以词汇的形式存在于人们的心理词典中，这些场合出现在具体语境时被激活，即语言表征，如下诸例所示：

（1）美欧都面临日本的强有力挑战，它们不想让“鹬蚌相争，渔翁得利”的悲剧重演。（人民日报\1993\R93-12）

（2）毁灭的反面，弱小者锐意崛起，最终取而代之，而自家内乱则导致“鹬蚌相争，渔人得利”。（人民日报\1996\96News11）

（3）茶叶少卖很多钱，有时还生意落空，让别的国家钻了空子，正可谓“鹬蚌相争，渔翁得利”。（报刊精选\1994\10）

（4）上次回家听说今天八路军县大队要和日本人在村里打仗，他就生出“鹬蚌相争，渔人得利”的想法。（刘震云《故乡天下黄花》）

至于汉语使用“鹬”和“蚌”，而英语使用“狗”作为谚语构成材料，即作为隐喻的不同“喻体”，却有共同的“本体”，表达相同的意义，其原因主要是：两个民族对不同事物的熟悉程度不同、生活体验和认知焦点有别，而且两个民族在语言表征过程中受本民族文化的影响，但两个民族的意象图式却是完全独立于其文化背景的。

四、谚语的形成方式——隐喻和转喻

为了表情达意，谚语产生之初是由词或词组构成的一种临时性组合，如汉语谚语：“冰冻三尺非一日之寒”最初的字面意义是“三尺厚的冰不是在寒冷的天气中一天之内结成的”，“肉包子打狗”最初的字面意义是“用肉包子打狗”。临时性的组合之所以能够转变成谚语，主要是由于人们在语用的过程中发现，许多与“冰冻三尺非一日之寒”或“肉包子打狗”类似的现象。于是，这样的临时性组合开始作为修辞性的整体意义而被使用，但最初它们只是临时性的修辞现象。由于这些临时性组合在语用上常常运用一定的修辞手法，使表达简洁生动，具有很强的表现力，因此容易被人们接受、传播和广泛使用。在这类临时性组合中，常见的修辞手法是隐喻和转喻，如：“一寸光阴一寸金”“新官上任三把火”“The tongue is not steel, yet it cuts.”（舌头非钢却能伤人）等。这些临时性修辞表达的生动形象，不仅符合人们的审美情趣，满足了人们在语言上求新求变的心理，而且口语性较强，通俗易懂，为大众普遍接受和喜爱。因此，它们便逐渐流行起来，并最终固定下来，变成谚语。

隐喻和转喻都是一种心理机制，这一机制是许多概念得以形成的基础。隐喻和转喻不仅是一种修辞格，更是人们认识世界的一种方式。它基于人们的基本生活经验，其实质是概念性的。它也是一种自发的、无意识的认知过程，对人们认识新事物、形成新概念起到了重要作用。就此而言，谚语的形成实际上是隐喻和转喻作用的结果。下面以汉谚“宁为鸡首，毋为牛后”为例，说明隐喻在谚语形成和理解中的作用。

“宁为鸡首，毋为牛后”也作“宁为鸡口，勿为牛后”“宁为鸡头，勿作牛尾”。其字面意义是：宁愿做小而洁的鸡嘴，也不做大而臭的牛后。比喻意义是：宁居小者之首，不为大者之后。即宁可在小地方或小范围里主事，也不愿在大地方或大范围里听命于人。

在汉文化中，人们常用“鸡”和“牛”作为比喻的材料。其主要原因是鸡和牛不仅是汉族日常生活中最常见的动物，也是古代农耕文化不可缺少的家畜。鸡和牛也是中国十二生肖中的动物。汉民族最早是用牛来耕田和载重的，即使到现在，它也是中国农村不可缺少的家畜和役畜。可以说，汉民族的农耕文化离不开牛。由于人们在日常生活中经常与牛打交道，发现了许多牛的特征，这些特征在某种程度上与人具有相似之处。于是，一些牛的特征就被隐喻映射到人的身上。比如，牛常被用来比喻人的固执和骄傲、牛性、牛劲、牛脾气等。与之相应，鸡在汉族的日常生活中更是随处可见，它的繁殖能力强，成活率高，对环境没有特别的要求，到处都可以饲养。同时，雄鸡也是汉民族农耕文化的重要帮手。由于古代的计时工具非常简陋，鸡守夜报晓，对于“日出而作，日落而息”的古人来说，其意义很大。可以说，正是因为有了鸡在黎明时的打鸣报晓，人们才有了时间的意识。与之相应，鸡也有守信、准时、平凡、大众化和柔弱等象征意义。

“鸡首”指“鸡头”，其中的“首”在古代是“头”的意思，是身体中最重要的部位，而“鸡口”是指鸡嘴，用来啄食的重要部位，小而洁。“牛后”是指“牛肛门”，大而臭。古人正是基于日常生活经验在“鸡口”和“牛后”之间建立了联想和类比，人们对生活现象的观察、总结、提炼以及修辞手段的使用，最终形成了“宁为鸡口，毋为牛后”这一谚语。人们可以把这一谚语用于生活中相似的语境，重新激活其谚语义，如：

（1）臣闻鄙语曰：“宁为鸡首，毋为牛后”。今大王西面交臂事秦，何异于牛后乎？（《战国策·韩策一》）

（2）鄙语曰：“宁为鸡口，毋为牛后”。夫以大王之贤，挟强韩之兵，而有牛后者名，臣窃为大王羞之。（《资治通鉴·周显王四十二年》）

（3）在我们队伍中要求调动工作的很多，而只有做首长的（如团长、政委、主任）才少有要求调动工作的。许多同志只想做首长而不愿当副的。例如不肯当旅参谋长，而宁可当团长，这是所谓“宁为鸡首，毋为牛后”的思想，也是等级思想，是个人英雄主义作怪，目的是想出风头，达到自己的支配欲。（刘少奇：论党员在组织上和纪律上的修养[9]）

隐喻是指两个不同概念域之间的映射，它借助一种典型的、易于描述的、熟悉的、具体的概念域阐释非典型的、较难描述的、不够熟悉的、抽象的概念域，是从基本的概念域向高一级的概念域投射，是这些基本概念而非词语本身参与了意义的构建过程。例句（1）和（2）涉及的是秦国联合韩国攻打赵国这一事件，“韩国”对应“鸡首”或“鸡口”，“秦国”对应“牛”，韩国如果答应了秦国攻打赵国的请求，就被视作“牛后”或“牛尾”。例句（3）中，“正职”对应“鸡首”或“鸡口”，“副职”对应“牛后”。上述三个例句正是通过隐喻映射在谚语与具体事件建立了联系。

转喻是在同一认知域中用一个突显的事物来代替另一事物。比如，部分与整体、容器与其功能或内容之间的互为代替关系（赵艳芳，2004：116）。这种替代不是传统意义上的词语替代关系，而是人们认识事物的一种方式。一个物体、一件事物、一个概念常有很多属性，而人的认识往往更多地注意到其最突出、最容易记忆和理解的属性，即突显属性。例如：汉语谚语“熟读王叔和，不如临症多”；英语谚语“The fox changes his skin but not his habits."（江山易改，本性难移），"Every dog has his day."（人人都有得意时）。在上面的汉英谚语例子中，用“王叔和”这个晋代名医来代替“医书”，用“fox”“skin”“habit”分别来代替“某类人或动物”“外部特征”“内部本质特征”，用“dog”来代替“普通人”。

小　结

人们对隐喻的理论认知经历了一个从窄到宽、从表层到深层的发展过程。现在，人们已不再把隐喻单纯看作语言内部的修辞手段，而是把它和人类的认知过程联系起来，认为它是能够反映语言与人类思维、认知关系的。韩礼德曾指出，语言的发展史实际上就是非隐喻化的历史。语言符号本来的隐喻意义逐步演变成象征意义。在语言和认知的关系上，英国修辞学家瑞恰慈指出：语言是不同经验领域的交汇点。语言不仅是认知的表现形式，而且是它的组成部分。源于日常经验的认知系统构成了语言运用的心理基础。这样，通过语言—隐喻—认知，我们就在三者之间发现了某种内在的、有机的联系。具体地说，在语言的最初使用过程中，人们创造并使用的第一批词汇多是表示具体的事物。当人类从这些具体的概念中逐渐获得抽象思维能力后，往往会借助表示具体事物的词语表达抽象的概念，这就形成了人类的思维体系。换句话说，在隐喻结构中，两种本无任何联系的事物之所以能相提并论，是因为人类在认知领域对它们产生了相似联想，因而最终会利用这两种事物的交融来解释、评价、表达他们对客观现实的真实感受和情感。

认知语言学认为，谚语的形成是人类隐喻思维的产物。隐喻不仅是一种语言现象，更是一种人类认识世界的方式。隐喻思维能力是随着人们认知的发展而产生的一种创造性的思维能力，是认知发展的高级阶段，是人们认识世界，特别是抽象事物不可缺少的一种认知能力。谚语化过程应该遵循以下步骤：

词或词组的临时性组合→谚语化过程→谚语

基础 → 过程 → 模式 → 方式

↑　↑　↑　↑

相似性　范畴化　意象图式　隐喻转喻

第四章　汉英谚语形成和理解的文化理据

每个民族都有特定的语言、宗教信仰、风俗人情、社会制度和生产方式以及在此基础上形成的不同行为方式和思维习惯。隐喻是文化在语言中的集中体现，是人们对文化世界进行概念化和范畴化的工具。人类借以思维和行动的普通概念系统在本质上是隐喻性的，文化在很大程度上也是以隐喻方式建构起来的，因此，通过隐喻的研究可以解释汉英谚语形成和理解的文化理据。

第一节　谚语的形成与发展

一、谚语的形成

在没有文字之前，谚语是人类的百科全书，涉及人们日常生产生活的方方面面。正是通过谚语，人们一代代传递延续着人类文明。文字形成后，谚语便有了更有效的记录和传播工具。世界上最早记载谚语的是公元前5000年定居在美索不达米亚平原古巴比伦（今伊拉克）的苏美尔人的锲形文字。[①] 汉语谚语的书面语最早记载是在3000多年前的夏商时代；英国谚语的最早记载见于八世纪的古英语书面语。随着人类的进步、社会的发展、交际表达的需要，语言特别是词汇处在不断的变化中。谚语作为语言词汇材料中熟语的一种，其产生是词汇发展到一定阶段的产物，是语言交际的外部客观条件与内部主观因素矛盾统一的产物。

外部客观条件是指语言赖以生存的社会需求。在古代，人们采用谚语这种形式，把生产劳动过程中获得的知识传播给社会，流传给后代。最初

① Honeck, R.P. *A Proverb in Mind: A Cognitive Science of Proverbial Wit and Wisdom* [M]. New Jersey: Lawrence Erlbaum, 1997.

的谚语主要是传授生产劳动知识、与生产劳动相关的天象气候变化以及草木鸟兽等自然界的知识。随着生产力的发展，社会生活逐渐复杂化，社会分工越来越细，当仅仅依靠新词或增加词的义项、改变词的用法等手段难以满足表达精密思想、复杂感情的需要时，社会交际活动就要求词汇材料另辟蹊径，创造比词容量更高一级的词汇单位来完善交际工具的表意功能。

然而，社会交际的需求仅仅是促使谚语产生的外部条件，内因才是事物变化的根本原因。促使谚语产生的内因是词汇内部功能的调整，其目的是适应外部交际生活的需求。一般说来，谚语的形成和发展普遍经历了三个阶段：

（1）雏形阶段。雏形的谚语原本同其他临时组合的词组一样，为满足临时表情达意的需要而选用一定材料与一定结构的结合体。

（2）意义扩展阶段。随着人类认知范围的不断扩大和认知能力的提高，人们常常借助日常生活中已知的、具体的概念范畴来理解未知的、抽象的概念范畴，这一意图的实现要借助于隐喻思维，也是语言经济原则的需要。

（3）成熟阶段。由于谚语本身在形式和内容上有不同于一般自由词组的优越性而被人们反复整体地运用，久而久之，组合中的词和结构与表达意义的内容便固定下来，成为一个不可拆分的整体，其造句功能相当于一个词被整体运用，继而成为词汇材料中的特殊成员而储存于词库之中。以英谚“The best fish smell after three days old.”和“Fish begins to stink at the head.”为例，它们从最初表示日常生活经验“最好的鱼三天后也会变臭”和“鱼是从头上烂起来的”，然后映射到“客人”和“国家政权”，形成了比喻义“久住招人嫌”和“上梁不正下梁歪”。随着使用范围的扩大和使用频率的增加，逐渐变成了固定语句，最后形成了所谓的“谚语”。而那些一般临时松散的自由词组，被用过之后，便丧失了固定整体表义功能而解体不存在了。

谚语作为人们传授知识的工具。一方面，谚语的发展与社会发展密切相关，常常受到社会发展的制约：从内容上看，谚语主要承载社会下层的心声。对一个社会来说，尤其在经济不发达的古代社会里，官方意志由于占据意识形态主流而拥有众多的表达手段，比如书面语手段；而民众意志同官方意志之间总是存在一定的距离，其传播渠道因而受到了诸多限制，通常只能依赖口头语言形式流传，其中谚语是表达其心声最简洁有效的手段之一。另一方面，语言系统的自身发展也会制约谚语的发展，如语言形式上的变化、语义上的褒贬变化以及书面语文白的变化等等，都会对谚语的发展有一定的制约作用。有的谚语在民众长期使用过程中进一步深化了，有的谚语的意义在人们相传运用中引申扩大了，有的褒贬义发生了转移。

与此相应，从共时角度而言，谚语的主体无疑应该是群众口头的语言形式，书面形式的谚语只是其中的一部分，并且多半经过了文人的润饰加工。从历史角度看，每个时代都会产生大量的新谚语，这些映射着特定时期社会风貌的谚语，有些会因社会文化环境的变迁而被淘汰，存留下来的也会发生语言方面的某些变化。

二、谚语的演变

在谚语的发展变化中，既有形式上、语义上、感情色彩上的变化，也有旧的、不合时宜的谚语消亡以及新谚语的产生。

（一）汉谚中的文言文和英谚中的古英语

谚语既然经历了时间的洗练，当然也就留下了历史的烙印，这主要表现在古词语的保留上，比如汉语的“失之东隅，收之桑榆”“惺惺惜惺惺，才子惜才子”，“东隅”和“桑榆”原指日出和日落的地方，“惺惺”这里指有才能的人，这些词在现代汉语中已不用；英语中的“Many a little makes a mickle.”（积少成多）：“mickle”表示“大量”“许多”，属于苏格兰英语中的古用法，现在的很多英语词典都已不收录。其他如“Like master, like man.”“One man’s meat is another man’s poison.”“Better a dinner of a herbs than a stalled ox where hate is.”中的man，meat和herb，这三个词的词义分别指代“仆人”“食物”和“茎叶可用来食用的植物”，也是典型的古英语用法。

（二）汉英谚语构成成分的变化

谚语口头流传的特点决定了它必然存在不同的变体，从构成成分的角度看，谚语的变化表现在以下方面：有的是个别词发生了变化，如汉语的“耳闻不如目见”“割鸡焉用牛刀”“留得青山在，不愁没柴烧”“逢人且只说三分话，未可全抛一片心”，这三句谚语中的“目”“割”“且”三个词语，在现代汉语口语中一般说成“眼”“杀”“只”，用词上发生了一定变化；再如英语的“Civility costs nothing.”（礼多人不怪），“If a job is worth doing, it is worth doing well.”（凡事做则做好），在这两句谚语中，现代英语常用“politeness”来代替“civility”，用“thing”泛指“job”，用词上也发生了一定的变化。有的是语义、使用范围和感情色彩发生了变化，如汉谚“个人自扫门前雪，莫管他家瓦上霜”，最初并无贬义，现在却用来指只顾自己的利益，对他人漠不关心。英谚如“There are as good fish in the sea as ever came out of it.”（跳出水面的鱼好，更好的鱼多留在海里），这个谚语来劝告人们要目光长远，机会以后还有；现在多用来安慰失恋的人，类似汉语的“天涯何处无芳草”。

（三）汉英谚语结构形式的变化

在谚语的使用过程中，其结构形式上也会发生变化。比如，汉语谚语在文言文向白话文转变的过程中，一部分谚语转变成了成语。例如：汉谚“欲投鼠而忌器→投鼠忌器；貂不足，狗尾续→狗尾续貂；得黄金百斤，不如得季布一诺→一诺千斤；虽鞭之长，不及马腹→鞭长莫及”等。

同样，在英语中，很多谚语也可以转化为成语，如“You cannot make bricks without straw. →to make bricks without straw”（没有稻草做不成砖[按照常识，此处当为土坯讲]）；“There is a black sheep in every flock.”（害群之马，无处不有）→“a black sheep”（害群之马）；“Don’t put the cart before the horse.”（切莫本末倒置）→“Put the cart before the horse.”（本末倒置）等。

（四）新谚语的产生和旧谚语的消亡

谚语作为语言词汇的一种形式，虽然也处于不断的变化中，但由于其结构具有整体性和稳固性特点，其变化表现得不如词汇那样明显。其最突出的变化是旧谚的消失和新谚的产生。随着时代的发展，一些反映新时代的谚语不断产生，例如一些来自经济、计算机等领域的新谚语“There is no such thing as a free lunch.”（没有免费的午餐）；“If you pay peanuts，you get monkeys.”（一分钱，一分货，尤指投资与回报的关系，尤其指用小额的投资换取巨额的回报）。一些旧的、不合时代的谚语逐渐消亡，比如汉谚中的“君让臣死，臣不得不死；父让子亡，子不得不亡”。有些长期弃用的谚语如今在社会交往中恢复，并被赋予新的意义，如“只许州官放火，不许百姓点灯”原本是用来讽刺宋代官吏田登的，现在扩大指统治者可以胡作非为，老百姓连正常活动都受到限制；有的随着职业的消失造成其名称的消失，但来自这些职业的谚语仍然存在于人们的口语中，如“宰相肚里能（好）撑船”中“宰相”本泛指古代掌握政权的大官，后特指辅助皇帝、统领群僚、总揽政务的最高行政长官。谚语原指做宰相的人胸襟宽阔，也泛指大人物或品德高尚的人，为人处世豁达大度。

第二节　隐喻修辞与概念隐喻

从亚里士多德的《诗学》和《修辞学》到20世纪80年代的语言哲学及语用学，两千多年来的隐喻研究始终保持着一种“共识”，即隐喻是一种纯粹的语言现象，是一种正常语言的偏离，是只有诗人或者演说家才可以掌握的语言技巧。它通常被限定在“修辞学”的领域里，对它的研究也始终停留在词汇或词语的层面上。莱考夫和约翰逊在1980年发表的《我们赖以生存的隐喻》突破了传统的隐喻修辞观，提出了隐喻认知观。在他们看来，隐喻不仅是一种语言现象，也是一种认知现象，更是一种文化现象，它是人类将某一领域的经验用来说明或理解另一领域经验的一种认知活动。隐喻在日常生活中广泛运用，不仅在语言中使用，而且贯穿于思维与行动中（Lakoff & Johnson，1980：5）。作为人类思维、认知的一种方式，隐喻体现了人类认知的共性特征，同时作为一种文化现象，它又具有鲜明的社会性和民族性。

根据隐喻理论研究的内容及其发展的历史，我们可以把隐喻理论分为五种隐喻观，即替代论、对比论、互动论、映射论和整合论。前三种属早期的隐喻理论研究，后两种是在20世纪80年代后开始形成的，属现代隐喻理论研究。

一、早期隐喻理论

早期的隐喻理论把隐喻看作词语层面上的一种修辞方式。大致说来，早期的隐喻理论可归纳为三点：（1）隐喻的实质是替代，以同义域里的一个词语替代另一个词语；（2）隐喻的实质是比较，对来自两个语义域里的词语的相似性经过比较建立联系；（3）隐喻的实质是互动，两个分属不同义域的词语在语义上互相作用，最后产生新的语义（胡壮麟，2004：17）。上述三点可概括为替代论、对比论和互动论。

在西方，较系统的隐喻研究最早可追溯到古希腊哲学家亚里士多德。他认为，“隐喻是一个词替代另一个词来表达同一意义的语言手段，两者属于一种对比关系”（束定芳，2000：2）。在《诗学》中，亚里士多德将隐喻定义为“通过将属于另外一个事物的名称用于某一事物的构成，这一转移可以是从种到属或从属到种，或从属到属，或根据类推。”① 亚里士多德对隐喻的定义和功能的论述，影响了其后两千多年西方修辞学，后人称之为“对比论”。

亚里士多德之后，隐喻研究出现了另外一种理论，即“替代论”，其代表人物是古罗马修辞学家昆体良（Quintilian）。他认为，隐喻存在于整个句子之中，而不是存在于词之中，其实质是用一个词替代另一个词的修辞现象。例如，“He is a fox.” 可以替代 “He is clever.” “He is cunning.”，或 “He is deceitful.” 等。

昆体良的“替代论”与亚里士多德的“对比论”有一个共同的基本假设，即隐喻是词汇层次上的修辞现象，相似性是构成隐喻的基础。从隐喻的结构和形式上看，它们都是正常语言规则的偏离，隐喻只是起到一种附加和修饰的作用。“替代论”和“对比论”的不同之处在于两种理论的着眼点不同：“替代论”着眼于隐喻的构成方式，即一个词替代另一个词；“对比论”则侧重于隐喻构成的实质，即对比。②

20 世纪 30 年代，英国修辞学家瑞恰慈（I. A. Richards，1893- 1979）③ 发表《修辞哲学》，提出了隐喻互动理论，简称“互动论”。他指出，人们在运用隐喻的时候，实际上是两种不同的概念同在一个词或短语中活动，这个词或短语的意义即这两种概念相互作用的结果。美国语言学家布莱克（Black，1962 &1979）在此基础上发展和完善了“互动论”。在瑞恰慈和布莱克看来，隐喻是一种新意义的创生过程，是两个主词的词义相互作用的结果。这种隐喻理论突破了传统修辞学只把隐喻限制在词汇或词语层次以及将其看作对比和意义替换的修辞现象的局限性，把隐喻作为一种语义现象，并将其置于句子层面加以考察。

---

① 束定芳. 亚里斯多德与隐喻研究[J]. 外语教学与研究，1996（1）.

② 陈家旭. 英汉隐喻对比认知研究[D]. 上海：华东师范大学博士论文，2004.

③ 英国著名文论家、修辞学家，曾与 C. K. Ogden 合写《意义的意义：语言对思维的影响与象征性科学研究》（*The Meaning of Meaning: A Study of the Influence of Language upon Thought and of the Science of Symbolism*，1923），后附马林诺斯基（Bronislaw Malinowski）写作的专文《初民语言的意义问题，亦称原始语言的意义问题》（The Problem of Meaning in Primitive Languages），以及克鲁克尚克（F. G. Crookshank）写作的专文《符号理论的重要性与医学研究的语言评论》（The Importance of a Theory of Signs and a Critique of Language in the Study of Medicine）。此外，瑞恰慈为其自起中文名，特此说明。

二、现代隐喻理论

现代隐喻理论主要包括“概念隐喻理论”（conceptual metaphorical theory）和“整合空间理论”（blending space），简称“映射论”和“整合论”。这两种理论以 1980 年莱考夫和约翰逊合著的《我们赖以生存的隐喻》，以及 1985 年福科尼耶的《心理空间》的出版为标志。现代隐喻理论突破了两千多年来传统隐喻理论的局限，认为隐喻不仅是一种修辞手段，更是一种认知手段和思维方式。在他们看来，人类的思维过程主要是隐喻性的，人类的概念系统是通过隐喻来构建并解释的。

概念隐喻理论认为，隐喻是源域（source domain）和目标域（target domain）两个概念之间系统而稳定的关系，概念域（conceptual domain）是隐喻理解和形成的基本单位。莱考夫正是利用两个概念域的映射（mapping）关系解释隐喻的，因此，概念隐喻理论一般又可称“映射论”。莱考夫认为，隐喻是人们从一个已知的、有形的、具体的概念来认识那些难以定义的概念，形成不同概念之间相互关联的认知方式，通过人类的认知和推理将一个概念域系统地、对应地映射到另一个概念域，从而在源域和目标域之间形成一系列本体或认识上的对应关系。

在莱考夫的概念隐喻理论基础上，福科尼耶（1985）和福科尼耶和特纳（1994，1998）提出了“整合空间理论”，简称“整合论”，也称“合成理论”（blending theory）。他们认为，隐喻性映射过程中还存在一个类属空间（generic space）和一个合成空间。这样，加上源域和目标域，共四个整合空间。隐喻就是四个空间中的相关语义要素通过映射，即部分的跨空间映射和选择性地对合成空间加以投射（projection），在合成空间中产生的层创结构。

具体地说，认知的基本单位不是概念域而是心理空间（mental space），隐喻就是跨心理空间的概念映射，是四个心理空间在概念上的合成。心理空间是人们在思考或交谈时为了达到局部理解和施行某种活动而建立的“小概念包”（conceptual packet），是建构在人的稳固知识结构上的对某一特定概念域的临时性表征结构。概念合成中的四个空间是指两个输入空间、一个类属空间和一个合成空间。输入空间实质上就是莱考夫概念隐喻理论中的“源域”和“目标域”，即源域输入空间和目标域输入空间。类属空间对两个输入空间进行映射，它代表两个输入空间共享的概念结构，反映两个输入空间所共有的核心内容。合成空间则是两个输入空间的信息合并和互动的空间。两个输入空间将各自的元素部分地投射到合成空间，并由此产生新的意义和层创结构。层创结构是合成空间里的重要内容，它并不直接来源于输入空间，而是认知主体对投射对象经过复杂的认知加工后在大脑中形成的层创内容。概念合成由三个基本过程形成，即组合、完善和扩展。

三、汉英隐喻概念的界定与比较

传统语言学将隐喻视为词汇或词语层面上的一种修辞方式，是一种纯语言现象，其主要功能是对话语起修饰作用。我国学者在综述国外隐喻研究时指出：“认为隐喻属于比喻语言，这是传统观点；认为隐喻属于普通语言，这种观点是对传统观点的挑战。”[①]

从修辞学的角度看，汉英语中隐喻概念的内涵和外延基本相同，都把隐喻视为比喻辞格的一种，它是根据事物之间的相似点，用乙事物来描摹或者说明甲事物。陈望道《修辞学发凡》、王希杰《修辞学通论》和黄伯荣《现代汉语》都采用了“三分说”，即把比喻辞格分为明喻、暗喻和借喻三种。现代英语修辞学通常也把比喻（figure of speech）分为明喻（simile）、隐喻（metaphor）和转喻（metonymy）三种。英语辞格中的隐喻和转喻分别对应汉语辞格中的暗喻和借喻，它们的概念和修辞功能基本相同。

从语言学的角度看，汉语和英语中的隐喻概念的涵盖面不同，后者较前者更广。英语隐喻相当于汉语的比喻，甚至包括汉语修辞格中的“拟人”。在 20 世纪 90 年代以前，汉语关于隐喻的研究一直没有突破文体学和修辞学的研究范围，把隐喻视作一种语言现象。相比之下，西方的隐喻理论研究不再把隐喻简单视为一种语言现象，而是将其理解为一种人类的认知现象，是人类思维和认识世界的重要工具。

陈家旭（2004：54）在相关汉英语词典对比的基础上，对汉英隐喻的共同特点做了归纳：

（1）把隐喻看作一种修辞现象；

（2）隐喻是比喻的一种类型，是明喻的一种特殊形式；

（3）隐喻是一种词语之间的替代现象；

（4）隐喻涉及事物或概念之间的相似性。

---

① 林书武. 国外隐喻研究综述[J]. 外语教学与研究，1997（1）.

很明显，汉英民族传统的隐喻研究“从本质上都把隐喻仅作为一种语言和修辞现象，只提及隐喻的典型形式，并没有能够真正从语言形式、本质特征或从认知的角度对隐喻加以界定。”① 事实上，隐喻是一个综合系统，人们在生活中发现一种事物与另一事物的某些特征具有相似性（像似性）或相关性，于是，前者将某方面的意象转移到后者，这就产生了隐喻。

第三节　谚语形成和理解的文化理据

任何一种语言都是该民族文化的重要组成部分，而民族文化也一定会反映在民族语言的不同层面上。谚语蕴涵着丰富的文化内涵，它不仅是一个民族生产经验和生活准则的概括，民族心理、价值观念和思想的总结，也是该民族历史人物、事件、神话传说和风土民情的记载。一方面，谚语深深扎根于语言使用者的认知结构中，与此同时，不同民族语言中的谚语由于时空、地域、自然环境、文化传统等诸因素的差异，常常隐含着不同的文化内涵，反映着语言使用者间接经验形态和对世界理解的特殊性。也就是说，隐喻是在心理联想的基础上产生的，一个民族的心理联想模式与该民族的文化有着直接的关系。人们长期置身于某种不同的社会文化环境中，受该文化的影响逐渐形成某种固定的审美方式和审美角度，这些都会在谚语的使用中得到具体体现。

一、民族文化特征

（一）谚语体现的民族心理和价值观念

民族心理是一个民族在其历史发展过程中保持本民族形象和全民共识的心理基础，民族语言则是这种民族心理的具体体现。也就是说，民族心理和民族语言总是保持着密切的联系，它们共同构成民族的基础。在各民族实际的语言中，由于民族心理以及与之对应的价值观念各不相同，其谚语就会在形式上存在着某种差别。我们可以通过汉英谚语的差异，分析它们所体现的不同的民族心理。

汉英两种语言中以动物为喻体的谚语能够很好地说明汉英民族的文化特点。这里仍以两个民族对待“狗”的态度为例。在汉语中，与“狗”有关的谚语大多含有贬义，如“狗嘴里吐不出象牙”“狗眼看人低”“狗窝里

① 陈家旭. 英汉隐喻认知对比研究[D]. 上海：华东师范大学博士学位论文，2004.

养不出金钱豹”“狗改不了吃屎”“救了落水狗，反被咬一口”“挂羊头，卖狗肉”“狗咬吕洞宾不识好人心”等。“狗”的这种用法表现了中国传统文化的大一统心理。所谓大一统就是集中统一的意思，《礼记》《礼运》中就记载：“以天下为一家，从中国为一人。”这正是大一统观念的写照。从汉字的“独”字造字特点谈起。“独”以“犭（犬）”为形符，《说文解字》说：“独，犬相得而斗也”抑或狗咬狗。狗咬狗的结果是败者落荒而逃，群狗四散，离散了也就“独”了，这就违背了以“合”为标志的大一统的价值要求。所以《说文》“独”字条后接着说“羊为群，犬为独”，“群”“独”成了一对分别代表一统与离散的对立概念。褒羊贬狗的民俗文化心理就是在这种大一统观念的支配下逐渐形成的。因此，“挂羊头，卖狗肉”也就不难理解了。

然而，对于古代游牧狩猎的西方人而言，狗既可以看门、打猎，也可以视作人类的宠物、朋友或伴侣，因此，西方人对狗有一种特有的哀怜情感。英语中有关狗的习语绝大多数没有贬义，比如“Love me, love my dog.”（爱屋及乌），“Every dog has his day.”（凡人都有得意时），“Never teach old dogs some new tricks.”（不要教老狗学新把戏），“Better be the head of a dog than the tail of a lion.”（宁为鸡头，勿为牛后），“Give a dog a bad name and hang him.”（人言可畏），“He who has a mind to beat his dog will easily find a stick.”（欲加之罪，何患无辞）等。可见，“狗”在西方人的价值观念中是一种为人钟爱的动物，是“忠实”的象征。

再如，同一动物“熊”在中国人和西方人头脑中所产生的联想意义却有很大差异。中国人一说到与“熊”有关的词汇就会联想起“窝囊、没本事”等转义，如“瞧他那熊样”“真熊”等，都是典型的贬义。而在英语中，“bear”（熊）可形容有特殊才能的人，如“He is a bear at maths.”（他是个数学天才）。可见，同一动物对于不同的文化背景而言，产生的联想意义却截然不同。

（二）谚语体现的历史文化特性

谚语的民族性不仅体现在它所表现的民族心理和价值观念上，还表现在它的历史性方面。谚语以其精炼的形式、简洁的语言记录了许多历史事件。

汉语谚语所选取的素材大多来自古代神话、传说、语言、历史故事等，这自然使谚语带有汉民族的风格特色。比如，表示“好也是他，坏也是他，事情都由他一人所为”这种意思，采用了“成也萧何，败也萧何”这一谚语来表达。这个谚语由汉代名将韩信与名相萧何之间的交往故事概括而成。宋代洪迈在《容斋笔记》中概述了这样的历史事实：表达“没有英才只好用平庸的人出任要职”这一意思，用“蜀中无大将，廖化当先锋”这一谚语表达。这是由三国时代蜀国的一段历史事实概括而成的：三国时代后期，蜀国名将英才均已相继故去，无奈只好用廖化这样平庸之人充当大将出征。其他的还有：“说曹操，曹操到”“三个臭皮匠，顶个诸葛亮”“情人眼里出西施”“八仙过海，各显神通”“司马昭之心，路人皆知”“关西出将，关东出相”“人中有吕布，马中有赤兔”等，这些历史性谚语都与中国具体的历史事件有关。

同样，英语中也有许多反映历史事件的谚语。“身为凯撒妻，不应被人疑”（Caesar’s wife must be above suspicion.），比喻与伟大的人物交往的人不可有秽名，来源于凯撒的妻子旁培娅因和克罗迪乌一案有牵连，而被凯撒休了的故事。“即使希腊人带来礼物，我也担心”（I fear the Greeks，even when bringing gifts.）包含的典故是：希腊人攻打不下特洛伊城，他们把藏有伏兵的木马故意遗留在城外，并佯装退兵。特洛伊人不知是计，想把木马搬进城。祭司拉孔竭力反对，说了“即使希腊人带来礼物，我也担心”这句话。特洛伊人没有听从拉孔的劝告，把木马搬进了城。于是，希腊人攻下了特洛伊城。而“All roads lead to Rome.”（条条道路通罗马），“When in Rome do as the Romans do.”（入乡随俗）也记录了英格兰被罗马征服的历史。

二、宗教文化特征

宗教是一种社会意识形态，它以超脱现实的形式反映了人类的信仰、崇拜和心灵寄托，其历史几乎和人类文明史一样悠久。宗教在世界各地一直占据着重要地位，在一定程度上影响了人们的语言生活，这从谚语的宗教性中可以明显看出。

中国的传统宗教主要有佛教、道教、儒教，其中佛教影响最大。汉语里有相当多的谚语来源于佛教文化，如“平时不烧香，急时抱佛脚”“泥菩萨过河，自身难保”“家家有本难念的经”“跑了和尚跑不了庙”“佛要金装，人要衣裳”“解铃还须系铃人”“丈二和尚摸不着头”“一个和尚挑水吃，两个和尚抬水吃，三个和尚没水吃”“放下屠刀，立地成佛”等。

道教是我国土生土长的宗教，其形成与发展源远流长。在我国历史上，曾几度盛行，对我国的传统文化也产生了深刻影响。与之相应，汉语中不乏来自道教的谚语，像“鬼”“道”“仙”等与道教文化密切相关的词语出现在谚语中。如“八仙过海，各显其能”“一人得道，鸡犬升天”“道高一尺，魔高一丈”等。

英国和其他一些使用英语的国家和民族，多信奉基督教。因此，在英语里，有许多跟基督教文化有关的谚语，如：

The devil lurks behind the cross.（魔鬼躲在十字架后面）

Rob Peter, to pay Paul.（拆了东墙补西墙）（这句俗语原指：1650 年圣彼得教堂被并入伦敦教区时，有很多财产被拨归圣保罗教堂）

Man proposes, God disposes.（谋事在人，成事在天）

God help those who help themselves.（自助者天助）

He that serves God for money will serve the devil for better wages（为金钱替上帝效劳的人，为更多的钱也愿被魔鬼驱使）

The devil is good to his own.（恶人自有魔鬼保佑）

God sends meat and the devil sends cooks.（食物是上帝赐的，厨师是魔鬼派的）（意指厨师常把好好的食物煮坏）

在基督教的影响下，“上帝”“恶魔”“地狱”“教堂”等概念和词语可以说是家喻户晓，人人皆知。在这种情况，以“上帝”和“魔鬼”为素材或以它们作喻体就再正常不过了。此外，英语中有的谚语还直接来自《圣经》。《圣经》是一部很有影响的宗教著作，里面有些名句，天长日久就成了英语谚语的一部分，如：

A soft answer turneth away wrath.（婉言可以释怒）

Gossiping and lying go hand in hand.（爱说长道短的，必然会撒谎）

Pride goes before destruction.（骄者必败）

The price of wisdom is above rubies.（才智胜于珠宝）

A good name is rather to be chosen than great riches.（宁要美名，不要巨富）

Cast pears before swine.（明珠暗投）来自《圣经·马太福音》Give not that which is holy unto the dogs，neither cast your pearls before swine，lest they trample them under their feet, and turn against and rend you.（不要把圣物给狗，也不要把你们的珍珠丢在猪的面前，恐怕它踩坏了珍珠反过来又咬你们）

You can not make bricks without straw.（没有稻草烧不成砖）。这则谚语出自《圣经·旧约全书·出埃及记》，讲的是古以色列人奉命用稻草烧砖的故事。

Forbidden fruit is sweet.（禁果分外甜）这条谚语出自《圣经·创世纪》，使我们了解到夏娃在伊甸园偷吃了智慧果的典故。

三、地域文化特征

地理环境的差异，使得各民族的谚语都会体现出地域特色。我国以陆地为主，自古以来就是一个农业大国，至今农业人口仍占全国人口的大多数，因此，在汉语中，有许多强调农业重要性或以农业为题材的谚语。《中国谚语资料》编辑的四万多条谚语，其中农谚占了五分之一。这些农谚记录了农作物生长发育的特征和农业技术措施，细到改土、选种、耕作、播种、施肥、水利、防虫、管理、收获、贮藏、农机等各个方面，是我国劳动人民在长期的生产实践中积累起来的农事经验的结晶，如“良种准备好，收成少不了”“宁种四月干，不种五月湿”“轮作轮种，防病防虫”“积肥如积粮，粮在肥中藏”等。

英国是一个四周环海的岛国，它南临英吉利海峡和多佛尔海峡，东临北海。其海岸线长而曲折。英国人民喜爱海洋，他们的生活和斗争与海洋和水运业有着密切的关系。因此，其很多谚语都是以海洋和水运事业为题材。现以鱼为例：

Fish begins to stink at the head.（鱼是先从头烂起的；上梁不正下梁歪）

The great fish eat up the small.（大鱼吃小鱼；弱肉强食）

Gut no fish till you get them.（没有捉到鱼就不要忙着取鱼肚；勿过早打如意算盘）

He who would catch fish must not mind getting wet.（不入虎穴，焉得虎子）

It is a silly fish that is caught twice with the same bait.（智者不上两回当）

Never fry a fish till it is caught.（勿过早打如意算盘）

Never offer to teach fish to swim.（班门弄斧）

There is as good fish in the sea as ever came out of it.（机会多得是；留得青山在，不怕没柴烧）

Give your own fish-guts to your own sea-maws.（各人自扫门前雪，莫管他人瓦上霜）

All is fish that comes to the net.（抓到网里便是鱼；来者不拒；挖到筐里

就是菜）

It is good fishing in troubled waters.（浑水好摸鱼）

There are more other fish in the sea.（还有很多其他机会或其他人）

Give me a fish and I will eat today; teach me to fish and I will eat all my life.（授人以鱼，不如授人以渔也）

中国虽然也有很长的海岸线，但中华文明却是发源于内陆，海对于很多人都是神秘的。以海洋为题材的谚语虽不少见，但常偏重于海洋的浩瀚无边，以教育劝诫人们，如“滴水集多成大海，经历集多成学问”“细流汇集成大海，蚂蚁聚拢能搬山”“一点一滴汇成大海，一分一秒组成人生”“学海无涯勤是岸，云程有路志是梯”。

另外，由于地理位置的差异，来自太平洋温暖的东风吹至我国大陆，春雨绵绵，春回大地，万物复苏，正如黄庶《探春》中描绘的那样：“东风便试新刀尺，万叶千花一手裁”。我国的西风来自寒冷的西北利亚，秋后刮来，寒风瑟瑟，万物凋零，鸿雁哀叫，如“春发东风连夜雨”“春东风，雨祖宗；春东夏西，骑马送蓑衣”“秋后西风雨”“西风透雪，四季东风皆属水”等。英国的东风和西风与我国相反，东风是从欧洲大陆吹过去的寒风，西风是从大西洋吹过去的温暖、湿润的风。因此，英国人民对东西风的喜爱与我国正好相反。

第四节　隐喻与谚语的文化因素

隐喻不仅是一种语言现象，更是人类的一种认知方式，也是一种复杂的文化现象。语言中的隐喻产生于隐喻性的思维过程，反映了大脑认识世界的方式。特定的民族文化背景是决定隐喻产生、使用和理解的重要因素之一，由于不同的民族有着不同的文化，而不同的文化分别根植于不同的价值观念之中。因此，可以通过隐喻从一个侧面揭示民族文化的认知特点。

一、隐喻是连接语言和文化的中介

隐喻是语言和文化之间的一个结合点。首先，隐喻的基础是概念，人们常用隐喻的方式把抽象的概念用具体或熟悉的形象组织起来。人类许多重要的概念都来自于某种特殊的文化体验。同时，在这些文化体验基础上形成的概念又为我们获取新知识、理解和经历新事物奠定了基础。其次，概念隐喻是在反复出现的体验形式基础上产生的，所以是语言与文化之间的一个纽带。隐喻随着人类文化的发展而产生，同时也会随其发展而逐渐消亡。最后，概念隐喻产生于人们对文化世界的体验，反过来又对文化世界产生影响，即将其中所包含的文化因素投射到文化世界中，影响人们对文化世界的理解和体验。总之，隐喻是人们对文化世界进行概念化和范畴化的工具。

人类认知的基本特点是用已知理解未知，用熟悉的事物理解陌生的事物，通过具体的事物理解抽象的事物。已知的、熟悉的或具体的事物就是隐喻的“喻体”，而未知的、陌生的或抽象的事物则是“本体”。通过隐喻映射，人们把已知的、熟悉的和具体的事物的特征投射到未知的、陌生的和抽象的事物上，从而构成一个新的概念领域。也就是说，人类的许多重要概念都来源于我们的切身体会和经历，而在这些体验或经历的基础上形成的概念，反过来又为我们获取新的知识、理解和经历新事物提供了基础，而所有这一切在很大程度上都依赖隐喻完成。儿童之所以使用隐喻是因为“源域”和“目标域”之间有相似性的特征。儿童对隐喻的运用多是由于心理因素的作用，很少受语用因素的制约；而成年人对隐喻的运用，既可能有心理上的原因，也可能有语用方面的原因。对人类来讲，“喻体”和“本体”之间的相似性有时纯粹是心理的，也可能是十分主观的。因为隐喻是以心理和经验为基础的，我们对隐喻概念的理解涉及文化经验的一些重要方面，其中有些是同体验或经历相联系的，所以它超越了个人的大脑，进入文化的世界中，成为语言与文化之间的一个纽带。

概念的投射有客观的输入，也有主观的投射，即人们对外界事物既有客观的映像，又有主观的意识。因此，在历史的长河中，文化会对隐喻有影响，这使得汉英谚语各自带有自己独特的文化色彩。中国人的形象思维很发达，形象类比的手法也很丰富。比如，《诗经》的首篇：“关关雎鸠，在河之洲。窈窕淑女，君子好逑。”以雎鸠求鱼与男子求女这两者在“求”上具有相似性为基础，用前者来隐喻性地表达后者。两者之间是由写鸟到写人的转化。又如，人们在看待爱情时的隐喻表达方式：“在天愿为比翼鸟，在地愿为连理枝。”（白居易《长恨歌》）。“思为双飞燕，衔泥筑君屋。”（《燕赵多佳人》古诗歌）。在描述爱情时，“比翼鸟”“连理枝”“双飞燕”都是和谐美的象征。

以汉语谚语“山中无老虎，猴子称大王”和英语谚语“While/ When the

cat's away, the mice will play.”为例说明文化在隐喻映射中的作用。

汉语谚语“山中无老虎，猴子称大王”比喻一个地方没有出色的人才时，就轮到较差的人出头了。英语谚语“While/When the cat's away, the mice will play.”比喻当掌权者不在的时候，人们不会做他们该做的事情。

从上述的解释可以看出，汉英谚语的比喻意义基本类似，但不完全相同。究其原因，是由于深受本民族文化的影响，汉英民族在喻体选择上的不同造成的。这是因为虎是一种食肉动物，分布于亚洲，北至西伯利亚，南抵印度和印度尼西亚。对古代西方人来说，虎完全是一种陌生的动物。直到公元前 356 年，古马其顿国王亚历山大远征印度，他们才对这种动物有所了解。据记载，第一只到达欧洲的老虎是在公元 19 年，由印度送给罗马恺撒大帝（Julius Caesar）的礼物。英国没有虎，英语 tiger 一词来源于希腊语 tigris。在古代象征学里，虎是作为酒神狄俄尼索斯的标志，它与狮子一样，都是代表忠诚、勇敢和力量。

英国也没有狮子，狮子多产于非洲、印度等地，因为英国历史上与这些地区或国家有着很深的关系，所以，在西方狮子被视为勇敢而又令人恐惧的猛兽。又因为狮子拥有金黄色的颜色、火红的鬃毛以及巨大的力气，人们便又把它和太阳联系在一起。正因为如此，它作为保卫者的形象经常被雕刻在许多神像和国王的宝座上，甚至嵌印在国旗上。它是物质和精神权利的象征。在基督教里，狮子占有重要的地位，它既是上帝的卫士，又是上帝的化身。在文学作品里，狮子是勇士的象征，也是人类的朋友。《伊索寓言》中有许多故事描写凶猛的狮子受到人们的帮助而成为人类忠实的朋友。于是，在英语里产生了许多与狮子有关的谚语，如：

March comes in like a lion and goes out like a lamb.（三月来如猛狮，去如羔羊）

Every dog is a lion at home.（狗是百步王，只在门前狠）

A lion may be beholden to a mouse.（老鼠也能帮狮子；弱者也能帮强者）

Better be the head of a dog than the tail of a lion.（宁为犬首，不作狮尾）

A lion at home, a mouse abroad.（在家凶如狮，在外却如鼠）

Though the enemy seem a mouse, yet watch him like a lion.（即使敌人小如鼠，也要防他如防虎）

我国不产狮子，但无论南方北方都产老虎，如东北虎和华南虎。过去，老虎常出没山林，威猛凶残，侵扰人民，甚至危害人命。因此，在汉文化中，人们认为虎是山中之君，百兽之王，人们爱虎而畏虎。在封建社会中，老虎是“王威”的象征。人们常将虎像悬挂中堂，将虎皮铺在宝座上，虎皮大衣穿在身上，显示出威震山河的气概。因此，在汉语言里，人们常用虎来比喻人，虎是力量、威武、雄壮的象征。于是，汉文化中产生了许多与老虎有关的谚语，如：“山中无老虎，猴子称大王”“不入虎穴，焉得虎子”“虎毒不食子”“初生牛犊不怕虎”“伴君如伴虎”等。

从以上可以看出，汉语中“虎”和英语中“狮子”的概念在一定程度对等。因此，汉语谚语用“虎”来做喻词，而英谚却用“狮子”，这充分说明了不同文化因素对谚语形成的影响。

二、隐喻与谚语文化认知

文化通过隐喻表现出来并储存在人的记忆中，影响着人们的行为和认知，而隐喻的文化表征又被投射到文化世界中。隐喻的基础是体验，同时隐喻作为人类思维和认知的工具，又将某些成分反馈到文化世界中。就此而言，隐喻是文化的构成成分，能够在很大程度上反映文化的内容，如信念、态度、行为方式等。隐喻是隐喻思维的外在物质表现形式，同时也会对思维方式及人们对隐喻的理解和运用产生影响。

认知语言学认为，语言的诞生来源于人类与客观世界的相互作用。词义的延伸或扩展是人类隐喻性思维的结果。在语言的文化信息里，谚语是语言的一种表现形式，是重要的文化信息载体，它记载和表达了人类的物质文化和精神文化，并将其浓缩成语言的精华储存起来，并世世代代传承下去。

谚语是世界上大多数语言中普遍存在的一种特殊语言现象和表达方式，大部分谚语建立在概念隐喻基础之上，它们是以概念隐喻为认知理据的。谚语是人类认知活动的产物，其形成机制在于概念结构的映射。更进一步说，谚语这一特殊的语言表达方式是以人的身体经验为理据的：（1）概念隐喻中源域和目标域的联系是建立在人们对客观世界的直觉运动感觉经验基础上的；（2）概念隐喻中的源域概念也是直接来源于人们对外部世界的运动感觉经验的。因此，认知语言学认为，以人们最直接的身体经验为基础的谚语是最普通最常见的习语。谚语所表达的道理是通过将社会生活中的特殊情况与生活中更为普通、常见、具体的概念联系起来并突显出来的。谚语有着超出各种文化背景差异性的一些共同特点，其中最重要的就是谚语的运用往往建立在其比喻义而非字面意义的基础上。

谚语的运用反映了概念隐喻在人们认识理解世界中的作用。下面以“塞翁失马，焉知非福”为例，说明隐喻在建构和理解话语空间中的作用。

“塞翁失马，焉知非福”这一谚语来源于一个具体的故事或场景（可能是真的也可能是虚构的），是由《淮南子·人间训》记载的。《淮南子·人间训》：“近塞上之人有善术者，马无故亡而入胡。人皆吊之。其父曰：‘此何遽不为福乎？’居数月，其马将胡骏马而归。人皆贺之。……故福之为祸，祸之为福，化不可极，深不可测也。”

日常生活经验中也有许多与“塞翁失马，焉知非福”相似的情况，如下例所示：

最近，英国的好好先生格兰特声称，1995 年发生在他身上的洛杉矶嫖妓丑闻曾经极大地推动了他的演艺事业。当时，格兰特正准备到好莱坞发展，嫖妓事件大大增加了他在美国的知名度，后来他顺利地接拍了《诺丁山》、《蓝眼睛米奇》等片。塞翁失马，焉知非福。对于明星来说，绯闻未必是坏事，甚至还被认为是快速提高知名度的好办法。（《环球时报》2001年 4 月 24 日）

“塞翁失马，焉知非福”与话语感知空间的整合过程较为复杂，其主要原因是谚语空间是由复杂和丰富的因果关系和内部事件构造而成。通过隐喻和转喻映射抽象地比喻坏事在一定条件下可以变成好事，像其他谚语一样，谚语空间复杂的两面性使其能与话语空间整合，并产生丰富的突生机构和推理。在话语感知空间中，明星格兰特发生了绯闻，原本不是一件好事，但恰恰是这件不好的事情，在格兰特身上却变成了提高知名度的好事。在这段话中，谚语“塞翁失马，焉知非福”是对格兰特事件的总结和评论，而谚语后的话语是对谚语的解释和说明。

对谚语的理解恰恰是谚语空间与谚语前后话语感知空间的整合。在例句中，整合空间的因果关系和内部事件结构既可来自话语感知空间又可以来自谚语空间。从某种角度讲，谚语空间中的因果关系概括说明了话语感知空间，谚语空间和话语感知空间是基本一致的。

隐喻是增强语言艺术表达效果的重要修辞手段之一，也是人类认识世界必不可少的语言表达手段，各种民族语言中都有大量丰富多彩的比喻，因此，隐喻具有全球性或普通性。汉英语言中都存在着大量的隐喻，在语言文化的历时或共时上其渗透是全方位的。隐喻不仅是人类语言的一种形式，而且还是人类思维和行为的基本模式，它涵盖了社会生活、语言文化、政治宗教、科学经济等各个领域。

三、汉英谚语的共性分析

汉英隐喻的共性来源于人类隐喻思维的共性。人的思维是物质世界长期发展的产物，是人脑的一种机能。人们在生活或生产实践过程中，不断地与客观世界相接触，通过神经中枢传到大脑，形成对客观事物的感性认识。人们经过反复实践，将感性材料不断加工，去粗取精、去伪存真、由此及彼、由表及里，产生了概念、判断和推理，然后上升到理性认识，即思维。思维能够更全面、更深刻地反映客观事物，揭示客观事物的本质属性、内部联系和规律性。也就是说，思维也是一种认知的工具，人们运用思维这种工具去认识世界、了解世界。而在人类认识和了解世界的过程中，隐喻作为一种思维方式总是在已知经验的基础上，在两个事物或概念之间建立联系，使人们能以一个具体的、已知的概念阐释另一个抽象的、未知的概念。

语言最初的功能是为自然物“命名”。随着人对自然界认识的加深，语言逐渐成为人类阐释自然界的工具。在与自然的普遍联系中，人与自然产生相互认同、类比，即人类不断地以已知的经验去认知未知的自然现象。这实际上包含了一个类比、推理的过程，也就是隐喻思维逐渐形成的过程，这一过程逐渐模式化，最终形成了隐喻这一思维方式。于是，隐喻作为人类探测世界、表达世界的一种方式，可以帮助人类去认知人与自然的相似和统一，带领人类从有限的已知走向无限的未知，从个别孤立的事实走向统一的整体。因此，隐喻的本质就在于把握人与自然的两种基本关系，揭示人与自然的相似和统一，在不同的事物和经验里建立等值、相似的关系。汉英虽是两个不同的民族，但人脑这一机能的相同性反映到人类语言的手段上，便产生了汉英隐喻相同的基本模式。

在莱考夫和特纳（Lakoff & Turner，1989）看来，隐喻有一个类属空间（generic space），即本体（tenor）和喻体（vehicle）的共有内核（ground）。比如，“When the cat’s away, the mice will play.”（山中无老虎，猴子称大王）就映射出这样一个抽象意义：一种存在制约另一种存在，而当制约方不在场时，受制约方可自由活动。在这个类属空间里，英汉谚语分别使用了“cat”和“mice”、“老虎”和“猴子”来做原始故事（source story）的材料成分，这个原始故事再映射到发生在办公室、教室、家庭、监督委员会甚至电脑抗病毒软件等事件上去，这样就形成隐喻关系。从这里可以看出，所有文化在类属空间这个层面上都是一样的。

异形同义的隐喻则是个性化的一种表现形式，体现了中西民族对不同世界做出了相同或近似的反应，即他们赋予同一概念不同的语言形式，英语中的谚语是一个丰富多彩，又广为流传的形式，它们都可以找到一个近似的汉语谚语相对应，它们的喻体各不相同，传达的本体意义却有类似之处。如汉谚“无风不起浪”对应英谚“There is no smoke without fire.”，“五十步笑百步”对应“The pot calls the kettle black.”等。

汉英隐喻的思维基础和基本模式的大体相同，导致了两种功能上的基本相似。概念隐喻系统的形成与人类的身体经历、物质环境息息相关。人类各民族、各种文化虽然千差万别，但都生活在同一个星球上，相同的身体构造、感知器官和相似的身体经验，使得具有不同文化背景的人会有一些相同的文化积累，从而产生了文化共识，文化共识反映在语言中便凝结为共同的文化语义。有共识文化就会产生相似的隐喻。尽管不同民族使用的语言系统迥异，但基于共同的认知结构，扎根于不同文化中的隐喻便可能重合形成文化共识。下面的谚语体现了汉英两种语言隐喻性的一致性，即喻体和本体相同。

眼不见，心不烦。	Out of sight, out of mind.
人多好办事。	Many hands make light work.
有其父必有其子。	Like father, like son.
说时容易做时难。	Easier said than done.
吃一堑，长一智。	A fall into the pit, a gain in the wit.
老鼠过街人人喊打。	A rat crossing the street is chased by all.
滚石不生苔。	A rolling stone gathers no moss.
种瓜得瓜，种豆得豆。	As you sow, so you will reap.
来得容易去得快。	Easy come, easy go.

如前文所分析的汉英民族在理解“老鼠过街人人喊打”这一谚语时呈现的一致性。

四、汉英谚语的个性分析

在人与自然的互相作用中，地域、社会文化、政治宗教、风土人情的差异以及时代进程的快慢，使人们获取的直接经验有所不同，因而人们对一事物与它事物之间的联想就会不同。汉英谚语对于喻体的选择常表现出共性，但也往往表现出各自强烈的民族个性。汉英民族分属于东西方两种截然不同的文化，而作为文化载体的语言必然受制于各自的文化，包括文化的各个层次——底层的心理文化、中层的制度文化以及表层的物质文化，而且语言本身就是一种制度文化（邢福义等，1990：8—9）。对比汉英谚语喻体选择的差异，就会发现其折射出的种种文化差异。例如，汉谚“上梁不正下梁歪”与英谚“Fish begins to stink from the head.”的比喻意义完全相同，但汉谚采用房屋结构的“梁”来做比喻词，而英谚却使用“鱼”来做比喻词；汉谚“宁为鸡首，不为牛后”与英谚“Better be the head of an ass than the tail of a horse.”的比喻意义完全相同，但汉谚采用“鸡首”和“牛后”充当比喻词，而英谚使用“驴头”和“马尾”来做比喻词。不同比喻词的使用反映了不同民族的认知方式。诸如此类的例子比比皆是，如汉谚“山中无老虎，猴子称大王”与英谚“Among the blind the one-eyed man is king.”；汉谚“智者千虑，必有一失”与英谚“Homer sometimes nods.”；汉谚“狗改不了吃屎”与英谚“A leopard can’t change its spots.”；汉谚“有钱能使鬼推磨”与英谚“Money makes the mare go.”等。

究其原因，主要是喻体的选择受到心理文化的影响，心理文化包括思维方式、审美情趣、价值观念等，是最深层的心理层次文化，对语言的影响也最深，因为语言本身就是一种心理现象（Garman，1990：xiii）。我们从汉英谚语喻体的选择来深入挖掘一些隐喻词的选择时，就会发现古代民族的原始思维方式和审美情趣往往左右着喻体的选择，即隐喻词的创造和构成。

由于各民族的语言承载了大量有关该民族思维方式、习俗、传统文化、历史文学典籍等方面的独特内容，因此，每个民族都会以其独特的认知方式将自己对现实的认识投射到语言上，并导致语言中的概念隐喻系统呈现出不同的特点。在汉英谚语中，这些特点及差异主要表现在两个方面：（1）源域相同，喻义不同；（2）源域不同，喻义相同。

1．喻体相同，喻义不同

作为心理联想的载体，在不同的文化和语言中，人们对喻体的选择往往有明显的差异，而这种差异常常能够体现文化和认知上的差异。比如，同一喻体，在英汉文化中可能出现喻义完全相反的情况，如英语谚语“Dog eat dog.”与汉语谚语“狗咬狗”，这两条谚语貌似一样，其喻义褒贬却完全相反。中国人看到“狗咬狗”必定幸灾乐祸、拍手称快，因为在这样的语境中，中国人是把“狗”比作“敌人”，它用来比喻坏人之间的相互倾轧、勾心斗角；与之相反，汉语中其他以“狗”为喻体的成语和谚语也大都带贬义，如狗胆包天、狗血喷头、狗屁不通、狗仗人势、狗嘴里吐不出象牙来等。西方人看见了“Dog eat dog.”，是会设法劝解的，因为西方人视“狗”为友，所以西方人也说“Dog does not eat dog.”（狗不要咬狗），即指不要伤害同类。因此，英谚“Dog eat dog.”类似汉谚的“同类相残”或者“同室操戈”，有时并不含有多少贬义，指一种“无情的竞争”，也常常用来比喻企业竞争或体育竞赛。① 这种喻体相同、喻义不同的现象，充分体现了汉、英民族对“狗”有着截然相反的认知以及相应的价值观（李国南，1999：214）。

2．喻体不同，喻义相同

这类谚语表达的含义完全相同，但所隐喻的事物在文化上却有差异，如下列诸例：

宁做鸡头，不做凤尾。	Better be the head of a dog than the tail of a lion.
老王卖瓜，自卖自夸。	Every potter praises his own pot.
兔子不吃窝边草。	The fox preys farthest from home.
山中无老虎，猴子称大王。	When the cat’s away, the mice will play.
失之毫厘，谬以千里。	A miss is as good as a mile.
冰冻三尺非一日之寒。	Rome was not built in a day.

“鸡头”“凤尾”对应“狗头”“狮尾”；“卖瓜”对应“卖瓦罐”；“老虎”和“猴子”对应“猫”和“老鼠”等，这种借喻事物上的差别，并不影响它们所表达的内容以及思想方面的一致性。表达内容、思想上的一致性说明，汉英两个民族在认知、思维方式上具有共性；而喻体上的不同，则说明不同的事物（即作为喻体的对象）在汉英两个民族的文化生活和认知领域中的地位和特性存在明显差异。

① *Longman Dictionary of English Idioms*[Z]. Prentice Hall College Div，1979，P84.

小　结

人类的概念系统是隐喻性的，语言的隐喻形式与概念隐喻具有系统性和规律性。人们常常根据已知的、具体的事物来认识和理解未知的、抽象的事物，因此，隐喻是人类认知、思维、经历、语言和行为的基础，是人类认识世界和表达思想的主要工具，是人们赖以生存的基本方式。隐喻本身也是文化的构成部分，是一个民族语言文化的体现，是语言中与文化联系最紧密的部分，文化的许多内容通过隐喻这种特殊的语言形式世代相传。不同民族的风俗习惯和价值观念都渗透至其隐喻化思维过程中，并直接影响说话人选择、转移语义成分的切入角度，而承载着本民族特定价值观念的隐喻不可避免地要排斥异质价值观。隐喻最能反映各个民族思维的共性与差异。作为语言组成部分的谚语同样与思维有着密切关系，并且同样具有隐喻的特征。汉语和英语都包含丰富的谚语，大量的谚语不仅承载着明确的民俗文化信息，更隐含着深层的民族文化内涵。揭示汉英谚语的文化内涵，就犹如打开一本民族历史文化的画卷，展示出这两种不同语言使用者的民族风情以及历史文化给两种语言留下的深刻烙印。

不同民族在自己的生活环境下，创立了特有的文化体系，也被自己的文化所塑造。语言是一种特殊的文化，它具有很强的文化属性、文化价值和文化功能。语言的文化属性表现在反映文化、传播文化、制约文化等方面，其中在反映文化方面，如汉语和英语在结构、表义等方面的差异就是例证；在传播文化方面，语言一方面是民族文化的载体，例如我们可以从大量的谚语中发现这两个民族独特的文化渊源、价值观念等；另一方面，语言的使用，是以民族文化为背景的，语言交际中所体现出的这种文化背景是达成有效交际的必要前提。

第五章　汉英谚语的语义与语用

语义有两种组合方式：一种是语义的临时性组合，一种是语义的固定性组合。语义的临时性组合指有些语言单位的整体意义是临时组合出来的，一旦使用者放弃这种组合，语言单位的整体意义也就随即丧失。语义的固定性组合指有些语言单位的整体意义不是词或词组的随意或暂时性结合，整体意义也不能从其组成成分的字面意义判断出来。这种固定性组合最初可能是随机性或临时性的，由于人类社会的发展和思维隐喻性等原因，过去的随机性或临时性组合逐渐变得固定了，这就是所谓的熟语化过程。熟语的意义一经确定下来，经过人们反复地使用和不断地提炼，其结构和意义逐渐固定下来，最后形成熟语。谚语属于熟语的一类，其意义组合方式同样遵循上述规律，也就是说，谚语不仅有字面意义，而且还有比喻意义，即隐喻义。

传统语言学认为，谚语是独特的语言表达方式，不仅像其他的词汇一样，有其内在的词法和句法结构，而且有独特的修辞功能和语用功能，有独立于概念体系之外的特定语义。因此，谚语属于词汇范畴，其特性主要是结构的固定性和意义的整体性。结构的固定性是指组成谚语的词或词组是固定的，其结构形式不能随意改变；意义的整体性是指谚语的整体意义不等于其组成部分之和，即谚语的比喻意义不能从其组成成分中推测出来。

在现代语言学的各种流派或研究思潮中，最为关注谚语研究的当属认知语言学。认知语言学认为，大多数谚语是隐喻性的，是客观世界与人类思维互动的结果，是人类认知活动的产物，其中 20 世纪 80 年代兴起的以莱考夫、兰盖克、福科尼耶为代表的认知语言学家关于语义的诠释最具代表性。认知语言学的哲学基础是经验主义，并且认为大多数谚语是我们概念体系的产物，它们并不仅仅是语言问题或词汇问题，即谚语不只是特殊意义的表达，更重要的是它们来源于我们对世界的认识，而这些认识就体现在我们整个概念体系中。基于这一认识，我们进一步解读谚语的语义特点和本质：谚语的意义是有理据的，而不是任意的。

第一节 谚语的语义结构

一、谚语的结构模式及隐喻的形成过程

大多数谚语是隐喻性的，而一个完整的隐喻是由本体（目标域）和喻体（源域）两部分构成的，其结构表现形式为：本体（tenor）+中介词（medium）+喻体（vehicle）=比喻，即双域模式是隐喻映射的基本模式。隐喻形成的基本过程实质上是源域概念向目标域概念的映射过程，源域和目标域是各自独立、又具有相似性的符号系统。比如，“磨刀不误砍柴工”（A beard well lathered is half shaved.），在农业社会中，砍柴之前把刀磨锋利是一个基本的生活常识。磨刀虽要花费一点时间，但并不会耽误了砍柴。工具磨快了，会收到事半功倍的效果。我们用这个基本的生活常识比喻做事情之前要做好充分的准备，不要怕在准备工作上浪费时间，正如另一谚语所说“工欲善其事，必先利其器”。这句谚语作为喻体跟我们身边的许多事情相关，如：

（1）“……考前焦虑并不可怕，只要注意调整一下心态，适度休息是可以改变现状的。建议你改变一下对这场考试的认识，克服担忧情绪，以从容冷静的态度对待考试。应该调整一下你的作息时间，不要把自己搞得太疲劳。在休息方面，既要注重静态休息，即保证充足的睡眠，更要注意动态的休息，这是在大脑过度疲劳时所必需的。动态的休息是指离开学习的环境，参加一些轻松愉快的文体活动。诸如听音乐、看电视、散步、打球、聊天等。千万不要认为这是在浪费时间，正是这些活动才能使我们已经疲劳的、处在相对抑制状态的大脑神经系统得到充分的休息和调整，才能为大脑的再次兴奋和进入有效的工作状态做好准备。这正是‘磨刀不误砍柴工’的道理。”①

（2）二五（人名）：“磨刀不误砍柴工嘛！我现在叫大家按班组开会，学习领会公报的精神，进一步议论我们车间存在的问题，你说这样好不好？”（李良杰等《较量》）

（1）和（2）都把“磨刀不误砍柴工”这一谚语视为喻体或源域，其中

① http:www.psyche.netbig.com/anhui02

（1）是把“考前的心态调整”视作本体或目标域；（2）是把“班组开会学习”视为本体或目标域。这样，我们就可以分别在本体和喻体之间建立起联想关系，以喻体喻本体，有助于人们的理解。我们可以通过上面的例子概括出隐喻的认知模式：

（1）在某一语境中，为了理解某个认知域（目标域）概念 B，需要另一个认知域（源域）概念 A。

（2）B 和 A 是两个不同层次的认知域中的概念。

（3）一般来说，源域概念 A 在认知上的“显著度”高于目标域概念 B。

（4）从概念 A 到概念 B 的映射过程中，A 与 B 建立密切联系，由于 A 与 B 相联系，随着 A 的激活，B 也会被激活。

源域和目标域的关系是通过相似性建立起来的，谚语是人们在相似性基础上认识世界、改造世界的经验总结，实际上涉及了两个语义域。就谚语的语义表现形式看，谚语作为一种意义固化的隐喻，它存在两种类型：（1）本体和喻体同现的隐喻；（2）整句式隐喻，即谚语是一种隐含了本体的喻体式隐喻。下面分别叙述这两种类型。

二、本体、喻体同现

汉英语中存在大量本体和喻体同现的隐喻性谚语。在英语谚语中，用 be 连接本体和喻体的隐喻现象十分普遍，例如：

（1）The tongue is not steel, yet it cut.（舌头非钢，但能伤人）

（2）Adversity is a good schoolmaster.（困难是好老师）

（3）Wedlock is a padlock.（婚姻是一把锁）

相比之下，汉语用“是”连接本体和喻体的谚语却很少。汉语谚语的暗喻多采用以下的形式：如果是两个分句，那么其中一个分句作本体，一个分句作喻体，且两个分句的位置可以互换，例如：

画龙画虎难画骨，知人知面不知心。（本体在后，喻体在前）

岁寒之松柏，患难见真心。（本体在后，喻体在前）

星多天空亮，人多智慧广。（本体在后，喻体在前）

江山易改，本性难移。（本体在后，喻体在前）

谎言怕真理，黑暗怕阳光。（本体在前，喻体在后）

听话要听音，刨树要刨根。（本体在前，喻体在后）

三、隐含本体

汉英谚语中也存在这样一种情况：只出现喻体，而不出现本体。谚语作为意义固定的句子，是一种整句式的隐喻。也就是说，它是隐含了本体的一种喻体式。汉语谚语的表现形式主要有两类：（1）由两个分句组成，如“辅车相依，唇亡齿寒”“雷声大，雨点小”“单丝不成线，独木不成林”；（2）由一个短句组成，如“拙匠常怨工具差”“老虎屁股摸不得”“一个巴掌拍不响”。

相比之下，英语谚语采用两个分句的暗喻句，数量较少。如果不用 be 连接本体和喻体，英语谚语的暗喻一般只出现喻体，不出现本体，例如：

The sweet and sour go together.（利害每相连）

The herring man hates the fisherman.（同行是冤家）

A blare cat makes a proud mouse.（父母不严出逆子）

A watched pot never boils.（心急水不沸）

第二节　谚语的语义特征

按照表义方式及特点，可以把谚语分为隐喻性谚语和非隐喻性谚语两类。隐喻性谚语的语义具有语义双重性，既有字面意义，又有实际运用的意义。非隐喻性谚语不具有表义的双重性，字面意义和实际运用的意义是一致的。换句话说，非隐喻性谚语的表义具有单一性。索绪尔区分语言和言语，而词汇的运用涉及语言和言语的关系，涉及语义的变化。语义的变化是在语言和言语的冲突中体现出来的。隐喻性谚语的语义具有双重性，实际运用的意义属于言语义。非隐喻性谚语之所以只有一个意义，是因为它只有语言义。

一、非隐喻性谚语的语义特征

从谚语的性质看，非隐喻性谚语的语义属于语言义，通常不因语境的变化而变化。非隐喻性谚语反映事物的角度具有单向性，语义指向也具有单向度，即它的语义域只有一个。简言之，非隐喻性谚语的语义具有单一性，比如“好事不出门，坏事传千里”说的是人一旦做了坏事，就会声名扫地。“当断不断，反受其乱”说的是遇事要当机立断。

另外，非隐喻性的谚语通常是一些“自然谚”，它包括农谚、气象谚、风土谚和生活常识谚等，比如汉语农谚：“杏黄来年麦，枣收当年禾”“惊蛰不浸谷，小暑禾不熟”；气象谚：“朝霞不出门，晚霞行千里”“清早猛雨一天晴”；生活常识谚：“男大当婚，女大当嫁”“家贫未是贫，路贫愁煞人”。英语农谚：“April rains for corn, May, for grass.”（四月雨长谷，五月雨长草），“Make hay while the sun shines.”（趁太阳好晒草）；气象谚：“A snow year, a rich year.”（瑞雪兆丰年），“Cast not a clout till May be out.”（到了五月末，才把棉衣脱）；生活常识谚：“No pains，No gains.”（不劳不获），“As the tree, so the fruit.”（什么树结什么果）[①]。

上述谚语所表达的内容有较强的“专业性”，可以说是某一专业知识的概括和总结。因此，在实际运用时，几乎不发生语义的变化。与此相对，一些表现社会知识和哲理性的谚语，常常具有双重或多重意义，比如汉谚：“老虎屁股摸不得”“一个巴掌拍不响”；英谚：“Great thunder，little rain.”（雷声大，雨点小），“All work and no play makes Jack a dull boy.”（成天工作不玩耍，聪明孩子也变傻）等实际意义和字面意义都有很大距离。因为这些方面的知识比较抽象，无法诉诸直白的语言，只好用委婉形象的说法。在实际运用中，往往会随着语境的不同而产生不同的意义。现以汉谚“老虎屁股摸不得”为例阐明之。虎乃百兽之王，它威武雄壮，异常凶猛，会对人的生命造成极大的威胁。所以，在动物园的虎园里，“老虎屁股摸不得”是提示人们要远离危险，传达的是字面意义。

在中国封建社会中，老虎是“王威”的象征。人们常将虎像悬挂中堂，将虎皮铺在宝座上，虎皮大衣穿在身上，显示出威震山河的气概。因此，人们常将“老虎”比喻为“有权势之人”，“摸老虎屁股”意为“揭权势者的短”或“举报权势者的恶行。”而“老虎屁股摸不得”就用来比喻“专横跋扈，听不得不同意见”，如下列五例所示：

（1）有的单位，个别人长期闹派性，有恃无恐，老虎屁股摸不得。（邓小平文选第二卷）

（2）现实的情况是，非但老虎屁股摸不得，而且小猫屁股也碰不得。（人民日报\1996\96News01）

（3）比如，一些单位以老大自居，老虎屁股摸不得，即使报道中的批评正当、准确，也要抱着“干一场”的态度，组织……（江河的“记者为

① 王德春. 汉英谚语与文化[M]. 上海：上海外语教育出版社，2003.

何屡成被告”）

（4）你莫管，人家说老虎屁股摸不得，我看要摸的该摸。（彭见明的“那山那人那狗”）

（5）我觉得老刘这个人心眼儿太小，老虎屁股摸不得，一摸就跳，瞧，又飞到半空中去了吧……小于呢，不客气地讲，……（王朔的“谁比谁傻多少”）

可见，在实际运用的时候，谚语会因语境的不同而表达不同的意义。关于这一点，后文还会有详细讨论。

二、隐喻性谚语的语义特征

隐喻性谚语在语义方面的最大特点是语义具有双重性。一般而言，隐喻性谚语的一个意义是其字面义，一个是其隐喻义，隐喻义是通过字面义间接实现的。

从语义的性质看，字面义是隐喻性谚语的语言义，隐喻义是它的言语义，并且是由语境决定的。语言义是指词汇的理性意义，是凝固在词汇中的意义，也就是词汇的字典义。这种意义通常比较显豁，概括性强。在理解时，听话者完全不用费心捉摸，可以照字面义来理解。而言语义是由词汇所处的语境所决定的，具有临时性。但是，当言语义逐渐约定俗成，被人们所接受的时候，言语义就向语言义回归，并最终成为语言义。我们知道，隐喻涉及意义的变化，而只有在言语中，意义变化才可能实现。另一方面，隐喻还依赖于语言单位的一个特征——多义性。当隐喻不再新鲜时，它就进入标准用法，成了用熟的词语。这样，语言和言语之间就形成了一种循环：开始的多义相当于语言，获得隐喻相当于言语。也就是说，已经成为了日常用法的隐喻，代表了言语向语言的回归，其后的多义相当于语言。

从所指和能指的角度看，隐喻义之所以会产生，是因为隐喻性谚语有两个所指，一个是显性的，一个是隐性的。也就是说，隐喻性谚语的所指可以进行两次分析，如：“种瓜得瓜，种豆得豆”的显性所指表述一种农作物的种植经验；它潜在的、隐藏的所指是：有什么原因就会有什么样结果，是表示因果关系的一种社会实践经验。

隐喻性谚语是概念系统的产物，谚语的意义是我们在对客观世界认识中产生的，是有理据的。虽然从构成谚语的各个词的意义还不能直接推测出整个谚语的意义，但其中某些词却与构成这个谚语的总的认知机制有关

（束定芳，2005：35）。隐喻性谚语大多已成为“死喻”，人们在理解或运用的时候已经意识到了它们的隐喻义，也就是它们的隐喻义已经成为语言义，如“狗嘴里吐不出象牙”，人们之所以可以心照不宣地理解，得心应手地运用，就是因为它的言语义已经凝固成为语言义了。

第三节　传统语言学和现代语言学的谚语语用观

大多数谚语都有两个方面的意义：表层意义和深层意义，也称字面意义和比喻意义。传统语言学的谚语语用观是非组构性的，而现代语言学的谚语语用观则是组构性的。

一、传统语言学的谚语语用观

传统语言学的谚语语用观也称作谚语的非组构观，它认为谚语实际上就是一个“长词”，因此，谚语的意义不能从字面意义推测出来，谚语的整体意义不是其组成部分意义的简单相加。在句法上，谚语具有不可分析性，其内部结构是凝固的。与之相应，理解谚语就是要透过它的字面意义理解其比喻意义。国外心理语言学界在实验研究的基础上，提出了谚语理解的三种模式：

（一）字面意义处理模式

博布罗和贝尔（Bobrow & Bell，1973）基于自省实验的假设提出了字面处理模式，这种模式假定在人脑中存在一种特殊的“谚语单词”。我们遇到一个谚语时，先构造其字面意义，比喻意义储存在特殊的“心理词典”中。在谚语理解的过程中，当我们发现字面意义与语境不符时，就会激活谚语比喻意义的加工机制，并通过隐喻映射与另一认知域建立关联，得到比喻意义。

（二）字面意义和比喻意义同时处理模式

斯威尼和卡特勒（Swinney & Cutler，1979）认为，和普通词汇的心理表征及形成方式一样，谚语字面意义和比喻意义的加工也是同时进行的。根据这一假设，谚语的“格式塔”意义和普通词汇一样，也储存在同一的内部词汇（心理词典）中。因此，谚语和构成谚语的各单词一样，都是词汇系统内部的一个词项，谚语以“长词”的形式直接储存在“心理词典”中。

一旦遇到谚语，我们会自然而然地同时进行两种平行的处理：（1）整个谚语的意义从内部词汇中得到激活、提取；（2）谚语的字面意义也通过组成谚语的各个字或单词识别、句法分析和语义分析构造出来。由于对单词的再认通常比短语或词组的理解要快，所以谚语的比喻意义要比字面意义先得到认知。[①]

（三）比喻意义处理模式

吉布斯（Gibbs，1980 & 1986）认为，我们遇到一个谚语时，完全可以绕过其字面意义，直接达到比喻意义，即对谚语的理解首先是其完整意义的处理。只有当谚语的比喻意义与语境不符时，人们才会像处理一般词组那样去构造词组的字面意义。吉布斯（1980）还指出，各种语言都有一些特殊的谚语，它们或者根本没有字面意义，或者由于历史演变、方言的跨区传播等原因，很难重构其字面意义。显然，对于这类谚语的理解，就不存在或者说没有必要进行字面意义的加工和处理。

以上三种谚语理解模式得到了多项实验的支持。对于实验结果的不一致，研究者们也提出了进一步的解释，并且主要集中在谚语的句法特性方面，例如：谚语句法的固定性、谚语比喻意义和字面意义的联想距离等。事实上，随着谚语研究的深入，越来越多的研究成果倾向于否定字面意义处理模式，而支持谚语比喻意义处理模式和同时处理模式。后两种模式的差别在于谚语的词汇化问题。根据谚语比喻意义处理模式，谚语在词汇内部相当于一个完整的“词”或“固定词组”，在谚语处理时，既没有必要将其视为自由组合的词组，也没有必要对其内部个别词素或词做独立处理。顾蓓晔、缪小春（1995）和佘贤君（1997，1998，2000）对汉语词汇中惯用语的实验研究结果支持了同时处理模式和比喻意义处理模式。这项研究也进一步佐证了既有比喻意义又有明确字面意义的谚语和只有比喻意义没有明确字面意义的谚语之间的处理速度相当，并且比处理普通词组的速度要快。这一结果和字面意义处理模式不符，因为按照字面意义处理模式的假设，对只有字面意义的一般词组的处理应该比具有两种意义的谚语处理快。

二、现代语言学的谚语语用观

现代语言学的谚语语用观也称作谚语的组构观，它认为，不是所有谚

---

① Glass, A L. The Comprehension of Idioms[J]. *Journal of psychological research*, 1983, (12): 429-442.

语都是非组构的，谚语规约的比喻意义与其组成成分意义之间的关系，不完全是任意的。在多数情况下，谚语规约的比喻意义可以从其组成成分的意义中还原出来。也就是说，谚语的意义是可以构造的，其组成成分的字面意义对谚语的理解有十分重要作用。无论谚语的比喻意义与其字面意义的差距有多大，谚语的比喻意义必定有其来源的理据，只是这种来源的理据可能因时间的久远、背景知识的缺失，而不为当代人所理解。

语言是人们表述经验的工具，谚语作为语言的组成部分，自然来源于人们的经验。从历史的角度看，人类语言应该是先有词后有谚语。谚语是由若干词组成、表达某种特定意义的固定词组，即它是人们利用已有词汇，根据自身的生活经验构造出来的。大多数谚语的意义是有理据、可分解的。纳恩博格（Nunberg，1978）、卡奇亚里（Cacciari）、格拉克斯博格（Glucksberg）等语言学家根据谚语是可构造的，其组成部分的字面意义对于理解谚语起着重要作用等观点，提出了分解性假说和结构假说。

（一）分解性假说

以纳恩博格（Nunberg，1978）、吉布斯（Gibbs，1993）和格拉克斯博格（Glucksberg，1993）等为代表的语言学家在一系列研究的基础上，提出分解性假说。这一假说表明谚语的语义是可以分解进而也是可以分析的，不存在不可分解和分析的谚语，只是分解和分析的难易程度不同而已。依据谚语组成成分语义分解性的不同，可以把谚语分为三类。

第一类是可分析的谚语，这类谚语的组成成分与谚语表达的意义成隐喻或转喻的对应关系。也就是说，谚语的整体意义就是由各成分的意义组合而成的，因而具有直接的理据性，是可以分析的。但因为各成分之间不是自由组合的，而是固定的。因此，语义之间的联系会受到严格的限制，仍有一定的融合性，如：经一事，长一智；小洞不补，大洞吃苦；老虎屁股摸不得；“A switch in time saves nine.”（及时一针省九针）；“Great oaks from little acorns grow.”（合抱之木，生于毫末）；“Many hands make work light.”（人多力量大）；“Tooth for tooth, eye for eye.”（以牙还牙，以眼还眼）；“As you sow, so you reap.”（种瓜得瓜，种豆得豆）等。

第二类是字面意义不可分析的谚语，这类谚语的组成成分与谚语的意义无明显关系，但谚语中每个词的词义对谚语的理解和使用起着制约作用。也就是说，这类谚语既无法从字面意义上理解，也无法从语法意义上理解，却可以从每个词义的组构中得到理解。其构成成分的意义对谚语的整体意义来讲不单独起作用，已经完全失去了独立性，例如：塞翁失马，安知非福；见怪不怪，其怪自败；“Diamond cut diamond.”（棋逢对手）；“Love is locksmith.”（爱是锁匠）；“When Greek meets Greek.”（两雄相争）；“It is a good horse that never stumbles.”（人有失足，马有失蹄）；“It is a wise man that never makes mistakes.”（智者千虑，必有一失）。

第三类是不可正常分析的谚语，这类谚语的分解性介于前两者之间，其组成成分的字面意义与谚语意义有关，说明谚语的整体意义，但不是直接匹配的。也就是说，其构成成分的意义对整个谚语的意义来讲不单独起作用，但可以构成谚语的表层意义。表层意义整体隐喻谚语的比喻意义，因而成分的意义对谚语真正语义的构成还间接地起作用，具有半独立性，如：“A swallow can't make a summer.”（孤雁不成夏），“Too many cooks spoil the broth.”（厨师多烧坏汤），“A rolling stone gathers no moss.”（滚石不生苔），“Carry coals to Newcastle.”（多此一举），“Count your chickens before they are hatched.”（乐观太早），狗咬吕洞宾等。

（二）结构假说

卡奇亚里等（1988 & 1991）提出结构假说。他们把组成谚语的单词叫做“结点”（node），认为谚语在“心理词典”中以“结点”的形式储存，“结点”的联系比普通词组更强。我们遇到一个谚语时，“结点”的意义首先被加工，同时由于结点之间紧密联系，“结点”结合起来作为一个整体的谚语单元也被激活。谚语单元并非一开始就被激活，必须等到预测性强的“结点”出现时才能被激活。蒂托内和康妮（Titone & Connine，1994）的研究支持了结构假说，并证明谚语是以“结点”形式储存的。他们采用“跨通道”（Cross-modal）的启动方法发现，相对于低预测性谚语来说，高预测性的谚语的比喻意义更先、更容易被激活。

小　结

由于谚语结构的固定性和意义的整体性，人们一直把谚语看作一种特殊的语言现象，是语言中的一种词汇单位。关于谚语，特别是谚语语义的研究过去一直没有得到研究者应有的重视。主要原因是统治了语言学研究近一个世纪的形式语言学注重的是语言形式的研究，不重视语言意义的研究。对于谚语语义的发展和变化，传统的词汇语义学研究更多地把它归因于历史和社会等因素。这些固然是词义变化的重要因素，但它们只是外部因素，其内因来源于语言使用者的认知思维。

相对形式语言学而言，认知语言学更加重视对语言意义的研究，并提出了与形式语言学“句法自主说”相对立的“语法自主说”的语义观。这为现代谚语研究提供了新的理论和方法，谚语的语义研究也逐步得到了研究者的普遍重视。认知语言学认为，人们赖以思考和行动的日常概念系统本质上是隐喻性的，隐喻思维能力是人类认知世界的一种基本认知能力。谚语是人类认知活动的产物，是客观世界和思维互动的结果，大多数谚语是隐喻性的。

谚语作为一种意义固化的隐喻存在于人们的“心理词典”中，一旦运用到具体的语境时就会马上被激活。一般来说，谚语的意义具有双重性，即既有字面意义，又有比喻意义。其比喻意义的形成是人类对两种不同性质的事物或概念之间建立的联想和类比。

第六章　汉英谚语研究的类型学视角

语言类型学有种种含义，但都离不开一个“跨”字，即它必须有跨语言的研究视角，并通过跨语言的观察比较来获得对人类语言共性的认识。语言类型学家相信：对人类语言机制和规则的任何总结概括都必须得到跨语言的验证，而对任何具体语言的“特点”的研究也都必须建立在跨语言比较得到的语言共性和类型分类的基础上。类型学特有的研究对象，就是人类语言间的共同点和差异点（刘丹青，2003：5）。

虽然语言类型学不仅仅是基于一两种语言间的比较，但我们认为这种比较是跨语言研究的基础。只要有语言共性和类型的意识，有合适的理论框架，那么即使是少量语言的比较也会获得可喜的收益。正是基于这样的认识，我们将汉英语的谚语研究也纳入到宽松意义上的类型学研究之中。

任何民族语言的谚语都是利用本民族的语言材料构成的，汉英两个民族的谚语也不例外。汉英两个民族语言的语音系统不同，音节结构方式各有特点，这些都会对谚语的结构类型产生影响，并使汉英谚语在结构形式上表现出一定的民族特点。汉英谚语都是人民大众的一种创作，是以简短的语言形式反映自然界和社会规律的特殊习语。其韵味隽永，语言凝练，琅琅上口，易诵易记，是语言艺术的一朵奇葩。谚语的结构成分是词，它是意义、结构相对固定的词的组合，即句子。从历史角度看，是先有词后有句子，句子是词的组合，词是概念的外在表达形式；从语音角度看，词是由一定的音节构成，句子带有一定的音韵节律。

第一节　汉英谚语音律对比

语音的韵律主要表现在平仄律、语流节拍、押韵三个方面。汉语与英语分属于不同的语系，类型差异在语音层面很明显，特别是汉语的调型变化在辨义层面的作用。与此同时，平仄、重音（词重音和语句重音）、语流节拍和押韵也会影响意义的传达。

一、音节的平仄律和重音律

汉英两个民族的语音系统不同，词的音节结构形式和特点也各不相同，因而形成了汉英谚语各自特殊的结构形式。汉语是有声调的语言，音节有高低曲折的变化。这一特点也反映在汉语的谚语中，形成平仄搭配的格律，例如：

书到用时方恨少，事非经过不知难。

（平仄仄平平仄仄，仄平平仄仄平平）

汉语谚语字调的平仄格式，一般不拘一格，但往往是平仄错综，体现出错落有致的美感，如："有借有还，再借不难"的平仄安排是"仄仄仄平，仄仄仄平"，"灯不明有人拨，事不平有人说"的平仄安排是"平仄平仄平平，仄仄平仄平平"。但也有少数谚语别具一格，如"隔行如隔山"全是平声，而"卤水点豆腐"则全是仄声，虽然平仄相同，但声调还是错综的。

谚语的和谐美在对偶句的语音表现得尤为突出，如："龙游浅水遭虾戏，虎落平阳被犬欺"是"平平仄仄平平仄，仄仄平平仄仄平"；"初生牛犊不畏虎，长了犄角倒怕狼"是"平平平平平仄仄，仄仄平仄仄仄平"；"天不言自高，地不言自厚"是"平仄平仄平，仄仄平仄仄"；"路遥知马力，日久见人心"是"仄平平仄仄，仄仄仄平平"；"读书须用心，一字值千金"是"平平平仄平，平仄平平平"。

相反，英语是没有声调的语言，其谚语就不可能有平仄相对的结构形式，但英语是有词重音的语言。因此，它的一些谚语便直接利用词重音构成轻重律或重轻律的结构形式，例如：

A la-|zy youth, |a lou-|sy age.（少壮不努力，老大徒伤悲）

Man pro-|poses, |God dis-|poses.（谋事在人，成事在天）

Out of of-|fice, |out of dan-|ger.（无官一身轻）

Man-y |dish-es, |man-y di-sease(es).（食多病多）

此外，汉语是语素文字，一个字是一个音节，往往也是一个语素。音节中尽管音素多少不一，但由于声调的作用，长度大致相等。因此，容易形成节拍整齐、匀称、和谐的结构，这一特点也是英语谚语不可能具备的。

二、语流的节拍

谚语虽和诗歌不同，但它也很注意节拍的停顿安排。汉英语流的节拍是以意群为单位的。人们在理解较长的句子时，通常是按照句子的意思和结构把一个较长的句子分为几部分，每个部分都是一个能表达完整意思的语言单位，这个小的语言单位就是所谓的意群。意群是指在多层复句中，由语言意义和语言形式关系相对密切的两个以上的分句所组成的结构中心。

汉语中的谚语通常由单句或复句构成，即有一个或一个以上的分句构成，每个分句都需要节拍，如：

一个巴掌——拍——不响/老虎——屁股——摸不得/这山——望着——那山——高/心急——吃不了——热馒头（豆腐）/人心——齐——，泰山——移——/小洞——不补——，大洞——吃苦——/大路——朝天——，各走——一边——/老人——不传——古——，后生——要失——谱——/子——不嫌——母丑——，狗——不嫌——家贫——/生铁——百炼——成钢——，军队——百练——无双——/儿多——不如——儿少——，儿少——不如——儿好——/多个——朋友——多条——路——，多个——冤家——多堵——墙——/书到——用时——方恨——少——，事非——经过——不知——难——/嘴急——吃不上——热粘——糕——，紧走——赶不上——慢不——歇——

英语中的谚语也有单句和复句，阅读时常常以意群为节拍，一个完整的意义通常是一个节拍，例如："Time——flies——like an arrow."（光阴似箭，日月如梭），"Good name——is gold worth."（荣誉重千斤），"Frugality——is an estate alone."（节俭本身就是一宗财富），"Great men's favors——are uncertain."（伴君如伴虎），"No pains——no gains."（不劳不获），"Better to reign——in hell——than serve——in heaven."（宁为鸡首，毋为牛后）。

谚语节拍的多少与划分，虽受到思想内容的制约，但同时也应考虑节拍间匀称协调的需要。遇到内容和节拍的匀称律有矛盾的时候，往往要让内容服从形式，比如上例汉谚中"老人——不传——古——，后生——要失——谱——"、"嘴急——吃不上——热粘——糕——紧走——赶不上——慢不——歇——"，按照语义划分，应划为"老人——不——传古——，后生——要——失谱——"、"嘴急——吃不上——热——粘糕——紧走——赶不上——慢——不歇——"；英谚 Better to reign——in hell——than——serve in heaven（宁为鸡首，毋为牛后）。但为了节拍间字数、长短匀称，语义就要服从语音，做适当的调整。

三、押韵

谚语是各民族文化中最古老、最有价值的语言表现形式之一，以凝练、警策、对仗、和谐、形象、寓意精辟、富有民族性等特点成为民族文化的瑰宝。谚语之所以迅速持久地为民众所接受，就在于谚语易于记忆，而押韵和谐音就是易于记忆的表现。押韵和谐音这一特点在汉英谚语中表现为：单句讲究韵律，双句讲究对仗，且重复元音。

（一）押韵形式

英谚的押韵方式主要包括 alliteration（头韵）、assonance（半韵）、consonance（尾韵）和 eye rhyme（视韵）等。下面我们分别举例说明。

1．尾韵（end rhyme or consonance）

尾韵是最普通的韵，其格式是重复词尾的音素。英语中这类谚语较多，如：

When the cats are away, the mice will play.（山中无老虎，猴子称大王）

Man proposes, God disposes.（谋事在人，成事在天）

Learn to creep before you leap.（先学爬，后学走）

A light purse is a heavy curse.（人无钱，处处难）

Wit brought is better than wit taught.（亲身经历，胜过旁人教诲）

There's many a slip twixt cup and lip.（事情往往后功亏一篑）

2．半韵（middle rhyme or assonance）

英语谚语多是独立成句，和中国古诗相似，有不少中间可以停顿。英语谚语里中间停顿处与末尾押韵的叫半韵，或中间韵。半韵增强了语句的音韵感和节奏感，便于念诵记忆，如：

Good fame is better than good face.（好名胜过好长相）

All roads lead to Rome.（条条道路通罗马）

3．视韵（eye rhyme）

视韵又称眼韵，指结尾拼法相似但发音不同的词，如：love—move，stone—none 等。英语谚语中有些押视韵的词在古英语里读音相同，如：

The tongue breaks bone, though itself has none.（舌本无骨却能断骨）

Words are but wind, but blews unkind.（人言虽说只是风，狂风吹打不留情）

4. 头韵（alliteration）

头韵与尾韵相反，以重复句首第一个辅音以达到语感上的艺术效果，如：

Practice makes perfect.（熟能生巧）

Let a sleeping dog lie.（别惹是非）

No cross, no crown.（无苦即无乐）

Out of debt, out of danger.（无债一身轻）

Marriage makes or mars a man.（婚姻可以造就一个人，也可以毁掉一个人）

相比之下，汉谚采用的押韵方式主要是尾韵，没有英语谚语的头韵、半韵和视韵等音韵修辞手法，例如：

墙上一棵草，风吹两边倒。

踏破铁鞋无觅处，得来全不费功夫。

又要马儿跑，又要马儿不吃草。

卤水点豆腐，一物降一物。

（二）双句对仗，前后押韵

汉英谚语在句式搭配上的共同特点是双句对仗，前后押韵。这种句式的对称与平衡，在语感上和视觉上都给人和谐、匀称的审美享受。谚语的前后两部分，不仅结构整齐，节奏鲜明，而且音节数量也相对，表现出了语言的均衡美，如下列英汉语例证所示：

汉语谚语

一瓶不响，半瓶晃荡。

灯不拨不明，事不说不平。

人往高处走，水往低处流。

只要功夫深，铁杆磨成针。

良药苦口利于病，忠言逆耳利于行。

英语谚语

Out of sight, out of mind.（眼不见，心不烦）

No mill, no meal.（不劳动，不得食）

Easy come, easy go.（来得容易去得快）

Like father, like son.（有其父必有其子）

Art is long, life is short.（艺无止境，人生短暂）

上述谚语，从形式上看不仅结构相同，相对应词的词性相同，而且音节也相等，前后押韵，对仗十分工整。

依据内容，对仗还分“正对”和“反对”，前后两部分运用类似的事物相互补充为“正对”，例如：

路遥知马力，日久见人心。

眼不见，心不烦。

Easy come, easy go.（来得容易去得快）

All shall be well, Jack shall have Jill.（有情人终成眷属）

No pains, no gains.（不劳不获）

“反对”是前后两部分运用具有相反特征的事物，形成强烈对比，有利于揭露事物的辩证关系，例如：

好言一句三冬暖，恶语伤人六月寒。

人往高处走，水往低处流。

成事不足，败事有余。

Great boast, small roast.（夸夸其谈，所成不多）

To err is human, to forgive, divine.（犯错误人皆难免，宽恕则属超凡）

从上面所举例子可以看出，不管是“正对”还是“反对”，都能体现出汉英谚语在语音形式上的和谐美和匀称美。

第二节　汉英谚语语法对比

从句式结构上讲，汉英谚语绝大部分长短结合、整齐均匀。在汉英谚语中既有大量的单句和复句，也有省略句。西尔弗曼-魏因赖西（Silverman-Weinreich，1978：72）指出：谚语最重要的一个方面就是谚语的语法主语是抽象的、普通的或象征性的，主要动词几乎总是采用现在时而非过去时，很少用将来时。构成谚语的句式结构既有单句，也有表示条件、选择、转折、因果、并列等关系的复句。西尔弗曼-魏因赖西这一观点虽是针对英语谚语的特点提出的，反映了英语谚语的个性，但也具有一定的普遍性。下面我们具体分析汉英谚语的语法结构在句型方面的共性和差异。

一、汉英谚语语法结构的共性

（一）单句

单句结构型汉英谚语同自然言语的构造一样，语义多为组合型，直陈语义内容，从字面上看就能知道谚语的语义。一般来说，单句型谚语包含两种情况：（1）本体和喻体同现，有喻词，如：汉语中用“如”“似”“是”，英语中用“be”连接本体和喻体；（2）省略了喻词，是典型的隐喻性谚语。譬如，汉语谚语：兵败如山倒、救兵如救火、人心不似长流水、有病方知健是仙等；英语谚语：“The proof of the pudding is the eating.”（布丁好坏，尝尝方知），“There is no medicine for fear.”（无药可治恐惧症），“Beauty lies in lover’s eyes.”（情人眼里出西施），“Never offer to teach fish to swim.”（不要教鱼儿游水）等。

（二）复句

复句结构型的汉英谚语包括并列复合句和主从复合句，用来表达较复杂的内容。无论表示并列、从属关系的英语句型，还是表示联合、偏正关系的汉语句型，都是把不同类事物串在一起，以具体表抽象，以特殊表普遍，突出谚语语言的形象美，听觉上的音乐美，视觉上的整体美，长短句的变化美。英谚注重长短句变化美，汉谚强调对称美，如表示主谓关系的“学问无穷，人寿有限”“歹马害群，臭柑烂筐”“Homer sometimes nods.”（智者千虑，必有一失），“A swallow doesn’t make a summer.”（孤燕不成夏）等；表示并列关系的“人靠衣装，马靠鞍装”“月盈则亏，日中则昃（或日中则昃，月盈则亏）”“一年之计在于春，一日之计在于晨”“Easy come, easy go.”（来得容易去得快），“Tell me truth and shame the devil.”（尽责任，讲真话）等；表示转折关系的“一寸光阴一寸金，寸金难买寸光阴”“一针不缝，千针难补”“智者千虑，必有一失”“秤砣虽小，能压千斤”“A Jack of all trades and masters of none.”（样样通，无一精），“It’s not work that kills，but worry.”（工作不伤身，伤身是忧虑），“The fox changes his skin but not his habit.”（狐狸换皮但不改其习性，比喻江山易改，本性难移）等；表示因果关系的“见怪不怪，其怪自败”“一朝被蛇咬，十年怕井绳”“As you sow, so will you reap.”（种瓜得瓜，种豆得豆），“Familiarity breeds contempt.”（亲不敬，熟生蔑），“Spare the rod and spoil the child.”（省了木棒，宠了孩子），“He who lies down with dogs will rise with fleas.”（近朱者赤，近墨者黑）等；表示条件关系的“只要功夫深，铁杵磨成针”“若要人不知，除非己莫为”“己所不欲，勿施于人”“If you want peace, prepare for war.”（欲求和平必先战争），“Where there is a way, there is a will.”（有志者事竟成），“If you lie upon roses when young，you will lie upon thorns when old.”（幼躺玫瑰床，老躺荆棘上）等；表示选择/比较关系的“宁为鸡首，毋为牛后”“宁可玉碎，不可瓦全”“Better later than never.”（迟做总比不做好），“Time tries friends, as fire tries gold.”（时间考验朋友犹如火考验金子），“Better the foot slip than the tongue trip.”（宁可失足，不可失言）等。

（三）省略句型

部分汉英谚语在语法结构上常有省略，形式上表现为单句或双句，但含多种逻辑语义关系，如平行。在这方面，英谚“形美”更加鲜明突出，不仅对仗工整，音韵好听，而且简洁明快、重点突出，可说是增一字则多，减一字则少，如枣树发芽种芝麻（[主]——状——谓——宾）、二八月，乱穿衣（状，[主]——状、谓——宾）、伸手不打垂尾狗（[主]——谓[连动]——宾）、“Once bitten, twice shy.”（一朝被蛇咬，十年怕井绳），“There's many a slip twixt (the) cup and (the) lip.”（事情往往功亏一篑），“Long absent, soon forgot.”（别久情疏），“First come, first served.”（先来先服务）等。

二、汉英谚语语法结构的差异

（一）单句

1. 汉语谚语里常见，英语谚语不常见

（1）动词性非主谓句，如：

没有不透风的篱笆。（谓——定——宾）

没有过不去的火焰山。（谓——定——宾）

羊群里跳出个骆驼。（状——谓——宾）

哪有猫儿不吃腥。（谓——兼——谓——宾）

冷锅里跳不出热栗子来。（状——谓——宾）。

单句里的动词性非主谓句谚语，为数很少。这种句型多为主语省略句，或复句的紧缩式，如“鸡蛋里挑骨头”是主语的省略；“有钢使在刀刃上”或“好钢用在刀刃上”是条件性的紧缩复句，意思是“有好钢就要使在刀刃上”。

（2）兼语句

恨铁不成钢（[主]——谓——兼——状、谓——宾）

磨杵可成针（[主]——谓——兼——状、谓——宾）

2. 英语谚语常见，汉语谚语不常见

（1）倒装结构

From saving comes having.（节俭出财富）

Art is long, life is short.变为 Life is short, art is long.（艺术是永恒的，生命是短暂的）

Every cloud has a silver lining.变为 There is a silver lining to every cloud.（塞翁失马，焉知非福）

（2）被动结构

The tree is known by its fruit.（观其行而知其人）

What is done by night appears by day.（若要人不知，除非己莫为）

Judge not, that ye be not judged.（勿对人非议以免自己受非议）

（二）复句

1．连接词和关系词的使用

英语谚语中大量使用表示各种关系的连接词和关系词，它们的主要作用是用来连接主句和从句，同时，英语谚语中的连接词也是表示逻辑关系时不可缺少的成分，例如：

Do as you would be done only.（己所不欲，勿施于人）

Who keeps company with the wolf will learn how to howl.（近朱者赤，近墨者黑）

He laughs best who laughs last.（谁笑到最后，谁笑得最美）

As you sow, so shall you reap.（种瓜得瓜，种豆得豆）

Speak of angels and you will hear their wings.（说曹操到，曹操就到）

When the cat's way, the mice will play.（山中无老虎，猴子称大王）

Where there is a will, there is a way.（有志者事竟成）

以上谚语，有的使用了关系词"who"，有的使用了连接词"and""as""as……so""when""where"。

相比之下，汉语谚语中虽然也有连词，但少用甚至不用。汉语谚语中句与句间讲究意合，主要通过语言的内在联系体现其意义，其关联照应手段是隐性的。上述英语谚语的汉语对应形式"己所不欲，勿施于人""近朱者赤，近墨者黑""谁笑到最后，谁笑得最美""种瓜得瓜，种豆得豆""说曹操到，曹操就到""山中无老虎，猴子称大王""有志者事竟成"，则不用连接词和关系词。

2．介词的使用

英谚中的介词十分活跃，常以介词短语来表示英谚中相应动词的语义和动作先后顺序，它们是连接短语、从句的重要手段，例如：英语谚语"Out of sight, out of mind.”（眼不见，心不烦），“There is no smoke without fire.”（无风不起浪），“Among the blind the one-eyed man is king.”（山中无老虎，猴子称大王），“An eye for eye，a tooth for tooth.”（以眼还眼，以牙还牙）中，使用了介词“out of”“without”“among”“for”。

相比之下，汉语谚语中介词用得很少，例如：上述英语谚语的汉语对应形式“眼不见，心不烦”“无风不起浪”“山中无老虎，猴子称大王”“以眼还眼，以牙还牙”等。

在以上各组例句中，英谚使用了介词或介词词组 out of，without，among，for，before 表现其形合的特点，而汉谚则没有使用任何介词，具有意合的特征。

3．省略句和紧缩句的使用

英语谚语通常采用省略句表义，比如英语谚语“Once bitten, twice shy.”（一朝被蛇咬，十年怕井绳），“More haste, less speed.”（欲速则不达），“Nothing ventured，nothing gained.”（不入虎穴，焉得虎子）。相比之下，汉谚多采用紧缩复句，其意义通过复合紧缩而成，简明紧凑，分句的语法关系和逻辑关系是隐含的，比如“千里之行，始于足下”“鹬蚌相争，渔翁得利”“差之毫厘，失之千里”“宁为鸡口，毋为牛后”“欲加之罪，何患无辞”。而上述汉谚的英谚对应形式往往用连接词、关系词来表达，比如“He who would climb the ladder must begin at the bottom.”（千里之行，始于足下），“If the shepherds quarrel, the wolf has a winning game.”（鹬蚌相争，渔翁得利），“A miss is as good as a mile.”（差之毫厘，失之千里），“Better be head of an ass than the tail of a horse.”（宁为鸡口，毋为牛后），“He who has a mind to beat his dog will easily find a stick.”（欲加之罪，何患无辞）等。

第三节　汉英语谚语词汇对比

谚语是广大群众喜闻乐见、富于生活气息、具有民族风格的语句。因为它是来自广大群众实际生活的切实感受，也反映了我们民族特有的生活情调，因而让人有生活的熟悉亲切感和民族的情趣色调感。这种生活或民族的气息不仅和谚语的思想内容有关，而且和谚语的遣词造句有关。人们总是从表现实际生活的语汇或富有民族生活传统色彩的语汇中，选用一些生动活泼的字眼儿，作为创造谚语的材料，汉英谚语在词汇方面都是如此。

一、口语词的运用

反映广大人民生活中常见的事物，并为群众熟知惯用的词语就是生活化词语。大多数谚语都是选用这些人们最熟悉、最常用的词语，而又在不寻常的具体用法下，精确地表达出令人信服的事理或世态。

譬如，“笨鸟先飞早入林”比喻资质一般的人经过勤奋的努力同样可以达到理想的境界；“人莫知其子之恶、其苗之硕”比喻偏见和贪心使人看不清事物的真相；“大鱼吃小鱼，小鱼吃虾米，虾米吃滓泥”比喻一些部门对公款的层层盘剥；“没有狗，猪看家”比喻由于缺乏有本事的人，只好让没本事的人担任要职；在这些谚语里，“鸟”“苗”“鱼”“虾”“狗”“猪”“秃丫头”等都是人们在日常生活中最熟悉的事物，用它们来打比方，阐述深刻的道理，使人印象深刻，过目不忘。其他的谚语还有“一个篱笆三个桩，一个好汉三个帮”“一个巴掌拍不响”“狗嘴里吐不出象牙”“三天打鱼，两天晒网”“留得青山在，不怕没柴烧”等。

英语谚语“Fish begins to stink from the head.”比喻社会的腐败往往是从统治阶级中掌权阶层开始的。这是人们利用在日常生活中对“Fish begins to stink.”（鱼腐烂从头起）经验观察的结果。在这里“the head”用来隐指“统治阶级中的掌权阶层”，并与汉谚“上梁不正下梁歪”有异曲同工之处，如“The pot calls the kettle black.”（乌鸦笑猪黑），“As you sow, so will you reap.”（种瓜得瓜，种豆得豆），“Eye for eye, tooth for tooth.”（以牙还牙，以眼还眼），“As you make your bed, so you must lie on it.”（自作自受），“Hunger dogs will eat the dirty pudding.”（饿了糠也吃，饱了蜜也咸）等。

二、历史词的运用

汉英谚语是在各自历史文化背景下产生并成长起来的，因此积淀了汉英文化各个历史时代的信息，其中包括历史上重要的人物、事件、古人诗文、民间传说以及曾对汉英民族文化产生过重大影响的宗教思想及相关的风俗习惯等。

汉语谚语积淀了几千年的中国历史文化，反映了儒释道思想和农业经济对汉民族几千年的影响，例如：情人眼里出西施；三个臭皮匠，顶个诸葛亮；当面活菩萨，背后潘金莲；一个和尚挑水喝，两个和尚抬水喝，三个和尚没水喝；在家敬父母，何必远烧香；平时不烧香，临急抱佛脚；激你的是魔鬼，劝你的是神仙；阎王好见，小鬼难缠；自古嫦娥爱少年；宁愿挨一刀，莫与秦桧交；熟读王叔和，不如临症多；君子之交淡如水，小人之交甜如蜜；蜀中无大将，廖化当先锋；孙悟空跳不出如来佛的手心；狗咬吕洞宾，不识好人心；姜太公钓鱼，愿者上钩；没有梧桐树，难招凤凰来；没有过不去的火焰山等。

英谚是在欧洲历史背景下发展起来的，因此其词汇受到古希腊、罗马神话和基督教的深刻影响。除此之外，莎士比亚的戏剧以及东方国家的影响也不可忽视。其中有的是包含可以联想到这些文化因素的词汇，有些则是直接用原句，例如："There were brave men before Agamemnon."（阿加门农之前也有勇士），这条谚语源自希腊神话。在特洛伊战争中，他担任希腊高联军统帅，以勇猛善战著称；"Without Ceres and Bacchus, Venus grows cold."（没有克瑞斯和巴科斯，维纳斯会感到冷的），这条谚语源自罗马神话。"Ceres" 和 "Bacchus" 分别为罗马神话中的谷物女神和酒神，他们是丰收、温饱和欢乐的象征。"Venus" 是众所周知的爱神，她是爱和美的象征。实际的意思是：没有温饱，就难有甜蜜的爱情。另有 "Brevity is the soul of wit."（简洁是智慧的灵魂），"Sweet are the uses of adversity."　（逆运有苦也有甜），"The course of true love never did run smooth."（真正的爱情从来不会一帆风顺），"Borrowing dulls the edge of husbandry."（借钱不利于节俭）等，以上四条谚语均出自英国著名文学家、戏剧家莎士比亚的作品。

三、同义词的运用

谚语作为熟语的一种，主要特征是意义的整体性和结构的稳固性。但是，我们并不是说谚语是一成不变的。由于汉英文化历史悠久，语言中词汇的来源丰富，意义区分细致，因此，谚语里出现了很多同义词语。有时为了避免重复和单调，或为了押韵，一些意义完全相同的词语出现在同一条谚语的不同位置，会给人以耳目一新的感觉；有些同义词在表义、表情、风格功能等方面，有着细微的差别，用在谚语中会增加不少情趣。谚语结构和用词有一定的灵活性，可以增加或删减一个词，或者更换一个成分，但结构大体相似，如 "Light come, light go."（来得容易去得快）可以演化出 "Lightly come, lightly go." "Lightly gained, lightly lost." "Lightly won, lightly held." 等，"Speak of an angle and you will hear his wings."（说曹操到，曹操就到）可以演化出 "Talk of angle and you will hear his wings." "Speak of the devil and he is sure to appear." "Talk of the devil and he appears." 等，又如

“三个臭皮匠，顶个诸葛亮”可以演化出“三个臭皮匠，赛过诸葛亮”“三个臭皮匠，变成诸葛亮”等，“狗嘴里吐不出象牙”演化出“狗嘴里长不出象牙”，“留得青山在，不怕没柴烧”演化出“留得青山在，不愁没柴烧”等。

四、反义词的运用

反义词的对举，是比较真伪、辨析是非、增强语感的重要手段。一些由对偶、对比手法构成的谚语，往往都要合用反义词语，如“明枪易躲，暗箭难防”“耳听为虚，眼见为实”“先甜后苦，犹如割股；先苦后甜，犹如过年”“君子挟才以为善，小人挟才以为恶”等。

英语谚语也存在大量使用反义词反映客观世界中存在的矛盾、对立事物和现象，如高与低、真与假、美与丑、善与恶等。它们都是使用反义词的对比效果来突出语义，如“Be swift to hear, slow to speak.”（敏于听而缓于行），“A young countier, an old beggar.”（年轻当朝臣，年老当乞丐），“More haste, less speed.”（欲速则不达）“Every white has its black, and every sweet its sour.”（白中有黑，甜中有苦）等。

汉英谚语通过这些反义词语的对举和对比，深刻地揭示了事物真伪、善恶、是非的对立，给人留下深刻的印象。有些谚语里，用于对照、对比的反义词语，是条件性的，是在一定的上下文中，用引申或比喻促成的，如：汉谚中“蜜罐子”和“蒜瓣子”两个词，它们在通常情况下，用于本义时，并不是反义词，但在“嘴上蜜罐子，心里蒜瓣子”这句谚语里，两者分别用于“甜”“辣”两个比喻意义时，就处于反义对比的关系了。

第四节　汉英谚语的标记特征

在整个语言系统中，有一部分语言单位是基本的，其负载的意义是中性的；与之相对应的另一部分，它们在中性意义的基础上，又加上了某些特征意义，具有了某种“标记”，成了有标记项。譬如，就英语动词的语态这一语法范畴而言，主动语态是无标记的（unmarked），动词是原形；被动语态是有标记的（marked），标记形式是 be+动词过去分词。标记理论把这些对立项作出“有标记项”和“无标记项”的区分，是近代语言学研究中常用的一种分析手段。汉英谚语都存在一些常用句式，这些句子有明显的的标记特征。

一、汉语谚语的标记特征

（1）“无……不……”，如：无风不起浪、无巧不成书、无酒不成席、无功不受禄、无事不登三宝殿、无毒不丈夫等。

（2）“没有……”，如：没有不透风的墙、没有过不去的火焰山等。

（3）“宁……，不……”，如：宁可信其有，不可信其无、宁可站着死，不可跪着生、宁为玉碎，不为瓦全、宁为鸡首，不为牛后、宁养一条龙，不养十条熊、宁走十步远，不走一步险等。

（4）“不……不……”，如：不见棺材不掉泪、不在其位，不谋其政等。

（5）“一……数词（一、十、百、千、万等）……”，如：一朝天子一朝臣、一个萝卜一个坑、一回生，二回熟、一不怕苦，二不怕死、一传十，十传百、一石激起千层浪、一日夫妻百日恩、一夫当关，万夫莫开等。

二、英语谚语的标记特征

（1）The more…，the more（less）…，如：“The sooner, the better.”（越快越好）；“More haste, less speed.”（欲速则不达）等。

（2）As…，so…，如：“As you sow, so will you reap.”（种瓜得瓜，种豆得豆）；“As times are, so are the customs.”等。

（3）Better…，than…，如：“Better be an old man’s darling than a young man’s slave.”（宁嫁老头做爱妻，不嫁壮汉受奴役）；“Better late than never.”（迟做总比不做好）；“Better be envied than pitied.”（宁受人嫉妒，不受人可怜）；“Better be safe than sorry.”（宁可事前做准备，不要事后忙后悔）等。

（4）No…，no…，如：“No pains, no gains.”（不劳则不得）；“No mill, no meal.”（一分耕耘，一分收获）等。

（5）Like…，like…，如：“Like father, like son.”（有其父必有其子）；“Like mother, like daughter.”（有其母必有其女）；“Like master, like man.”（有其师必有其徒）等。

（6）No…without…，如：“No sweet without sweat.”（苦尽甘来）；“No smoke without fire.”（无风不起浪）。

（7）He that(who) …，如：“He that is ill to himself will be good to nobody.”（不能自爱，焉能爱人）；“He who hesitates is lost.”（迟疑会失去机会）；He laughs best who laughs last.（谁笑到最后，谁笑得最美）等。

（8）An ounce of…is worth a pound of…，如：“An ounce of practice is worth a pound of precept.”（一分身教胜过十分言传）；“An ounce of wisdom is a pound of wit.”（一分智慧胜过十分诙谐）；“An ounce of prevention is worth a pound of cure.”（一分预防胜过十分治疗）；“An ounce of discretion is worth a pound of learning.”（一分审时度势胜过十分学习）等。

上述列举的汉英谚语结构式有的基本上相对应，如汉谚中的“宁……不……”与英谚“Better…than…”；英谚中的“Like…，like…”与汉谚“有其师必有其徒”“有其父必有其子”等。

第五节　汉英语谚语修辞对比

一、反义

汉英谚语大量使用反义词，反映了客观世界中存在的矛盾、对立事物和现象，如高与低、真与假、美与丑、善与恶等。这些都是使用反义词的对比效果来突出语义的，如“Be swift to hear, slow to speak.”（敏于听而缓于行），“A young countier, an old beggar.”（年轻当朝臣，年老当乞丐），“More haste, less speed.”（欲速则不达），“雷声大，雨点小”“江山易改，本性难移”“尺有所短，寸有所长”“好言一句三冬暖，恶语伤人六月寒”等。

二、重复

重复的手法是指词的重复和意义的重复。词的重复使谚语显得凝炼、简洁，起到加强语气、深化印象的作用；意义的重复则是通过同义词、近义词的使用，使词语显得丰富多彩，前后呼应，以此来增强表达效果。汉语谚语多使用意义的重复，而英语多用词的重复，如“十年树木，百年树人”“人心难测，海水难量”“单丝不成线，独木不成林”“路遥知马力，日久见人心”“Like cures like.”（以毒攻毒），“New lords, new laws.”（一朝天子一朝臣），“Nothing venture, nothing gain.”（不入虎穴，焉得虎子），“Everybody’s business is nobody’s business.”（人人负责，则人人无责），“Let bygones be bygones.”（让过去的就过去吧）等。

三、比喻

广泛使用比喻，特别是隐喻，是谚语的突出特征，很多谚语不是直截了当地发表议论，说明道理，而是用生动的语言创造鲜明的形象来表达抽象的含义，例如：英谚“The cross on the breast and the devil in heart.”（胸前挂着十字架，心中却装着魔鬼），此处用十字架和魔鬼形象生动地刻画出那些伪善教士们的丑恶嘴脸。汉谚“只要功夫深，铁杆磨成针”的喻义是“只要肯下功夫，世界上没有什么办不到的事情”。

然而，汉英语的比喻辞格不是一一对应的。英语“metaphor”是一个涵盖面比汉语广泛的辞格概念，除包括汉语的“暗喻”辞格外，还包括了“借喻”和“拟人”等汉语比喻辞格。汉英谚语运用比喻虽喻体大相径庭，但其形式基本一致，有时由于两种语言的修辞学对某一种修辞手法下的定义不同，所以在归类上不尽一致。

（一）明喻

明喻在汉谚里的使用频率高于英谚，其特点是：结构精炼、形象生动、语言有力。例如：隔行如隔山；病来如山倒，病去如抽丝；君子之交淡如水，小人之交甜如蜜等。英谚里明喻使用较少，使用此手法的英谚大多给人以结构冗长，语言平淡的感觉，如“A good friend is as the sun in winter.”（好朋友犹如冬天的太阳），“Time tries friends, as fire tries gold.”（时间考验朋友犹如火考验金）等。

英语中有一种用“and”连接本体和喻体的明喻修辞手法，是汉谚中没有的，如“Daughters and dead fish are no keeping wares.”用“鲜鱼”比喻“女儿”，“Love of lads and fire of chats is soon in and soon out.”用聊天的气氛不稳定比喻小伙子的爱恋状态。

（二）暗喻

汉语比喻辞格的“暗喻”等同于英语辞格的“隐喻”，与用“like” 和“as”连接的多数显得平淡冗长的明喻相反，英谚中用“be”连接本体和喻体的暗喻十分活跃，如“The tongue is not steel, yet it cuts.”（舌虽不是钢，但能伤人），“Adversity is a good schoolmaster.”（困难是好老师），“Wedlock is a padlock.”（婚姻是一把锁）等。相反，汉谚用“是”连接本体和喻体的很少。从修辞分类的角度看，汉谚的暗喻大都采用两种形式，一种形式是本体和喻体同现。如果是两个分句，那么其中一个分句作本体，一个分句作喻体，且两个分句的位置可以互换，如“画龙画虎难画骨，知人知面不知心”“岁寒之松柏，患难见真心”等。

还有一种形式是只出现喻体，不出现本体，这种情况有时是两个分句，有时是一个短句，如“江山易改，本性难移”“辅车相依，唇亡齿寒”“拙匠常怨工具差”“老虎屁股摸不得”等。

英谚中采用两个分句的暗喻形式数量极少。如果不用“be”连接本体和喻体，英谚的暗喻一般只出现喻体，不出现本体，如“The sweet and sour go together.”（利害每相连），“The herring man hates the fisherman.”（同行是冤家），“A blare cat makes a proud mouse.”（父母不严出逆子）等。

（三）借喻

汉语所谓的“借喻”就是“本体和比喻词都不出现，直接由喻体来代替本体”（王德春等，1987：86）。这种比喻模式通常是以名词形式出现的，也就是英语中的“名词性隐喻”（Nominal Metaphor）（Miller，1979：230）。英汉谚语中有大量借喻句式，如：

熟读王叔和，不如临症多。（王叔和是晋代名医，在此来借代书）

东奔西跑，不如拾粪弄草。（东奔西跑来代商人，拾粪弄草来代庄稼人或农民）

The tongue is not steel, yet it cuts.（用“tongue”来代替“话语”）

The pen is mightier than the sword.（用“pen”来代替“文章”）

The fox changes his skin but not his habits.（狐狸能换皮但不能改其习性；比喻人的性情与生俱来，很难改变）

四、拟人

汉英中一些谚语常把无生命的事物或动物比作人，给语言增添生动感，使谚语具有鲜活的生活气息，如：

落花有意，流水无情。

乌鸦笑猪黑。

Time and tide wait for no man.（岁月不等人）

A new broom sweeps clean.（新官上任三把火）

Money is a good servant but a bad master.（钱可为奴，不可为主）

小　　结

由以上分析我们可以看出，汉英谚语无论在语音、词汇、语法方面，还是在修辞方面，既有共性又有差异。

在语音方面，汉语谚语为追求语音和谐动听，主要采取平仄和押韵两种手段，英语谚语则主要用轻重音搭配（即所谓的“格”）和押韵。英语谚语的押韵种类也比汉语谚语丰富。这是二者的语音结构不同造成的。

英语是非声调语言，没有汉语中常用的平仄调。而英语中的轻重音可以产生诗歌中常使用的“格”，如抑扬格（轻重）、抑抑扬格（轻轻重）、扬抑格（重轻）等。汉语中由于没有这种意义上的重音，格这种语音手段是不存在的。另外，英语有连缀辅音出现在音节开头或结尾，而且所有的辅音都可以出现在音节末尾，所以英语音节比汉语音节的结构复杂。汉语音节的基本结构是（C）（G）V（G）（C），“C”代表辅音，“G”代表介音，介音只有 i，u，ü 三个，“V”代表元音，括号代表可有可无，也就是说一个音节中必须有一个元音。应注意，汉语的音节结尾辅音只有两个音可以充当，一个是前鼻音 n，一个是后鼻音 ŋ。英语音节就复杂多了：（C）（C）（C）V（C）（C）(C)，也就是说元音前可以有三个辅音，元音后也可以有三个辅音。虽然辅音连缀也受一些规则制约，但总的来说，英语中可能出现的音节数目要比汉语多得多。汉语和英语的押韵都是重复元音和元音后面的部分，但由于英语中元音后面的部分远比汉语中的复杂，其谚语的押韵形式也比汉语丰富；汉语的音节结构较简单，所以更适合使用双声、叠韵和叠音等手段来加强谚语的韵律感。

在词汇方面，由于汉英谚语的历史文化背景不同，其词汇也具有各自的民族特征。英语谚语是在古希腊、罗马的辉煌文明中孕育，在基督教的洗礼中诞生，又在资本主义的发展与扩张中成长起来的，而基督教在西方世界又影响着人们生活的各个方面，因此许多英谚都渗透着宗教观念的强烈影响。汉语谚语大多是在中国两千多年的封建社会中产生的，在古代中国，无论佛教、道教还是儒家思想，都是为皇权服务的，没有人能超脱长期以来形成的一系列世俗关系，因而汉语谚语表现世俗关系的词汇要远比英语谚语丰富。

在语法方面，虽然汉英谚语有不少都是直接由简单句构成，但汉语谚语更多用复合句，在形式上排比、对应，在内容上衬托、呼应；而英语谚语较多用简单句直指要害，一针见血。在句子结构上，汉语谚语讲究格式的对称，音节整齐，语调和谐，很多是两段式或三段式，大都是复合句，有并列句、主从句，能表达各种语义关系。由于句子形式整齐，语调和谐，说得上口，听得悦耳，因而易于广泛流传。英语谚语的句子结构，除简单句外，较多的句式是包含定语从句的谚语。这种谚语的语义结构往往是：假如 A，则 B；这么样的 A 是 B。英语谚语的另一个句法特点是使用省略句。句子结构凝炼，中心意思突出，一些复合句谚语的省略句还可造成两段结构的两两对仗。虽不及汉语谚语的对仗完整，但也形成了句法形式的美感。在英语谚语中，省略是常见的语法现象，并列结构更是省略的主要句式。而在汉语谚语中，并列不仅是语法关系和语义关系的对应，而且在语音上也是对应的。这种语法、语义、语音的全面对应，使汉语谚语朗朗上口，铿锵有力。英语中有大量省略句谚语，加上前面提到过的大量简单句谚语，使整个谚语体系显得短小精悍，言简意赅。这个特点可与汉语谚语一一对仗的句法形式相媲美。

在修辞方面，汉英谚语的修辞手法有许多相似之处，这是源于人类语言的共性特征，如：汉英谚语都押“尾韵”，都使用“比喻”“拟人”“重复”等修辞手法。与此同时，由于两种语言的内部结构不同，汉英谚语修辞也存在着许多差异，如：英谚在押韵时常用“视韵”“半韵”，而汉谚中却没有这种押韵方式。在汉谚中，对仗手段的使用比英谚中要常见的多。

经过上面的比较和分析，我们对两种语言谚语在形式上的异同有了总体上的认识。了解了这些异同，就能对汉英谚语做出进一步的对比研究，进而分析这两个民族文化精神内涵的异同。

结　语

谚语是一种特殊的语言单位，一直受到研究者的关注，但多散见于各种熟语的研究之中，且将研究限定在静态的词汇层面上，研究的聚焦点多在谚语的语法功能、修辞特点、结构组成、追源溯流和语体上，关注的是谚语结构的固定性和语义的完整性，对谚语的形成及理解缺乏深入研究，这是因为以往的研究主要是从传统语言学的观点出发的。

本书通过对英谚语的结构形式、韵律特征、词汇特点以及文化特征等方面的对比，从微观和宏观两个层面深入分析了造成汉英谚语共性和差异的原因，同时也对谚语的形成和理解问题做了一些理论探讨和思考。

一、隐喻思维是汉英谚语共性的基础

隐喻思维是谚语产生的基础，汉英隐喻性谚语的共性来源于人类隐喻思维的共性。在人类认识和了解世界的过程中，隐喻作为一种思维方式总是在已知经验的基础上，在两个事物或概念之间建立联系，使人们能以一个具体的、已知的概念阐释另一个抽象的、未知的概念。隐喻的本质就在于把握人与自然的两种基本关系，揭示人与自然的相似和统一，在不同的事物和经验里建立等值、相似的关系。汉英虽是两个不同的民族，但人脑这一机能的相同性反映到人类语言的手段上，便产生了汉英隐喻相同的基本模式。

汉英隐喻的思维基础和基本模式大体相同，导致了两种谚语功能上基本相似。概念隐喻系统的形成与人类的身体经历、物质环境息息相关。人类各民族、各种文化虽然千差万别，但都生活在同一个星球上，相同的身体构造、感知器官和相似的身体经验，使得具有不同文化背景的人会有一些相同的文化积累，从而产生了文化共识。文化共识反映在语言中便凝结为共同的文化语义，有共识文化就会产生相似的隐喻。尽管不同民族使用的语言系统迥异，但基于共同的认知结构，扎根于不同文化中的隐喻便可能重合形成文化共识。

二、文化认知差异是汉英谚语产生差异的主要原因

汉英谚语的差异，主要表现在两个方面：（1）源域相同，喻义不同；（2）源域不同，喻义相同。汉英民族分属于东西方两种截然不同的文化，而作为文化载体的语言必然受制于各自的文化。由于各民族的语言承载了大量有关该民族思维方式、习俗、传统文化、历史文学典籍等方面的独特内容。因此，每个民族都会以其独特的文化认知方式将自己对现实的认识投射到语言上，并导致语言中的概念隐喻系统呈现出不同的特点。譬如，在汉英隐喻性谚语中，人们对喻体的选择往往有明显的差异，而这种差异常常能够体现文化和认知上的差异。

三、谚语形成和理解模式的探讨

传统语言学认为谚语实际上就是一个“长词”，因此谚语的意义不能从字面意义推测出来，谚语的整体意义不是其组成部分意义的简单相加。在句法上，谚语具有不可分析性，其内部结构是凝固的。与之相应，理解谚语就是要透过它的字面意义理解其比喻意义。国外心理语言学界在实验研究基础上，提出了谚语理解的三种模式：（1）字面意义处理模式；（2）字面意义和比喻意义同时处理模式；（3）比喻意义处理模式。

现代语言学认为，谚语比喻意义与其组成成分意义之间的关系是不完全任意的。在多数情况下，谚语的比喻意义可以从其组成成分的意义中还原出来。也就是说，谚语的意义是可以构造的，其组成成分的字面意义对谚语的理解有十分重要作用。无论谚语的比喻意义与其字面意义的差距有多大，谚语的比喻意义必定有其来源的理据，只是这种来源的理据可能因时间久远、背景知识缺失而不为当代人所理解。大多数谚语的意义是有理据、可分解的。纳恩博格（Nunberg，1978）、卡其里亚（Cacciari）、格拉克斯博格（Glucksberg）等语言学家根据谚语是可构造的，其组成部分的字面意义对于理解谚语起着重要作用等观点，提出了分解性假说和结构假说。

正是在这种思想的启发下，我们通过分析谚语的生成和理解机制以及认知的文化理据后，依据认知语言学的相关理论，得出谚语形成和理解的动态模式：人们通过对客观对象（A）的概念化或范畴化形成概念（B），概

念（B）以图式的形式存在于人的大脑（思维）中，并通过各种认知过程如隐喻、转喻等进行组合，形成语言表达形式（C），这就是所谓的谚语初始化过程。使用者（D）在理解和运用过程中，基于概念相似性和经验相关性，把这些符号与另一语境（E）的客观对象通过类比和想象建立联系，这就是所谓的谚语化过程。用符号公式表示为：A→B→C→D→E。这种定型性的组合经过人们长期使用、千锤百炼而最终成为了今天的谚语，储存于人们的“心理词典”中，这就是所谓的谚语成熟过程。人们在使用谚语时，会把谚语的概念结构通过隐喻或转喻以及两者相结合的方式映射到新的语境中，谚语义就会重新被激活，这就是谚语理解认知过程。

四、值得进一步探索的一个问题

本书以认知语言学为理论依托，以汉英谚语的书面形式为材料，为谚语研究提出了一个认知语言学的理论框架，对汉英谚语进行了初步分析和理论探讨，说明汉英谚语在认知和理解方面有很多异同，而这和人类思维及民族文化的共性和差异是分不开的。希望本书的探索能为谚语的进一步研究开辟了一条更加广阔的道路。

在汉英谚语的对比研究中，我们发现仍有一个重要的问题需要探索。从共时角度说，谚语的主体无疑应该是群众口头的语言形式，书面形式的谚语只是其中一部分，大量有地域和民族特色的口头谚语没有纳入到我们的研究范围，使我们的语料有些单薄，缺乏更多语言类型的检验。口头谚语在各语言或方言的使用中，除了地域变异外，社会变异也值得我们关注，如谚语使用的年龄分层比较典型，一般来说，老年人用得多，年轻人不太常用；文化程度低的人用得多，文化程度高的人用得少，这些都值得我们进一步做社会语言学方面的研究。从历时角度说，每个时代都会产生大量的新谚语，这些映射着特定时期社会风貌的谚语多数遭到了历史的淘汰，存留下来的也发生了语言方面的某些变化。这两个方面的特点制约了谚语研究的全面性。此外，谚语形成和理解机制涉及心智过程，需要进行神经语言学和心理语言学方面的实验，唯此才能进一步证明我们的解释是否合理、是否具有说服力。

以上几方面都在一定程度上制约了本书谚语研究的全面性，但也为今后的研究提出了努力的方向。

参考文献

（一）著作

[1] 蔡基刚．英汉写作对比研究[M]．上海：复旦大学出版社，2001．
[2] 杜　威．经验与自然[M]．傅统先译．北京：商务印书馆，1960．
[3] 陈　原．社会语言学[M]．北京：商务印书馆，2000．
[4] 陈嘉映．语言哲学[M]．北京：北京大学出版社，2003．
[5] 程　工．语言共性论[M]．上海：上海外语教育出版社，1999．
[6] 程　立．英汉文化比较词典[Z]．长沙：湖南教育出版社，2000．
[7] 崔希亮．汉语熟语与中国人文世界[M]．北京：北京语言文化大学出版社，1997．
[8] 邓炎昌．语言与文化—英汉语言文化对比[M]．北京：外语教学与研究出版社，1989．
[9] 冯志伟．现代语言学流派[M]．西安：陕西人民出版社，1999．
[10] 高　奇．走进中国民俗殿堂[M]．济南：山东大学出版社，2005．
[11] 顾嘉祖．语言与文化[M]．上海：上海外语教育出版社，1990．
[12] 桂诗春等．语言学方法论[M]．北京：外语教学与研究出版社，2002．
[13] 郭　熙．中国社会语言学[M]．南京：南京大学出版社，1999．
[14] 郭建民．英语谚语研究[M]．兰州：甘肃教育出版社，1992．
[15] 韩宝育．语义的分析与认知[M]．北京：中央编译出版社，2004．
[16] 韩林合．乔姆斯基[M]．台北：台湾东大图书公司，1996．
[17] 何善芬．英汉语言对比研究[M]．上海：上海外语教育出版社，2003．
[18] 胡壮麟．认知隐喻学[M]．北京：北京大学出版社，2004．
[19] 胡以鲁．国语学草创[M]．上海：商务印书馆，1912．
[20] 蒋　磊．英汉习语的文化观照与对比[M]．武汉：武汉大学出版社，2000．
[21] 李国南．修辞与词汇[M]．上海：上海外语教育出版社，2005．
[22] 连淑能．英汉对比研究[M]．北京：高等教育出版社，1993．
[23] 骆世平．英语习语研究[M]．上海：上海外语教育出版社，2006．

[24] 武占坤，马国凡．谚语[M]．呼和浩特：内蒙古人民出版社，1980．
[25] 潘文国．汉英语对比纲要[M]．北京：北京语言文化大学出版社，2004．
[26] 潘文国等．对比语言学：历史与哲学思考[M]．上海：上海教育出版社，2006．
[27] 石毓智．语法的认知语义基础[M]．南昌：江西教育出版社，2000．
[28] 束定芳．隐喻学研究[M]．上海：上海外语教育出版社，2005．
[29] 石里克．哲学的转变[A]．逻辑经验主义（上）[C]．北京：商务印书馆，1982．
[30] 石毓智．汉语研究的类型学视野[M]．南昌：江西教育出版社，2004．
[31] 孙维张．汉语熟语学[M]．长春：吉林教育出版社，1988．
[32] 王德春等．汉英谚语与文化[M]．上海：上海外语教育出版社，2003．
[33] 王德春．语言学通论[M]．北京：北京大学出版社，2006．
[34] 王健平．语言哲学[M]．北京：中共中央党校出版社，2003．
[35] 王菊泉等．英汉语言文化对比研究[M]．上海：上海外语教育出版社，2004．
[36] 王　还．汉英对比论文集［C］．北京：北京语言学院出版社，1993．
[37] 王　勤．汉语熟语论[M]．济南：山东教育出版社，2006．
[38] 王寅，论语言符号象似性—对索绪尔任意说的挑战与补充[M]．北京：新华出版社，1999.
[39] 王远新．中国民族语言学：理论与实践[M]．北京：中央民族大学出版社，2002．
[40] 王远新．中国民族语言学论纲[M]．北京：中央民族大学出版社，2002．
[41] 王远新．语言学教程[M]．北京：中央民族大学出版社，2003．
[42] 王远新．语言理论和语言学方法论[M]．北京：教育科学出版社．
[43] 温端政．谚语词典[Z]．北京：语文出版社，2004．
[44] 温端政，沈慧云主编．通用谚语词典[Z]．北京：语文出版社，2004．
[45] 温端政．俗语研究与探索[M]．上海：上海辞书出版社，2005．
[46] 温端政等．二十世纪的汉语俗语研究[M]．北京：书海出版社，2000．
[47] 萧立明．英汉比较研究与翻译[M]．上海：上海外语教育出版社，2003．
[48] 徐　杰．普遍语法原则和汉语语法现象[M]．北京：北京大学出版社，2001．
[49] 徐大明．当代社会语言学[M]．北京：中国社会科学出版社，1997．
[50] 徐烈炯．生成语法理论[M]．上海：上海外语教育出版社，1988．
[51] 许余龙．对比语言学[M]．上海：上海外语教育出版社，2003．
[52] 新英汉词典[Z]．上海：上海译文出版社，2005．
[53] 郁福敏等．英汉习语对比[M]．上海：上海交通大学出版社，1999．
[54] 杨自俭等．英汉对比研究论文集[C]．上海：上海外语教育出版社，1990．

[55] 姚锡远．汉语熟语论[M]．北京：中国传媒大学出版社，2006．
[56] 姚小平．洪堡特——人文研究和语言研究[M]．北京：外语教学与研究出版社，1995．
[57] 游汝杰．社会语言学教程[M]．上海：复旦大学出版社，2004．
[58] 曾自立．英汉谚语概说[M]．北京：商务印书馆，1983．
[59] 张 辉．熟语及其理解的认知语义学研究[M]．北京：军事谊文出版社，2003．
[60] 张宏德等．英汉词语文化对比[M]．武汉：湖北教育出版社，2003．
[61] 章士嵘，王炳文．当代西方著名哲学家评传第二卷——心智哲学[C] 济南：山东人民出版社，1996.
[62] 赵蓉晖．社会语言学[M]．上海：上海外语教育出版社，2005．
[63] 赵世开．汉英对比语法论集[C]．上海：上海外语教育出版社，2001．
[64] 周磐林．中西谚语比较研究[M]．台北：台湾文史哲出版社，1975．
[65] 赵艳芳．认知语言学概论[M]．上海：上海外语教育出版社，2004．
[66] 祝畹瑾．社会语言学概论[M]．武汉：湖南教育出版社，1992．
[67] [德]威廉·冯·洪堡特．语言与人类精神[M]．钱敏汝译．北京：北京师范大学出版社，1997．
[68] [德]威廉·冯·洪堡特．论人类语言结构的差异及其对人类精神发展的影响[M]．姚小平译．北京：商务印书馆，2004．
[69] [美]爱德华·萨丕尔．语言论[M]．陆卓元译．北京：商务印书馆，2002．
[70] [瑞士]费尔迪南·德·索绪尔．普通语言学教程[M]．高名凯译．北京：商务印书馆，1980．
[71] [德]赫尔德．论语言的起源[M]. 姚小平译．北京：商务印书馆，1999.
[72] Ortony, A．*Metaphor and Thought*[M]．Cambridge: Cambridge University Press, 1993．
[73] Brandt, C. *Spaces, Domains and Meanings: Essays in Cognitive Semiotics*[C]. Berlin/Bern: Peter Lang Publishing Group, 2004.
[74] Clifford, H．P．*Chinese Religion Seen Through the Proverb*[M]．ShangHai: Shanghai modern Publishing House, 1935．
[75] Fauconnier, G. *Mental Space* [M]. Mass.: The MIT Press, 1985.
[76] Fauconnier, G. *Mappings in Thought and Language*[M]. Cambridge: Cambridge University Press, 1997.
[77] Fauconnier, G & E. Sweetser. *Space, Worlds and Grammar*[M]. Chicago: The University of Chicago Press, 1996.
[78] Fauconnier, G．& M．Turner．*The Way We Think: Conceptual Blending and Mind's*

Hidden Complexities[M]. New York: Basic Books, 2002.

[79] Lakoff, G. & M. Turner. *More than Cool Reason: A Field Guide to Poetic Metaphor* [M]. Chicago: The University of Chicago Press, 1989.

[80] Simpson, J. 牛津英语谚语词典[M]. 上海：上海外语教育出版社，2001.

[81] Lyons, J. 乔姆斯基[M]. 黄继锋等译. 北京：昆仑出版社，1996.

[82] Lakoff, G. *Women, Fire and Dangerous Things: What Categories Reveal about Mind*[M]. Chicago: The University of Chicago Press, 1987.

[83] Lakoff, G. & M. Johnson. *Philosophy in the Flesh——The Embodied Mind and its Challenge to Western Thought*[M]. New York: Basic Books, 1999.

[84] Langacker, R, W. *Foundations of Cognitive Grammar vol. I: Theoretical Prerequisites*[M]. Stanford: Stanford University Press, 1987.

[85] Langacker, R.W. *Foundations of Cognitive Grammar Vol.I: Theortical Prerequisites*[M]. Stanford: Stanford University Press/Beijing: Beijing University Press, 2004.

[86] Ning Yu. *The Contemporary Theory of Metaphor*[M]. Philadephia: John Benjamins Publishing Company, 1998.

[87] Honeck, R. P. *A Proverb in Mind: A Cognitive Science of Proverbial Wit and Wisdom*[M]. New Jersey: Lawrence Erlbaum, 1997.

[88] Honeck, R. P. & R. R. Hoffman. *Cognition and Figurative Language*[M]. New Jersay: Lawrence Erlbaum Association. Inc.. Publishers Hillsdale., 1980.

[89] Rosch, E. On the Internal Structure of Perceptual and Semantic Categories[A]. Moore, T.E. *Cognitive Development and the Acquisition of Language* [C]. New York: Academic Press, 1973.

[90] Searle, J. R. *Mind, Language and Society: Philosophy in the Real World* [M] New York: Basic Books, 1998.

（二）论文

[91] 白　云. 汉语谚语的语义特点[J]. 聊城大学学报，2006（3）.

[92] 包通法. 谚语的文化沉淀的认知与翻译[J]. 贵州工业大学学报，2003（4）.

[93] 蔡丽萍. 从英汉谚语的比较看中英文化差异[J]. 天津外国语学院学报，2000（3）.

[94] 蔡曙山. 认知科学框架下心理学、逻辑学的交叉融合与发展[J]. 中国社会科学，2009（2）.

[95] 曹晓虹. 从英汉互译看成语、谚语中比喻的译法[J]. 池州师专学报，2003（2）.

[96] 程琪龙. 语言认知和隐喻[J]. 外国语，2002（1）.

[97] 邸雅清．英语谚语初探[J]．沈阳建筑大学学报，2005（1）．
[98] 丁毅伟．隐喻与文化认知[J]．外语研究，2004（6）．
[99] 方　用．中西文化结合观的历史发展[J]．安庆师范学院学报，2004（9）．
[100]方小兵．英语辞格分类与英汉辞格对比[J]．金陵科技学院学报，2005（3）．
[101]冯丽颖．认知语言观解读英语成语[J]．天津外国语学院学报，2005（1）．
[102]傅云霞．英汉谚语修辞特点比较[J]．常德师范学院学报，2001（3）．
[103]高　霞．汉英习语对比研究综述[J]．西南民族学院学报，2001（11）．
[104]顾蓓晔，缪小春．汉语习语理解研究[J]．心理学报，1995（1）．
[105]胡振东．汉英谚语反映不同的宗教思想与观念[J]．邵阳学院学报，2005（4）．
[106]胡作友．英语谚语的修辞背景及修辞功能[J]．合肥工业大学学报，2002（5）．
[107]黄　华．试比较概念隐喻理论和概念整合理论[J]．外语与外语教学，2001（6）．
[108]贾洪伟．一部史书 功在千秋——评潘文国教授著《对比语言学：历史与哲学思考》[J]．俄语语言文学研究，2009（3）．
[109]焦爱梅，姚锡远．汉英熟语比较研究[J]．天中学刊，1996（3）．
[110]焦秋生．认知结构的表征与建构[J]．山东师范大学学报，2004（6）．
[111]金其斌．中英谚语对比五题[J]．云南师范大学学报，2006（1）．
[112]蓝　纯．从认知角度看汉语的空间隐喻[J]．外语教学与研究，1999（4）．
[113]李明琴．隐喻与文化之间的关系[J]．平原大学学报，2003（4）．
[114]李四清．英汉成语中的隐喻模式及其隐喻机制的研究[J]．上海师范大学学报，2005（4）．
[115]李勇忠，方新柱．理想化认知模式与转喻的语用功能[J]．山东外语教学，2003（3）．
[116]李勇忠．概念隐喻、合成空间与隐喻阐释[J]．江西师范大学报，2003（6）．
[117]梁蓉华，邢苏月．论英汉词语的理据性[J]．西南民族学院学报，2000（5）．
[118]廖緃胜．英语谚语：传统与创新[J]．福建外语，1995（4）．
[119]廖慈惠．论整体取向与个体观念在汉英语言中的投射[J]．西南民族大学学报，2005（3）．
[120]刘爱真．文化认知语言与得体——大学英语教学中文化教学思路[J]．外语界，2000（2）．
[121]刘昌华．隐喻的民族性[J]．西安外国语学院学报，2000（4）．
[122]刘丹青．语言类型学与汉语研究[J]．世界汉语教学，2003（4）．
[123]刘文欣．谚语的语义特征及其语法功能[J]．黑龙江教育学院学报，2006（3）．
[124]刘振前．隐喻的范畴化和概念化过程[J]．四川外语学院学报，1999（4）．

[125]刘争光，周红民．惯用语理解的认知研究[J]．外语学刊，2002（2）.
[126]柳燕梅．认知结构在谚语理解中的表现特征[J]．绥化师专学报，1997（4）.
[127]龙千红．汉英谚语中的女性形象及其成因[J]．广州师院学报，2000（1）.
[128]卢　植．认知语言学的研究方法[J]．四川外语学院学报，2005（5）.
[129]罗　虹　英汉谚语的比较与翻译[J]．中南民族学院学报，1996（5）.
[130]马少英．从认知语义学看英语习语的语义[J]．成都理工大学学报，2006（2）.
[131]宁全新．论奠基习语喻义的认知基础[J]．天津外国语学院学报，2006（2）.
[132]牛桂玲．英汉谚语的语言结构与修辞[J]．重庆交通学院学报，2002（3）.
[133]乔兴兰，曾葡初．隐喻的认知机制解读[J]．天津外国语学院学报，2004（6）.
[134]任　宏．英语谚语和汉语谚语中的隐喻[J]．语言应用研究，2006（4）.
[135]束定芳．论隐喻的理解过程和特点[J]．外语教学与研究，2000（4）.
[136]束定芳．语言的认知研究[J]．外国语言文学，2003（3）.
[137]宋悦兰．英汉谚语的文化差异[J]．陕西师范大学学报，2001（9）.
[138]孙　琦．从隐喻看英汉文化差异[J]．同济大学学报，2002（4）.
[139]谭江竹．谚语的语用连接意义[J]．河南理工大学学报，2005（1）.
[140]谭琼琳．试论英汉比喻意象不同的文化底蕴[J]．湖南大学学报，1997（1）.
[141]谭燕萍．英汉习用性比喻异同比较管窥[J]．齐齐哈尔大学学报，2003（3）.
[142]童长清．论英汉谚语语言修辞特色的相似性[J]．长沙电力学院学报，2005（2）.
[143]汪德华．英汉谚语的语言共性[J]．洛阳师范学院学报，2002（6）.
[144]汪少华．概念合成和隐喻的实时意义建构[J]．当代语言学，2002（2）.
[145]王勤玲．概念隐喻理论与概念整合理论的对比研究[J]．外语学刊，2005（2）.
[146]王义娜，齐振海．语言认知思想追溯[J]．四川外语学院学报，2005（5）.
[147]王　寅．Lakoff & Johnson 笔下的认知语言学[J]．外国语，2001（4）.
[148]王　寅．认知语义学[J]．四川外语学院学报，2002（2）.
[149]王　寅．体验哲学与认知语言学对语言成因的解释力[J]．国外社会科学，2005（5）.
[150]温洪瑞．英汉谚语文化涵义对比研究[J]．山东大学学报，2004（4）.
[151]吴　莉．试论隐喻概念与英语习语的语义关联[J]．山东师大外国语学院学报，2001（3）.
[152]吴世雄，纪玉华．原型语义学：从家族相似性到理想化认知模式[J]．厦门大学学报，2004（2）.
[153]肖名丽．隐喻的认知方式及其文化阐释[J]．山东外语教学，2000（1）.
[154]肖　蔚．隐喻的认知与思维方式及隐喻的理解[J]．重庆大学学报，2003（5）.

[155]谢庆芳．英国谚语探源[J]．广东行政学院学报，2004（6）．
[156]谢应光．认知语义学与英语成语的意义研究[J]．四川外语学院学报，2002（2）．
[157]徐　萍．隐喻的普遍性及其文化阐释[J]．苏州大学学报，2000（4）．
[158]许　晖．试谈英汉成语、谚语、习语的文化对比[J]．中州学刊，2002（5）．
[159]徐盛桓. 心智哲学与语言研究[J]. 外国语文，2010（5）.
[160]杨　宏．美国价值观在英语谚语中的体现[J]．郑州航空工业管理学院学报，2005（2）．
[161]杨纯丽．从认知语义学的角度看习语的含义[J]．长春师范学院学报，2006（1）．
[162]杨小洪．认知与文化——视角的再整合[J]．外语学刊，2002（4）．
[163]余贤君，王建民．惯用语比喻意义理解的影响的因素[J]．宁波大学学报，2000（1）．
[164]余贤君．惯用语理解的心理机制[J]．心理学动态，1997（3）．
[165]余贤君，王莉等．惯用语的理解：构造还是提取[J]．心理科学，1998（4）．
[166]张春晖．认知思维与英汉成语隐喻[J]．湖南城市学院学报，2004（4）．
[167]张　辉．认知语义学述评[J]．外语与外语教学，1999（12）．
[168]张连超．成语和谚语意义的认知理解[J]．大学英语，2006（1）
[169]张庆盈，刘西峰．隐喻的认知结构与跨文化研究[J]．北京航空航天大学学报，2004（4）．
[170]张　舒．汉英谚语文化含义比较研究[J]．哈尔滨学院学报，2005（4）．
[171]章太炎．论语言文字之学[J]．国粹学报，1906（24-25）．
[172]张小玲．中英谚语语义的对比研究[J]．湖南科技学院学报，2006（3）．
[173]张晓玲．英汉谚语的跨文化对比分析[J]．郑州大学学报，2005（5）．
[174]周正履．英语习语的特点初探[J]．西安电子科技大学学报，2002（3）．
[175]朱乐红，陈可培．英汉谚语文化差异与翻译策略[J]．外语教学，2000（3）．
[176]朱永生，蒋　勇．特别概念与梯级含义的关系[J]．外语与外语教学，2003（2）．
[177]邹　艳，杨志忠．汉英谚语修辞特点的比较[J]．大学英语，1998（5）．
[178]Bache，C. Constraining Conceptual Integration Theory: Levels of Blending and Disintegration[J]. *Journal of Pragmatics*, 37, 2005.
[179]Brandt, C. Mental Spaces and Cognitive Semantics: A Critical Comment[J]. *Journal of Pragmatics*, 37,2005.
[180]Fauconnier，G. Roles and Connecting Paths[A]. In C.Travis（ed.）*Meaning and Interpretation* [C]. Oxford：Oxford University Press, 1986.
[181]Fauconnier, G. Domains and connections[J]. *Cognitive Linguistics*, 1/1，1990.

[182]Fauconnier, G. Invisible meaning[J]. *Berkeley Linguistics Society*, 16, 1990.

[183]Fauconnier, G. & M.Turner. Conceptual Integration and formal expression[J]. *Journal of Metaphor and Symbolic Activity*, 10/3, 1995.

[184]Fauconnier G. & M.Turner. Blending as a Central Process of Grammar[J].In A Goldberg (ed.)*Conceptual Structures, Discourse and Language*[C]. Standford: CSLI Publications, 1996.

[185]Fauconnier, G. Mental Space，Language Modalities and Conceptual Integration[J]. In M. Tomasello (ed.) *The New Psychology of Language：Cognitive and Functional Approaches to Language Structure*[C]. Hillsdale：Lawrence Erlbaum, 1998.

[186]Fauconnier, G. & M. Turner. Principles of Conceptual Integration[J].In Jean-Pierre Kiening（ed.）*Discourse and Cognition*[C]. Stanford：CSLI Publications, 1998.

[187]Fauconnier, G. & M. Turner. Conceptual integration networks[J]. *Cognitive Science*, 22/2,1998.

[188]Fauconnier，G. & M.Turner. Metonymy and Conceptual Integration[J]. In Klaus-Uwe Panther & G. Radden（eds.）*Metonymy in Language and Thought*[C]. Amsterdam: John Benjamins Pubhshing Company, 1999.

[189]Fauconnier, G. Methods and Generalizations[J]. In T. Janssen & G. Redeker（eds.）*Cognitive Linguistics：Foundations，Scope，and Methodology*[C]. The Hague: Mouton de Gruyter, 2000.

[190]Fauconnier, G&M. Turner. Compression and Global Insight[J]. *Cognitive Linguistics*, 11, 2000.

[191]Fauconnier, G. Conceptual Blending and Analogy[J]. In G.D.K.Holyoak & B.Kokinov（eds.）*The Analogical Mind：Perspectives from Cognitive Science*[C]. Mass.: The MIT. Press, 2001.

[192]Fauconnier, G. Compression and Emergent Structure[J]. *Language & Linguistics*, 6/4, 2005.

[193]Frege, G. Sense and Reference[J]. *The Philosophical Review*, 57/3,1948.

[194]Grady, J. Primary Metaphors as Inputs to Conceptual Integration[J]. *Journal of Pragmatics,* 37, 2005.

[195]Harder, P. Mental Spaces：Exactly When Do We Need Them[J]. *Cognitive Linguistics*, 14/1, 2003.

[196]Hutchins, E. Material Anchors for Conceptual Blends[J]. *Journal of Pragmatics*, 37,

2005.

[197]Langacker, R.W. Space Grammar, Analysability, and the English Passive[J]. *Language*, 58/1, 1982.

[198]Ruiz de Mendoza Ibáñe & M.S.Pena. Conceptual Interaction,Cognitive Operations and Projection Spaces[A]. In F.J. Ruiz de Mendoza Ibáñe&M.S.Pena. Cervel（eds.）*Cognitive Linguistics: Interal Dynamics and Interdisciplinary Interaction*[C]. Berlin: Mouton de Gruyter.

[199]Sanders，J. & Redeker. Perspective and the Representation of Speech and Thought in Narrative Discourse[A].In G. Fauconnier & E.Sweetser（eds.）*Spaces，Worlds and Grammar*[C]. Chicago：The University of Chicago Press, 1996.

[200]Singerland, E.G. Conceptual Blending, Somatic Marking and Normativity: A Case Example from Ancient Chinese[J]. *Cognitive Linguistics*, 37/10, 2005.

[201]Tyler, B. Philosophy of Language and Mind: 1950-1990[J]. *The Philosophical Review*, 101/1, 1992.

（三）学位论文

[202]陈家旭．英汉隐喻对比研究[D]．上海：华东师范大学博士学位论文，2004.

[203]齐镇海．“心”隐喻的认知分析—基于英汉语料库的个案研究[D]．北京：北京师范大学博士论文，2003.

[204]苏　科．英汉习语的认知语言学对比研究[D]．济南：山东大学硕士学位论文，2005.

[205]胡　琳．试论现代汉语中非固定短语的熟语化过程及其成因[D]．成都：四川大学硕士学位论文，2005.

[206]白丽芳．Lakoff 概念隐喻理论评析[D]．南京：南京师范大学硕士学位论文，2002.

[207]马红芳．合成空间理论和谚语理解[D]．长沙：湖南师范大学硕士学位论文，2005.

[208]刘再雄．英语习语意义的理据研究[D]．长沙：湖南师范大学硕士学位论文，2003.

[209]盛若菁．基于语义的比喻研究[D]．上海：复旦大学博士学位论文，2003.

[210]叶　鸣．汉英概念隐喻对比[D]．哈尔滨：黑龙江大学硕士学位论文，2003.

[211]于　鹤．从认知角度研究成语的语义理据[D]．大连：大连海事大学硕士学位论文，2003.

附录　英语谚语汉译精选

1. A bird is known by its note, and a man by his talk. Or a bird may be known by its song.

—A man is known by what he says.

鸟以声闻，人以言知。/ 听音识鸟，听话识人。/ 闻其言而知其人。

2. A black plum is as sweet as a white.

—The prerogative of beauty proceeds from fancy. Therefore beauty may take different forms.

黑梅白梅一样甜。/ 心中喜爱皆为美。

[注]意即对什么迷恋，就觉得什么是美的。

3. A dwarf on a giant's shoulders sees further of the two.

—Having the aid of our ancestors' knowledge, we understand more than they did.

矮子站在巨人肩，看的要比巨人远。

[注]意即向前人学习，则可胜过前人。

4. A good seaman is known in bad weather.

—See "The good seaman is known in bad weather."

天气恶方知水手良。/ 水手好不好，坏天见分晓。

5. A man is weal (or well) or woe as he thinks himself so.

自认甘则甘，自认苦则苦。

[注]意即知足者常乐，牢骚满腹者则感到事事不称心如意。

6. A straw will show which way the wind blows.

—See "A little straw shows which way the wind blows."

草动知风向。/ 见微知著。/ 一叶知秋。

7. A thing is bigger for being shared.

物因共享而变大。/ 物尽其用。

8. A wonder lasts but nine days.

再新奇的事也新奇不了几天。/奇迹只能奇九天，然后小狗也睁眼。

9. All cats are gray in the dark.

—See "At night all cats are gray."

黑暗之中猫都是灰色的。

[注]意为黑暗中难分妍媸，人未出名时看起来都差不多。

10. All your geese are swans.

—See "All his geese are swans."

你的家鹅都是天鹅。

[注]用于讽刺那些自我吹嘘的人。

11. A bird in the hand is worth two in the bush (or wood).

双鸟在林，不如一鸟在手。/多得不如现得。

12. A small bird wants (but) a small nest.

—An ordinary person is content with ordinary accomplishments.

小鸟只求小窝。/ 小人无大志。/ 燕雀无鸿鹄之志。

13. A ragged coat may cover an honest man.

—A man who wears rags is not necessarily dishonest. / Poverty is not a sign of dishonesty; a man may be poor but honest.

衣衫褴褛者未必非君子。/ 人穷未必志短。

14. A rose by any other name would smell as sweet.

玫瑰花不管叫什么名字都香。

15 After praising the wine, they sell us vinegar.

吆喝的是酒，卖的是醋。/ 挂羊头卖狗肉。

16. All that a glitter (or glisters) is not gold.

—See "All is not gold that glitters (or glisters)."

发光的东西不一定都是金子。/ 闪闪发光物，未必皆黄金。

17. A book is a mirror: if an ass peers into it, you can't expect an apostle to look out.

书是一面镜子。/如果一头毛驴往里照，谁也不能指望会照出个圣徒来。

18. A Jack of all trades is master of none.

样样皆通，样样稀松。/通百艺即无一长。

[注] Jack：泛指无专门技术的人，此谚语意为人若自立于社会，即须专攻一门技艺。

19. A loaded waggon creaks, an empty one rattles.

—An ignorant person talks or brags much more than an informed.

满车响声小，空车响声大。/满罐不响，半罐叮当。

20. A man is never too old to learn.

—See "It is never too old to learn."

学不厌晚。/活到老，学到老。

21. An old dog cannot learn new tricks. Or an old dog will learn no tricks.

—See "You cannot teach an old dog new tricks."

老狗学不了新把戏。/八十岁学不了吹鼓手。

[注]消极谚语，意为老年人难以适应新事物。

22. Art is long, life is short.

人生短暂，学艺无穷。/生有涯而知无涯。

23. A word is enough for (or **to**) **the wise.**

—See "A word to the wise is enough (or sufficient).

智者只需进一言。/智者一点即通。/明白人不用细说。/响鼓不用重锤敲。

[注] 出自拉丁语：verbum sat sapienti（智者一言即足）。意为聪明人领悟力强，说话无须多作解释。

24. All the speed is in the spurs.

—Spoken when a man rides a lazy horse, or does a lazy job.

要成功就要鞭策。

25. A staff is quickly found to beat a dog with. Or a stick is soon found to beat a dog with.

—If a person desires to find fault with another, he will succeed in finding some cause for compliant.

打狗不愁找不到棍。/想打狗，棍棒有。/欲加之罪，何患无辞。

26. A wicked man is his own hell.

—An evil person cannot escape the consequences of his own misdeeds.

多行不义必自毙。

27. A cock is crouse on his ain midden. Or a cock is valiant(or bold) on his own dunghill.

—It is easy to brag of your deeds in your own home when safe from danger, as your courage is not likely to be tested. Also see “Every cock crowns on its own dunghill.”

公鸡总在自家的粪堆上称雄。/狗是百步王，只在门前狠。/夜郎自大。

[注] crouse：（苏格兰）大胆的。ain：（英方）自己的。此谚语讽喻某些关在屋子里称霸的人。

28. A full cup must be carried steadily.

杯满须端稳。/器满则溢。

[注]指人在得意时不可忘乎所以。

29. A cat in gloves (or mittens) catches no mice.

—See “The cat in gloves catches no mice.”

戴手套的猫捉不住老鼠。/ 老猫戴手套，老鼠捉不到。/不下苦功夫则一事无成。

[注]意指不愿吃苦的人，成不了大事业。

30. A young idler, an old beggar. Or a young man idle, an old man needy.

—See “An idle youth, a needy age.”

少时懒散，到老要饭。

31. A little pot is soon hot.

—A small person is quickly annoyed./ Little people or minds are soon angered.

壶小易热，量小易怒。/器小易盈。

32. A worm may (or will) turn.

—See “Even a worm will turn.”

毛毛虫也会翻身。/兔子急了也会咬人一口。

[注]弱者被逼过甚，也会反抗。

33. A contented mind is a perpetual (or continual) feast.

—Contentment of mind is the cause of lasting happiness. Also see “Content is happiness.”

知足犹如不散的宴席。/知足常乐。

[注]status quo：（拉丁语）现状，维持现状。

34. A crust is better than no bread.

—Something is better than nothing.

一点面包皮胜似没面包。/聊胜于无。

35. All covet, all lose.

—An inordinate desire may end in getting nothing./ If you try to get too much, you will lose everything.

样样都想要，样样得不到。/贪多必失。

36. An inch breaks no square.

—Small faults must be winked at./ Trifles don't really matter.

矩尺缺一寸仍是矩尺。/小节无伤大雅。/鸡毛蒜皮，无损大局。

[注]意即对小毛小病可以睁只眼闭只眼。

37. All bread is not baked in one oven.

—It signifies that people are different from each other in character.

面包并非都是一炉烤成。/人性各有不同，不能强求一致。/千人千品，万人万相。

38. All the rivers run into the sea; yet the sea is not full.

江河都往海里流，海却不满。/襟怀若谷。

39. A blithe heart makes a blooming visage.

—See "A merry heart makes a cheerful countenance."

心中快乐。脸上开花。/心情欢畅，容光焕发。/人逢喜事精神爽。

[注] blithe：欢乐的，愉快的。visage：脸，面貌。

40. A man is not so soon healed as hurt.

—Misfortunes come suddenly, but their remedies by much slower degrees.

受伤一瞬间，治愈无数天。/灾来如山倒，灾去如抽丝。

[注]意要医治心灵创伤需要很长时间。

41. A rotton apple injures its companions.

—See "The rotton apple injures its companions (or neighbors)."

烂苹果殃及同类。/一只烂苹果，烂掉一大箱。/一粒老鼠屎，带坏一锅粥。

[注]一个恶人可以对别人产生非常坏的影响，

42. An ounce of luck is better than a pound of wisdom.

—Success is sometimes due more to luck than to skill or wisdom.

To be successful in life a certain amount of luck is necessary.

一分运气胜过十分才智。/计谋好不如运气好。

43. An unhappy man's cart is eith to tumble.

—Spoken of an unfortunate man when misfortunes follow him.

人若不幸车易翻。/人若倒霉，喝口凉水也塞牙。

44. A bargain is a bargain.

买卖一言为定。/契约终是契约。/达成的协议不可撕毁。

45. A clean conscience laughs at false accusations.

—A person who knows he has done no wrong is normally stronger than those who falsely accuse him.

只要问心无愧，无端的指责可一笑置之。/白日不做亏心事，半夜敲门心不惊。

46. A fair death honors the whole life.

—A noble death crowns a man's whole life.

死的高尚，一生荣光。/死得其所，流芳千古。

47. A prophet is not without honor, save in his own country, and in his house.

—A deserving prophet ironically often gets his honor in other countries rather than in his own. Also see "Familiarity breeds contempt." 和 "Respect is greater from a distance."

大凡先知，除了在故乡和家里，没有不被尊敬的。/先知不无荣光，只要不在故乡。/先知在故乡，无人敬仰。/本地姜不辣。/墙内开花墙外红。

[注]出自《新约·马太福音》。

48. An ox is taken by the horns, and a man by the tongue.

—A reflection upon one who has broken his word to us.

擒牛在角，揪人在舌。/牛因角被逮，人因舌遭殃。

[注]此谚语是对不履行诺言的人的指责。

49. A baited cat may grow as fierce as a lion.

—See "Even a worm will turn."

被钩住的猫会变得和狮子一样凶狠。/上钩的猫儿凶如狮。/兔子急了也会咬人一口。

50. A burden of one's own choice is not felt.

—See "The burden of one likes is cheerfully borne."

自选的担子不觉得重。/自己的孩子背着不累。

[注]意为喜欢干的事情干起来不觉得累。

51. A watched pan is long in boiling. Or a watched pot never boils.

—Watching and anxiety won't hasten matters./If one waits for an event to mature, the time of waiting seems endless. It is said as a mild reproof to one who is showing impatience.

守着水壶水难开。/心急水不沸。

[注]意即凡事越焦急越觉得慢。

52. As long as you serve the tod, you must bear up his tail.

—When you have engaged in any man's service, you must mot think yourself too good for anything he employs you in.

只要你为狐狸效劳，就得忍受它的臊气。/被人雇去做事，哪能挑三拣四。/端人碗，受人管。

53. A candle lights others and consumes itself.

蜡烛照亮了别人，燃尽了自己。

54. A little help is worth a deal of pity.

—See "Actions speak louder than words."

一些小帮助胜过大量怜悯。/一次行动胜过一筐空话。

55. All is lost that is put into a riven dish.

—All is lost that is bestowed on an ungrateful person.

破盘子盛什么东西都漏光。

[注]意即把东西给不领情的人等于白给。

56. All they that take the sword shall perish with the sword.

凡动刀的，必死在刀下。/玩火者必自焚。

[注]出自《新约 •马太福音》第 26 章第 49-51 节：Then said Jesus onto him. Put up again thy sword into his place: for all they that take the sword shall perish with the sword.

57. All things whatever ye would that men should not do to you, do ye even not to them.

—Do not do to others what you do not want done to yourself.

己所不欲，勿施于人。

58. A barking dog is better than a sleeping lion.

—A barking dog seldom bites; but a sleeping lion may wake up and attack at any moment. / One who reveals his motive is much less dangerous than one conceals his intentions.

犬吠比睡狮好。/犬吠不咬人，睡狮须提防。

[注]意为不露声色者比夸夸其谈者更具危险性。

59. A clear (or good) conscience is a sure card. Or a clean conscience laughs at false accusations.

—See "A clean conscience laughs at false accusations."

不做亏心事乃万全之策。/凭良心做事是万全之策。/心平过得海。/心安茅屋稳。

[注]sure card：万全之策。

60. A close mouth catches no flies.

—A person who talks carelessly exposes himself to trouble. Also see "Into a shut mouth flies fly not."

嘴唇紧闭，苍蝇难进。/嘴紧不招祸。/病从口入，祸从口出。

[注]来自意大利语 in bocca serrata mai non entra mosca, 或西班牙语 en boca cerrade no entran moscas.

61. A small leak will sink a great ship.

—A flaw in something can cause the ruination of the whole. /Any damage should be repaired as soon as it occurs; if it is neglected, it will quickly become much worse and may cause great destruction.

小洞不堵沉大船。/千里之堤，溃于蚁穴。

62. A stitch in time saves nine.

—A timely remedy saves a great deal of trouble. / Slight repairs in season will save great ones afterwards.

一针及时省九针。/一针不补，十针难缝。/小洞不补，大洞吃苦。

63. A stumble may prevent a fall.

—A small mishap may alert a person to greater danger that lies ahead and so enable him to avert it.

小蹶可防大跌。/ 小惩大戒。

64. All truth is not always to be told. Or all truth is not to be told at all times. Or all truths are not (always) to be told.

并不是在任何情况下都可以说真话的。/ 逢人说话留三分，不可全抛一片心。

65. An ounce of discretion is worth a pound of learning.

一盎司谨慎抵得上一英镑学问。/ 一份谨慎抵得上十二分学问。

[注]极言谨慎从事的重要性。

66. At open doors dogs come in.

—And so will thieves and impertinent persons.

门开狗入室。/ 家门不关，狗往里钻。/ 慢藏诲盗。

67. A bad custom is like a good cake, better broken than kept.

—It is better to get rid of a bad habit, for which is like a good cake that will soon go stale if kept too long.

好糕点，莫保留；坏习气，要戒除。/ 好糕点趁早吃，坏习气趁早改。

68. A buxom widow must be either married, buried or shut in a convent.

丰满漂亮的寡妇要么再嫁，要么死掉，要么关进修道院。/寡妇门前是非多。

69. A cold hand and a warm heart.

—See "His bark is worse than his bite."

外表冷淡心肠热。/刀子嘴，豆腐心。

70. A dog that will fetch a bone will carry a bone.

狗能把骨头衔来，也能把骨头衔走。/对你说人家坏话的人也会说你的坏话。/来说是非者，就是是非人。

[注] dog：搬弄是非者。

71. A hedge between keeps friendship green.

—Friendship can be lasting if not over indulged. Also see "Familiarity breeds contempt."

淡交使友谊长青。/君子之交淡如水。

72. A nod is as good as a wink to a blind horse.

—If a person doesn't wish to understand you, he will certainly pretend not to understand./ However obvious a hint or suggestion may be, it is useless it the other person is unable to see it.

对瞎马点头就等于对它眨眼。/别人不理会，再说也无用。/ 稍加暗示，心领神会。

[注]意即一个人不愿意或者不能理解别人的意思或暗示，别人说的再明白也是枉然。/本谚还表示一个人的话说的再含糊，但总会有所暗示，别

人也能理解。

73. After scorning comes catching.

—See “Mocking is catching.”
笑人者，落人笑。/ 笑人前，落人后。

74. Ale will make a cat speak.

—See“Good ale will make a cat speak.”
老酒能叫猫开口。/猫喝了酒也要开口说话。/酒后话多。

75. A kind word is never lost.

—A kind word said to a person will always be remembered by him.
对人一句好言，被人永记心间。/好话一句三冬暖。

76. Although all shall be offended, yet will not I.

即使众人都背叛你，我仍然跟着你。/ 海可枯石可烂，此心永不变。
[注]出自《新约・马可福音》第14章第27-29节：But Peter said them: “Although all shall be offended, yet will not I.”
彼得说：“即使众人都背叛你，我仍然跟着你。”

77. A penny soul never came to two pence.

一便士胆识，攒不成两便士。/燕雀之志，成不了大志。/气量狭小难成大事。/斤斤计较少有成功。

78. A smooth sea never made a skillful mariner.

平静的大海从来也没造就过熟练的水手。
[注]意为只有艰苦的环境才能磨练人。

79. A blind man cannot judge colors.

盲人判别不了颜色。/盲人不辨色。

80. A burnt child (or brain) dreads the fire.

—A child that has burnt himself while playing with fire will always be afraid of it in the future. /It is painful experience that teaches children and old people, where danger lies. Also see “Once bitten, twice shy.”
烧伤过的孩子怕火。/ 一朝被蛇咬，十年怕井绳。
[注]意为痛苦的经历是不会立刻忘记的。

81. A colt you may break, but an old horse you never can.

—It is easy to teach young people, but not the aged. Also see “You cannot teach an old dog new tricks.”

小驹易驯，老马难教。

82. A creaking door (or gate) hangs long on its hinges. Or a creaking cart goes long on the wheel.

—Those who are weakly or who complain of ill health, often out live the more robust. Also see “An ill stake stands longest.”

吱嘎作响的门（车子）用的时间反倒长些。/ 病夫多长寿。/ 小病是长寿的伴侣。

[注]意为无病可能暴死，久病多半命长。

83. A fox is not taken twice in the same snare.

狐狸不会被同一条套索套住两次。

84. A high building, a low foundation.

楼高地基深。/ 艺高功夫深。/ 冰冻三尺，非一日之寒。

85. A ragged colt may make a good horse.

—A person who lacks promise or is disreputable in his youth may mature into a reliable and worthy man.

丑驹或能成骏马。/ 后生可畏。

86. An old bird is not to be caught with chaff.

—See “Old birds are not (to be) caught with chaff.”

谷壳捉不到好鸟。/ 鸟儿一老，谷糠诱不了。/ 练达之士难骗。

[注]意为老人见多识广，难以欺骗。

87. An old man in the house is a good sign.

—Old men are fit to give wise counsel.

家中有老人，是个好征兆。/ 家有老，是个宝。

[注]指老年人见多识广；家中有老人则可以随时得到请教。

88. Avoid the ford on which your friend was drowned.

—It is wise to draw a lesson from other people’s misfortune.

朋友溺水处，涉水应却步。/ 勿蹈他人覆辙。/ 前车覆，后车鉴。

89. A man’s foes shall be they of his own household.

人的仇敌就是自己家里的人。/ 后院起火。/ 祸起萧墙。

90. A great man cannot brook a rival.

大人物容不得对手。/两雄不并立。/一山难容二虎。

[注]brook：容忍，忍受（用于否定结构）。

91. All meat pleases not all mouths.

—What one does not like, another does.

众口难调。/百人吃百味。

92. A bad workman (always) blames(or quarrels with) his tools.

—A careless or unskilled worker blames his tools to excuse himself for bad work, whereas it is his own carelessness or lack of skill which is really to blame.

拙匠常怨工具差。/人笨怪刀钝。/劣工咎器。/不会撑船怪河弯。

93. A new broom sweeps clean.

—An old broom may leave a little dust in the corners, whereas a new one leave nothing as it was. / Those newly appointed to an office are as a rule very zealous and sometimes ruthless in sweeping away old customs. / A person who is new to a job always works enthusiastically at first.

新扫帚，扫干净。/ 新官上任三把火。

94. A man cannot serve two masters.

一个仆人侍候不了两个主人。/一仆不侍二主。

95. A man cannot spin and reel (or weave) at the same time.

—One cannot do two things well and properly at the same time.

纺纱绕线（或：纺纱织布）同时干，此事无人能够办。/一心不能二用。

96. A man of many trades begs his bread on Sunday.

—A man of many trades seldom thrives so well as he that sticks closely to one.

艺多不精不养身。

[注]指手艺杂而不精的人只能勉强糊口，不干活就没饭吃。

97. Among the blind the one-eyed man is king.

—Among blind people a one-eyed man is superior to all others; though a one-eyed man is pitied for his misfortune by two-eyed people. / Among people of inferior ability, an average person is pre-eminent.

盲人国里，独眼称王。/ 山中无老虎，猴子称大王。

98. As good be hanged for a sheep as (for) a lamb.

—See “As well be hanged for a sheep as (for) a lamb.”

偷大羊、偷小羊都得被绞死。/偷笑不如偷大。/一不做，二不休。

99. A mouse in time may bite in two a cable.

—It is spoken to encourage a person to persevere at what he is doing.

耗子能咬断缆绳，人更需持之以恒。/只要功夫深，铁杵磨成针。

100. A foul morn (or morning) may turn to a fair way.

—A cloudy morning may be followed by a fine day. / A bad beginning may not indicate a bad ending.

坏天可能变好天的/塞翁失马焉知非福

101. All is well that ends well.

—Fears and anxieties are forgotten if one's aim is reached. / An enterprise is to be judged by its issue or result, and not by the difficulties or misfortunes that may occur in its course.

结局好就一切都好。

102. An army marches on its stomach.

—An army cannot march, or fight, unless it is fed. Supplies of food are as important to an army as arms and equipment.

兵马未动，粮草先行。

103. All is fish that comes to his net.

—The fishermen can make use of every kind of fish that catches, large and small, course or tender. / One is willing to deal in anything out of which one can make a profit. The proverb also reminds us to make use of every opportunity that comes our way.

进网的都是鱼。/到手的都要。/来者不拒。/抓到篮里便是菜。

[注]此谚语也用来提醒人们要善于利用机会。

104. An hour in the morning before breakfast is worth two all the rest of the day. Or an hour in the morning is worth two in the evening.

—If you want to have something done, do it in the early morning when you are fresh and energetic.

一日之计在于晨。

105. As the wind blows, you must set your sail.

—Choose the best time for doing anything. / Take advantage of favorable circumstances to act at once, when the action will have the most effect.

趁风扬帆。/ 有利时机须抓紧。/ 趁热打铁。

106. A soft answer turns away wrath.

—Speak gently to a person who is very angry with you and then his angry will be turned away from you, or come to an an end.

婉言可盛怒。/ 好言好语消怒气。

107. A man may lead a horse to the water, but he cannot make him drink.

—See "you can bring an ass (*or* take a horse) to the water, but you cannot make him drink."

人可牵马至水边，强行饮马却万难。

108. A place for everything, and everything in its place.

每样东西都有一定地方，样样东西放在固定地方。/各得其所，才能有条不紊。

109. A rolling stone (*or* rolling-stone) gather no moss.

—A person who frequently changes his occupation does not become rich; just as a stone that never stays long in one place gives no chance for moss to grow on it.

滚石不生苔，改行不聚财。/见异思迁，终无所获。

110. Advise is like medicine, the better it is, the nastier to take.

—See "Bitter pills may have sweet (*or* blessed; *or* wholesome) effects."

良药苦口，忠言逆耳。

111. And great was the fall of it.

（房屋）塌下来很快。/墙倒众人推。

[注]出自《新约 •马太福音》第 7 章第 24—27 节：And every one that hearth these sayings of mine, and doeth them not, shall be likened unto a foolish man, which built his house upon the sand: and the rain descended, and the floods came, and the winds blew, and the beat upon that house; and it fell: and great was the fall of it. 凡听见我这话不去行的，好比一个无知的人，把房子盖在沙土上。雨淋，水冲，风吹，撞着那房子，房子就倒塌了，并且倒塌得很大。

112. A growing youth has a wolf in his belly.

—He is a great eater.

小伙子正发育，吃起饭来像饿狼。

113. A living dog is better than a dead lion.

—Anything living is superior to anything dead. / The meanest thing with life in it is better than the noblest without.

活狗总比死狮子强。/死狮子不如活狗。/好死不如赖活着。

114. Abstinence is the best medicine.

—It is spoken to persuade people to hold themselves back from or be moderate in food, drink or enjoyment.

节制有度是良药。/饮食知节疾病少。

115. Agues come on horse back, but go on foot.

—Sickness comes rapidly but leaves slowly.

疟疾策马而来，缓步而去。/病发容易病好难。/病来如山倒，病去似抽丝。

116. An empty bag cannot stand upright.

—See “An empty sack cannot stand upright.”

空袋子放不直。/人是铁，饭是钢，一顿不吃心发慌。/人无德行难存世。/体质衰弱难长久。

[注]袋子只有装上面粉方能放得直，人只有吃了面包才能维持生命。此谚语以“An empty bag” 喻指无德行和体衰者。

117. A light purse is a heavy curse.

钱包轻则祸殃重。/为人无钱处事难。

118. As the touchstone tries gold, so gold tries men.

试金石试金，金钱试人。/人用钱试，金用火试。

119. A barley-corn is better than a diamond to a cock.

对公鸡来说麦粒胜过钻石。

[注]意为需要的便是最好的。

120. A good pawn never shamed his master.

—See “A fair pawn never shamed his master.”

公平的典当不丢脸。/典当好，面子保。

121. A drunkard’s purse is a bottle.

—He spends all his money drinking.

酒鬼的钱包是酒瓶。/ 酒鬼钱在身，就往酒里扔。

122. A hungry dog will not cry, if you beat him with a bone.

—See “A dog will not howl of you beat him with a bone.”

肉骨头打狗狗不嗥。/只要有好处，挨揍也不哭。

123. A nod is as good as a wink to a blind house.

对瞎马点头和眨眼都一样无用。/别人不理会，再说也无用。/瞎子点灯，白费蜡。

124. An American will go to hell for a bag of coffee.

美国人为了一袋咖啡连地狱都愿意下。

[注]此谚语带有明显的民族偏见。

125. An empty hand is no lure for a hawk.

—You must not expect to receive anything without giving a return.

空手难诱老鹰来。/ 舍不得家财，换不回外财。

126. A blate cat makes a proud mouse.

—When parents and masters are too mild and easy,it makes their children and servants too saucy and impertinent.

猫儿腼腆，老鼠翻天。/猫儿害臊，耗子高傲。

[注] blate：腼腆的，害羞的。此谚语实指父母太和气，孩子便淘气；主人宽容，仆人无礼。

127. A pet lamp makes a cross ram.

受宠的小羊会变成性情暴躁的公羊。/羊羔放纵，他日蛮横。

[注]意为父母若对孩子过于宠爱、放纵，孩子成人后便会性情暴躁、蛮横无理。

128. A tree must be bent while it is young.

—See "Best to bend while' tis a twig."

扶正树木当在树嫩之时。/育树在苗。/育人当在幼小时。

[注]育树在苗，育人在幼。人老了就学不会，也改变不了了。

129. As the twig is bent so the tree is inclined.

—See "Just as the twig is bent, the tree is inclined."

苗歪树不直。/枝曲而树弯。/从小偷针，长大偷金。

[注]意为育人在幼。若青少年期受到不良影响，成人后亦会走上邪路。

130. A black hen lays a white egg.

—A foul woman brings forth a fair child.

黑鸡下白蛋。/丑妇生俊儿。

[注]来自法语 "Noire geline pond blanc oeuf."

131. A husband must be deaf and the wife blind to have quietness.

—It is not possible for a married couple to live together without ever disagreeing or quarreling.

夫聋妻子瞎，方有安宁家。

[注]意指夫妻之间不可能没有分歧或争吵。

132. A good Jack makes a good Jill.

夫贤则妻慧。

133. A life without a friend is a life without a sun.

人生没有朋友，犹如生活没有阳光。

134. As a wolf resembles a dog, so a flatterer a friend.

犹如豺狼类犬，媚者亦类友。/正如豺狼像狗，马屁精也像朋友。

135. A bad bush is better than the open field.

—Better to have a bad friend or relation than to be quite desert tute.

稀疏的灌木丛胜过不毛之地。

[注]意即亲朋虽不如意，却强似无亲无友。

136. All Stuarts are not sib to the Kings.

—Spoken when people boast of some great man of chair name.

与国王同姓者不都是皇亲国戚。

137. A dog will not howl if you beat him with a bone.

—If you want to punish someone, you won't do something he enjoys./ People will hear easily some rough treatment if they see their advantage in it.

肉骨头打狗狗不嗥。/肉包子打狗一去不回。

[注]指欲惩罚某人，不能做使他高兴之事；亦指某人虽受虐待，但只要能从中得到好处，他就会忍耐。

138. A good dog deserves a good bone.

—A person who has performed a meritorious act deserves an adequate reward.

好狗该啃好骨头。/ 立功者应受奖。

139. An Englishman's house is his castle.

—An Englishman can do as he likes in his own home and nobody may enter it without his permission. In former times, so long as a man shuts himself up in his own house, no bailiff can break though the door to arrest him or seize his goods. Also see “A man’s house is his castle.”

英国人的住宅就是他们的城堡。/英国人的家像独立王国。

[注]按照英国的法律和习俗，任何人不得擅自进入别人的住宅。

140. A cat may look at a king.

—Even the most humble person may look at a great man, so long as he tries to do no harm. /Even the lowest rank of people have some rights.

猫也有权看国王。

[注]此谚语意为小人物也该有一些权利。出自英国一首童谣：A cat may look at a king, and surely I may look at an ugly thing.（小猫可以看看国王，当然我也可以把丑事细细端详。）

141. A cheerful look makes a dish a feast.

脸上笑嘻嘻，便饭成筵席。

[注]意在劝人礼貌相待，和睦相处。

142. A man of straw is worth of a woman of gold.

—See “A man is a man thought he have (or has) but a hose on his head.”

稻草男儿抵得上金玉女子。

[注]此谚语充满大男子主义色彩，是性别歧视在英谚中的反映。

143. A woman, a dog and a walnut tree, the more you beat them, the better they’ll be.

女人、小狗与胡桃，越打越好。

144. A beggar may sing before a footpad.

—See “The beggar may sing before the thief.”

乞丐尽可在拦路贼面前高唱。/ 光棍不怕抢。

145. A good tree is a good shelter.

—A great man may provide protection.

大树底下好乘凉。/ 朝中有人好做官。

146. A young twig is easier twisted than an old tree.

—Teach children when they are young, for “you can’t teach an old dog tricks.” Also see “Best to bend while’ tis a twig.”

嫩枝易弯，大树难扳。/ 树小扶直易，树大扳直难。

147. A man’s house is his castle.

—See "An Englishman's house (or home) is his castle."
住房是一个人的城堡
[注]从前英国人只要把自己关在家里，法警便不能破门而入，去抓人或没收其财产，故有此谚语。

148. A miss is as good as a mile.
失之毫厘，差之千里。

149. All is fair in love and war.
—Love and war do not follow the ordinary rules of life. No tactics are considered dishonest when the winning of women or a battle is at stake. /It is quiet fair to play cunning and even dishonest tricks on one's rivals in love and on one's enemies during a war.
情场战场。各显其长。/兵不厌诈，情不厌欺。
[注]指恋爱和战争都可以不择手段。

150. A little given seasonably excuses a great gift.
小礼品，合时宜，抵过送重礼。
[注]此谚语反映了英美人送礼的习俗，礼品重在适宜，不在价高。

151. A man's hat in his hand never did him any harm.
—Taking your hat off in the company of others (esp. indoors) is considered good manners./ It never hurts to be polite.
帽子拿在手，害处绝没有。/礼多人不怪。
[注]西方人脱帽是一种礼节，故有此谚语。

152. A good medicine tastes bitter.
—It tastes bitter, but it has wholesome effect. Often spoken to ask a person to take unpalatable advice that benefits conduct.
良药苦口。/良药苦口利于病，忠言逆耳利于行。

153. All are not thieves that dogs bark at.
—See "never judge by appearances."
狗咬的不一定都是贼。/狗所吠的不见得都是小偷。
[注]此谚语劝诫人们不要以貌取人，相貌丑陋其性未必恶。

154. All flesh is grass.
人尽如草，终必枯亡。/众生如草木，最终皆枯亡。

155. A bow long bent grows weak. Or a bow long bent at last waxes weak.

—It is spoken to advise people not to overwork themselves.

弓拉长久会变松。/人累长久身必垮。/人不是铁打的。

[注]此谚语劝诫人们不能过于劳累。

156. A chain is no stronger than its weakest link.

—The weakness of even one link in a chain is fatal to the strength of the whole. Spoken to advise people to try to remove a weak point rather than to rely on the strong points. Also see "The strength of a chain is its weakest link."

一环薄弱，全链不强。/一环薄弱全局垮。/千里之堤毁于蚁穴。

[注]此谚语常指一个破绽使整个论点站不住脚。意在劝人修正错误。

157. An artist lives everywhere.

艺人处处可安家。

158. A dog has his (or a)day.

—See "Every dog has his(or its)day."

凡人皆有得意之日。/人人都有走运的一天。

159. A little fire burns up a great deal of corn.

—A warning not to neglect something that seems only a little harmful but will actually cause great damager or destruction.

小火也会酿成大灾

160. A little fire is quickly trodden down.

星星之火，一扑即灭。

[注]出自莎士比亚（William Shakespeare）：《亨利六世》（*King Henry the Sixth*）。此谚语告诫人们应将事故消灭于萌芽状态之中。

161. A little leak will sink a great ship.

—See "A small leak will sink a great ship."

小漏沉大船。/千里之堤，毁于蚁穴。

162. A pot (oft) sent to the well is broken at last.

—See "The pitcher goes often to the wall(but is broken at last)."

瓦罐常汲水，最终要破碎。/瓦罐终归井上破，只因汲水次数多。

[注]意为长期成功总有失败的一天，长期作恶总有落网的一天，长期表演总有失误的一天。

163. A single spark can start a prairie fire.

—A small, seemingly insignificant event may lead to an event of great significance. Also see “Little chips light great fires.”

星星之火，可以燎原。

164. After black clouds, clear weather.

—See also “After a storm (comes)a calm.”

乌云过后是晴天。/时来运转好景回。

165. All rivers run into the sea.

—All rivers do what they can for the sea. Also see “All roads lead to rome.”

条条江河归大海。

166. Apothecaries would not sugar their pills unless the were bitter.

药不苦老板是不会把药丸裹上糖衣的。

[注]意为除非遇到不愉快的事，否则是不会采取措施的。apothecary：药剂师，药房老板。

167. As they sow, so let them reap.

—See “As you sow you shall mow.”

谁播种，谁收获。/种瓜得瓜，种豆得豆。

168. As you brew, so shall you drink(or so you must drink).

—You have to endure what your conduct has brought about./You must take the consequences of your actions.

自己酿的酸酒自己喝。/自作自受。/自食其果。

169. A bushel of March dust is worth a king’s ransom.

—Fine, dry weather in March is valuable as an aid to agriculture. The allusion is to the fact that in England the fine for murder used to be proportioned to the rank of the person killed. The lowest is ￡10, and the highest ￡60；The former was the ransom of a churl, and the latter of a king.

三月一斗尘，价值国王身。/三月干燥多风，庄稼定能丰收。

[注]英伦三岛若是三月里干燥多风，当年庄稼必定丰收。a king’s ransom：巨款。古时英国对杀人者处以罚金，数额按被害者身份而定，出身低微者 10 英镑，国王 60 英镑。

170. A dog in the morning, sailors take warning; A dog in the night is the

sailor' delight.

—A sun-dog in nautical language is a small rainbow near the horizon.

彩虹出天际，水手心事重；夜间见彩虹，水手乐哈哈。/朝虹雨，夕阳情。

171. A dry May and a dripping June, bring all things into tune.

—If May is dry and June is wet, not only farm crops but also flowers do best.

五月晴，六月雨，百花齐放，万物茂盛。/五月干，六月湿，五谷丰登气象新。

172. A green Christmas (or Yule) makes a fat churchyard (*or* kirkyard).

—A mild winter brings about a lot more diseases and thus death than a cold one.

冬天暖洋洋，来年丧事忙。/一冬不见雪，墓园忙不迭。

[注] kirkyard：(*scot.*) churchyard（教堂墓地）

173. A windy March and a rainy April makes a beautiful May.

—See "March winds and April showers bring forth may flowers."

三月风四月雨，五月百花繁似锦。

174. All the month in the year curse a fairy Februeer.

—Good weathers in February is regard as an unfavorable symptom of what is to come in the year.

二月无雨雪，全年无好天。

[注] Februeer：二月。

175. A burnt child dreads the fire.

一朝被蛇咬，十年怕井绳。

176. Adversity is a good discipline.

苦难是磨练人的好机会。

177. Adversity leads to prosperity.

逆境迎向昌盛。

178. A book is the same today as it always was and it will never change.

一本好书今天如此，将来也如此，永不改变。

179. (A) man is known by his look.

由一个人的外表可以判断一个人。/有其表，则有其里。

180. (A) threefold cord is not quickly broken.

三股绳就不易折断。/团结就是力量。

[注]出自《旧约 • 传道书》第 4 章第 9—12 节：Two are better than one; for if they fall, the one will lift up his fellow; but woe to him that is alone when he falleth; for he hath not another to help him up. And of one prevail against him, two shall withstand him; and a threefold cord is not quickly broken.

两个人总比一个人好，若是跌倒，这个人可以扶起他的同伴；若是孤身跌，没有别人扶起他来，这人就有祸了！三股合成的绳子不容易折断。

181. (A) workman that is a drunkard shall not be rich.

一个好喝醉的工人，不会致富。/玩物丧志。

182. (A) millstone were hanged about his neck.

把石磨挂在脖子上。/重罚可治恶。

[注]出自《新约 •路加福音》第十七章第 1-2 节：It were better for him that a millstone were hanged about his neck, and he cast offend one of these little ones. 把一块磨石套在她的颈上，投入海中，比让他引这些小子中的一个跌倒，为他更好。

183. Better a glorious death than a shameful life.

—If one has the choice between living in shame and degradation and dying in glory, it is better to die.

与其忍辱偷生，不如光荣牺牲。/宁为玉碎，不为瓦全。

184. Boast not thyself of tomorrow: for thou knowest not what a day may bring forth.

不要夸明天，因为连今天将发生什么事难预料。/世事难料。务脚踏实地，一步一个脚印做好眼前的事。/勿好高骛远，耽于幻想。

185. Bad news has wings. Or bad news travels quickly.

—Bad news is soon spread out as if it had wings to fly with./ Misfortune quickly gets known.

噩耗有翅。/坏消息传得快。/好事不出门，坏事传千里。

186. By learning you will teach, by teaching you will learn.

学然后可以教，教亦可以学。/教学相长。

187. Be not faithless, but believing.

不要迷惑，要相信。/ 信则灵，不信则不灵。

188. Beauty is but skin-deep.

美貌只是一层皮。/ 不可以貌取人。

189. Beauty, unaccompanied by virtue, is as a flower without perfume. Or beauty without virtue is a rose without fragrance.

—A beautiful but virtueless woman is like a rose without sweet and pleasant smell. She has an attractive face but an immoral heart.

美而无德，犹如花之无香。/ 绣花枕头稻草芯。

190. Beard the lion in his den.

—Defy someone in his own stronghold face to face./ Oppose him openly and personally.

老虎洞里捋虎须。/太岁头上动土。

191. Better die standing than live kneeling.

—See also “Better a glorious death than a shameful life.”

宁可光荣死，不可耻辱生。

192. Better to wear out than rust out.

—It is better to wear oneself out with hard work than to become feeble through laziness and inactivity.

与其锈坏，不如用坏。/与其闲死，不如忙死。

193. Beggars’ bags are bottomless.

—Beggars are never satisfied; even if one person gives them something, they still ask the next person, and the next.

乞丐的口袋没有底。/叫花子的口袋是无底洞。/乞丐永无满足时。

194. Black will take no other hue.

—It intimates the difficulty of reclaiming perverse people.

黑色再染不上其他颜色。/坏人难感化。

195. Bad luck always comes in threes.

恶运总是接踵而至。/祸不单行。

196. Better a little fire to warm us, than a great one to burn us.

—See “Better a wee fire to warm us than a mickle fire to burn us.”

宁要小火烘烤，不要大火烧焦。/宁要小火暖身，不要大火灼人。/凡事过则必伤。

[注]意为小富安全，大富招险。

197. Better bend (or bow) than break.

—It is often wise to give way to the wishes of others, especially to the wishes of those in authority, for to oppose them might bring rain upon oneself.

屈身比碎身强，谦让比逞强好。/宁可委曲求全，不可惹祸杀身。/人在矮墙下，不得不低头。

198. Better cut the shoe than pinch the foot.

与其让鞋子紧脚，不如将鞋子剪开。/恶狗扑来，不能心疼肉包子。

[注]意为为了整体利益，应甘于舍弃局部利益。

199. Beads about the neck, and the devil in the heart.

—See "The cross on his breast and devil in his heart."

颈挂佛珠，胸怀鬼胎。/菩萨嘴，蛇蝎心。

200. Bees that have honey in their mouths have stings in their tails.

蜜蜂口中有蜜，尾巴有刺。/蜜罐子嘴，秤钩子心。/嘴儿蜜蜜甜，心头揣把锯锯镰。

201. Be swift to hear, slow to speak.

—One should listen carefully to what others say and only speak after careful thought.

敏于听而缓于言。/ 多听少说。

202. Better ask twice than lose your way once.

—See "Better to ask the way than go astray."

宁可问路两次，不愿迷路一次。

203. Better to slip with the foot than with the tongue.

—See "Better the foot slip than the tongue (trip)."

宁可失足滑倒，不可随口失言。/ 宁可滑了腿，不可溜了嘴。

204. Because they were as sheep not having a shepherd.

因为他们像一群没有牧人的羊。/家在一主，兵在一将。/蛇无头不行，鸟无翅不飞。

[注]出自《新约 •马可福音》第 6 章第 33-34 节：And Jesus, when he came out, saw much people, and was moved with compassion toward them, because they were as sheep not having a shepherd: and he began to teach them many things.

耶稣一下船，看见一大伙群众，就对他们动了怜悯的心，因为他们好像没有牧人的羊，遂开口教他们许多事。

205. Better be the head of a pike than the tail of a sturgeon.

—See "Better be the head of an ass than the tail of a horse."

宁为蛇头，不为龙尾。

[注]pike：梭鱼，一种生长在江湖之中，以鱼为食的大鱼。Sturgeon：鲟鱼，一种大鱼，可食，可制成果子酱和鱼胶。

206. Between two stools one falls (or **you fall) to the ground. Or between two stools the breech cometh to the ground.**

— A person who cannot decide which of two courses to follow, or who tries to follow two courses at the same time, may fail to follow either. Also see "If you run after two hares（at once) you will catch neither."

身坐两凳，终坠于地。/脚踏两只船，必定要落水。/犹豫不决，必两头落空。

207. Better the last smile than the first laughter.

—See "He laughs best who (or that) laughs last."

最后的微笑胜过最初的大笑。/ 笑在前不如笑在后。

208. Be not curious in unnecessary matter.

不要好奇地追究那些你并不需要的事物。/钻牛角尖于事无补。

209. Better be the head of a cat(or **dog; or fox;** or **lizard;** or **mouse) than the tail of a lion.**

—See "Better be the head of an ass than the tail of a horse."

宁为犬首，不做狮尾。/ 宁为蛇头，勿为牛后。

[注]意为在小单位当头目也胜过在大单位当差役。

210. Better wear out shoes than sheets.

—Sound men wear out shoes, sick men sheets.

宁可穿破鞋子，也不可磨破床单。

[注]“穿破鞋子”指健康人经常运动；“磨破床单”则指病人长期卧病在床。

211. Better sense in the head than cents in the pocket.

—Wisdom is better than wealth.

囊中有钱不如才智在胸。/有财富不如有才智。

212. Borrowing dulls the edge of husbandry.

告贷令人忘记节俭。

[注]出自莎士比亚《哈姆雷特》（*Hamlet*）第一幕三场。husbandry：（古）节俭；节约。

213. Better small fish than empty dish.

—A small advantage is better than none.

盘中鱼虽小，总比空盘好。/ 聊胜于无。

214. Better some of a pudding than none of a pie.

—Something is better than nothing.

有一点布丁总比没有馅饼好。/ 有点儿总比没有强。/ 聊胜于无。

215. Better to have one eye than be blind altogether.

独眼龙强似双眼瞎。/ 独眼总比全瞎好。/两害相权择其轻。

216. Bring a cow to the hall and she'll run to the byre.

—Spoken by high-ranking people who think people of mean breeding do not take to, or fit in a more honorable station.

牵牛到大厅，牛朝牛栏奔。

[注]指出身卑微者，适应不了也不会接受崇高的职位。此谚语反映资本主义国家上层人士的门第观念。

217. Better without gold than without friend.

宁可没有黄金，不可缺少友人。/友情胜过黄金。

218. Birds of a feather flock together.

—Birds of the same king collect in flocks. /People of similar taste, habit of interest like to associate with one another and become friends. /Like is attracted towards like.

物以类聚，人以群分。

219. Better an empty house than an ill tenant.

宁让屋空，不赁恶客。

220. Blood is thicker than water.

—Relationship has a claim which is generally acknowledged. It is better to seek kindness from a kinsman than from a stranger.

血浓于水。/亲人总比外人亲。/自己人总是自己人。/亲戚远来香，隔房高筑墙。

221. Blood must atone for blood.

血债要用血来还。/以命抵命。

222. Between us and you there is a great gulf fixed.

你我之间有一道鸿沟。/ 两座山难到一块儿。

[注]出自《新约·路加福音》第 16 章第 25-26 节：And besides all this, between us and you there is a great gulf fixed; so that they which would pass form hence to you cannot; neither can they pass to us , that would come form thence. 不但这样，并且在你我之间，有深渊限定，以致人要从这边过到你们那边是不能的，要从那边过到我们这边也是不能的。

223. Beauty fades like a flower.

—Physical beauty is transient. Also see "The fairest rose at last is withered."

色衰如花谢。/花易谢，美难长。

224. Butter is mad twice a year.

—Butter is said to be mad twice a year: once in summer when it is too thin and fluid; and once in winter when it is too hard and difficult to spread.

黄油肆虐，一年两次。

[注]指黄油夏天变软，冬天变硬。

225. Clothes make the man.

—See "The coat makes the man."

衣着予人风采。/人靠衣服马靠鞍。

226. Cast not your pearls before swine.

莫将珍珠撒猪前。/莫将明珠暗投。/莫要对牛弹琴。

227. Cowards die often. Or cowards die many times before their deaths.

懦夫常丧命。/懦夫一生死多次。

[注]出自莎士比亚《裘力斯凯撒》（*Julius Caesar*）第二幕第二场。凯撒说："Cowards die many times before their deaths; The valiant never tastes of death but once." 此谚语意为懦夫经常想到死亡，故常处于死亡的恐惧之亦谓懦夫遇事怕死。

228. Covetousness breaks (or bursts) the bag (or sack).

—Excessive greed is self-defeating. It will lead to getting nothing in the end.

贪多装的口袋裂。/人心不足蛇吞象。

229. Cadgers are aye cracking of crooksaddles.

—Carriers are always talking of packsaddles./ Professional people tend to talk much of their professions.

驮手开口离不开驮鞍。/三句话不离本行。

[注] cadger：驮手。Crack：闲聊；交谈。Crooksaddle：驮鞍。

230. Credit lost is like a Venice-glass broken.

—Glass can't be mended once broken; credit can't be regained once lost.

镜子破了难修复，信誉丧失难恢复。

231. Chickens come home to roost.

—See "Curses (like chickens) come home to roost."

小鸡总要回家栖息。/咒人反咒己。

[注]此谚语劝诫人们不要诅咒，否则诅咒就像小鸡回家栖息一样，落回到自己的头上。

232. Curses (like chickens) come home to roost.

—Curses fall on the head of the curser, as chickens which stray during the day return to their roost at night./Evil thought of, or done to others generally recoils on the doer's head.

咒人反害己。/诅咒别人，报应自身。/害人终害己。

[注]意即像小鸡傍晚要返回鸡窝一样，诅咒别人，必遭报应。

233. Calamity is man's true touchstone.

—The most telling test of a man's ability and worth comes when he has to face great difficulties. /Disasters are the true test of man's inner strength.

患难是对人的真正试金石。/疾风知劲草，板荡识忠臣。

234. Call a spade a spade.

—Calling things by their proper names without any beating about the bush./Speak truth without being delicate or sensitive.

是啥就叫啥。/直言不讳。/一是一，二是二。

235. Cast no dirt into the well that gives (or has given) your water.

—One should not harm someone who has done one a kindness in the past or from whose help one still benefits.

莫将污物丢进供你用的水井里。/不可忘恩负义。/饮水当思源，过河莫拆桥。

236. Cheapest is the dearest.

—A cheap article may soon wear out and will have to be replaced by another, so it is the most expensive.

最便宜的东西最昂贵。/ 便宜没好货。

237. Count not your chickens before they are hatched.

—See "Don't count your chickens until（or before）they are hatched."

鸡蛋未孵出，先别数小鸡。

[注]意为不可过早乐观。

238. Can two walk together, except they be agreed.

二人若不同心，岂能同行。/道不同，不相为谋。

[注]出自《旧约·阿摩司书》第 3 章第 3 节。

239. Canst thou guide Arcturus with his son?

你能引导北斗星和随它的众星吗?/没有金刚钻，别揽瓷器活儿。/没有弯弯肚子，就别吃镰刀头。

[注]出自《旧约·约伯记》第 38 章第 31—33 节：Canst thou bring forth Mazzaroth in his season? Or canst thou guide Arcturus with his son? Knowest thou the ordinances of heaven? Canst thou set the dominion thereof in the earth? 你能按时领出十二宫吗?你能引导北斗星和随它的众星吗?你知道天的定例吗？能使地归在天的权下吗?

240. Creaking doors hang longest.

—See "A creaking door (or gate) hangs long on its hings."

吱嘎作响的门反用的长久。/小病是长寿的伴侣。

241. Cats eat what hussies spare.

—What is too miserly saved is often spent wastefully by others.

主妇牙缝里省下来的饭菜却喂了猫。/星星点点积攒，常被别人大肆挥霍。

[注] hussies：家庭妇女

242. Clubs are trump.

—Physical force is to decide the matter.

棍棒就是王牌。/武力解决问题。

243. Can a man take fire in his bosom, and his clothes not be burned?

人在怀里揣火，衣服岂能不烧坏呢？/纸包不住火。

[注]出自《旧约·箴言》第 6 章第 27-28 节：Can one go upon hot coals, and his feet not be burned? 人若在火炭上走，脚岂能不烫呢？

244. Constant dripping (or dropping) wears away a stone.

— Constant pressure, even though it is or seems weak, will overcome the strongest opposition.

滴水穿石。/锲而不舍，金石可镂。/只要功夫深，铁杵磨成针。

245. Common fame is seldom to blame.

传闻经常有其音。/无风不起浪。

[注] fame：传闻；谣言。

246. Corn and horn go together.

—When corn is cheap cattle are not dear, and vice versa.

粮贵牛价涨，粮贱牛价落。

247. Cross the stream where it is ebbest

—Things would be easier to do at the right time and in the right place.

过河应走水浅处。

[注]意即做事要选最合适的时间和地点。 ebbest：最浅的。

248. Children suck the mother when they are young, and the father when they are old.

小时候吃娘奶，长大依靠爹。

[注]意为孩子幼小时由母亲照料，长大以后，父亲应负起教育的责任。

249. Distance lends enchantment to the view.

距离使风景更富魅力。/ 远看风景更美。

250. Desires are nourished by delays.

越拖延欲望越强。/ 推延更增欲望。

251. Draw water with a sieve. Or pour water into a sieve.

筛子打水一场空。/筛子盛水一场空。/竹篮打水一场空。

252. Do not hold a candle to the devil.

—Don't aid or countenance that which is wrong for the sake of gain.

莫为魔鬼点蜡烛。/勿助桀为虐。/切莫为虎作伥。

253. Drawn wells are seldom dry.

—All things, especially men's parts, are improved and advanced by use and exercise.

常用的井水不易涸./ 脑子要用，四肢要动。/流水不腐，户枢不蠹。

254. Dogs that put up many hares kill none.

—See "All covet, all lose."

一犬同时追数兔，到头来一无所获。/贪多得，必无获。/多谋寡成。

255. Don't bite off more than you can chew.

—Don't attempt more than you can deal with or succeed in finishing.

不要贪多嚼不烂。

256. Don't trouble trouble till (or until) trouble troubles you.

—See "Never trouble trouble till trouble troubles you."

烦恼没来侵扰，不要自找烦恼。

257. Dogs wag their tails not so much in love to you as to your bread.

—A dog wags its tail not because it loves you, but because it wants to get something to eat. / A person who shows his kindness may have a design to effort.

狗儿向你摇尾巴，它看中的是你手中的面包。/醉翁之意不在酒。

258. Don't cry stinking fish.

—See "Don't make yourself a mouse, or the cat will eat you."

卖鱼的莫说鱼臭。/卖瓜的莫说瓜苦。

[注]cry：沿街叫卖。此谚语意为不能暴露自己的缺点，不能拆自己的台。

259. Draff is your errand, but drink ye would.

—Spoken of those who make an artificial errand into a house where they know people are eating in order to have a free meal.

说的是讨残羹，想的是把酒饮。/口称有事相扰，实想饱餐一顿。

[注]指那些趁人吃饭时找借口想吃喝一顿的人。

260. Dead flies cause the ointment of the apothecary to send forth a stinking savour.

死苍蝇能败坏一碗制香膏者的香膏。/ 一粒老鼠屎坏了一锅汤。

261. Dumb dogs are dangerous.

—Silent dogs are more likely to bite than those that bark./People are more likely to be bit by silent dogs because they don't hear them coming. This is spoken of an outwardly meek person. Because of his reserve his intention cannot be fully known.

哑巴狗最危险。/ 闷头狗，陡下口。

262. Do not look a gift horse in the mouth.

—See “look not a gift horse in the mouth.”

馈赠之马，勿看牙口。

[注]买马以前人们通常先看马齿，借以判断马的年龄。此谚语意为对他人所赠礼品不要检视过苛。

263. Do not rob Peter to pay Paul.

—To repay a debt to one person, do not rob somebody else or even borrow from him; that is not the way to get out of debt./Do not change one duty or need for another. The phrase “to rob Peter to pay Paul ” alludes to the fact that in 1550, when St.Peter’s . Cathedral was joined to the diocese of London again, many of its estates were appropriated to the repairs of St.Paul’s Cathedral. But the saying was common even in the Fourteenth century.

莫借债还债。/不要拆东墙补西墙。/切勿剜肉补疮。

[注]1550 年圣彼得教堂并入伦敦教区，许多财产拨归圣保罗教堂。有人认为此谚出于此，其实早在 14 世纪此谚语已流传于民间。

264. Do not throw the baby out (or throw out the baby) with the bath water.

—The baby is what you are looking after, whereas the dirty water is what you are to throw Out. Be careful not to lose the baby while pouring the bath water./When attempting to make changes, one must be careful to keep the good parts and only do away with the bad parts.

莫把婴儿同洗澡水一起泼掉。/莫把精华当糟粕。/不可良莠不分。

265. Don’t kick away (or down, or over) the ladder by which one rose.

—See “Do not cut down the tree that gives you shade.”

不要上屋蹬梯。/不要过河拆桥。/饮水当思源。

[注]意为不可忘恩负义。

266. Drunkenness reveals what soberness conceals.

—See “What soberness conceals, drunkenness reveals.”

清醒藏真相，醉后吐露光。/酒醉吐真言。/醉是醒时言。

267. Don't cast out the foul water till you bring in the clean.

—See "Cast not out the foul water till you bring in the clean."

清水未来到，脏水莫泼掉。/ 清水不来，脏水不泼。

268. Don't climb a tree to look for fish.

不可缘木求鱼。

[注]意为方法不对则劳而无功。

269. Don't cut the bough you are standing on.

脚下树枝不可砍。/ 不能砍掉自己正站着的树枝。

[注]意为人不可自挖墙角，不可草率行事以免危及自身。

270. Don't have too many irons in the fire.

—Don't have various different interests, activities, plans, or undertakings at the same time.

炉子里烙铁别一下子放太多。/ 同时莫揽太多的事。/ 饭要一口一口吃，事要一件一件办。

271. Don't praise the day until evening.

—See "The evening crown (or promises) the day."

一日未尽。莫夸天晴。

[注]意为对尚未成功之事不可誉之过早。

272. Don't trust a goat with the kitchen-garden, or a wolf with sheep-fold.

不能请羊管菜园，不能请狼管羊圈。/ 以狼牧羊，何能长久。

273. Dry bread at home is better than roast meat abroad.

—The most humble things at home are better than the greatest things abroad.

在外吃烤肉，不如在家啃面包。/ 在家千般好，出门万事难。

274. Don't be penny wise and pound of foolish.

—Don't be careful with small sums and wasteful with large amounts. / Don't be wise or careful in small things and careless with important matters.

不要小处精明，大处浪费。/不可小事聪明，大事糊涂。

[注]出自《圣经》。

275. Don't cross the (*or* a) bridge before (*or* until) you come to it. Or don't cross your bridge till you come to it. Or don't cross your bridges till

you come (*or* get) to them.

—See "Never cross the bridge before (*or* until) you come to it."

没到桥头莫过桥。/人未到桥头，莫为过桥愁。/船到桥头自然直。

[注]英国古时桥不结实，过桥有危险，故有此谚语，意为不要为未发生的事担忧，因此事可能永远不会发生。

276. Don't kick against the pricks.

—See "What must be must be."

刺棍莫踢。/不要作无益的抵抗。/不可以卵击石。/螳臂莫能挡车。

[注]源自《新约·使徒行篇》第 9 章第 5 节："…it is hard for thee to kick against the pricks. （你很难做无益的抵抗。)""prick"是赶牛用的带钉刺棒。如家畜对此不满用蹄子去踢开的话，将会受到另一记猛击。此谚语意为为抵抗权威而打一场注定要失败的杖是徒劳的。

277. Don't let the grass grow under your feet.

—Don't delay action. / Be active and energetic. / Don't be idle in the pursuit of success.

说干就干。/岁月莫蹉跎。

278. Don't lose the ship for a ha'p'orth of tar.

—See "Never spoil a ship for a ha'p'orth (or halfpennyworth) of tar."

不能为了省下来半便士的柏油而毁了一条船。/不可因小失大。/不要捡了芝麻对西瓜。

[注] ha'p'orth ['heipəθ] n . (英口语)=halfpennyworth: 半便士的东西，极少量。

279. Don't put off till tomorrow what should be done today.Or don't put off what you can do today till tomorrow.

—See "Never put off till tomorrow what you can (or what may be done) today."

不要把今天能做完的事拖到明天。/今日事，今日毕，千万不可待明日。

280. Don't try to teach your grandmother (how) to suck eggs.

—Don't try to teach a very experienced person how to do something. /Never attempt to teach your elders.

能人面前莫逞强。/勿教训长辈。/不要班门弄斧。

281. Death defies the doctor.

—Death cannot be cured.
死神蔑视行医人。/绝症无药可医。

282. Don't carry coals to Newcastle.
不要运煤去煤都。/勿多此一举。
[注]纽卡斯尔是英国靠近产煤地的一个煤港，大量的煤从那儿运往外地，故有此谚语。

283. Don't burn the (or your) candle at both ends.
—Don't try to gain a double advantage. / Don't work or play too hard without enough rest.
一根蜡烛不能两头点。/ 不可过分消耗精力。

284. Don't start economizing when you are down to your last dollar.
—Spoken to urge people to save early and avoid being in want later. Also see "Better spare at brim than at bottom."
不要只剩一元钱，方才想到节俭。/ 节约宜早不宜迟。

285. Don't use an elephant to crack a nut.
—Don't employ great exertion for insignificant ends. / Don't make great efforts for purposes.
莫用大象破坚果。/勿大材小用。/杀鸡焉用牛刀。

286. Daughters and dead fish are no keeping wares.
—It is better to marry daughters as soon as they reach marriage age.
女大不能留，鱼死不可放。/女大当嫁，鱼死难留。

287. Discreet women have neither eyes nor ears.
谨慎的女人是不长眼睛、耳朵的。/谨慎的女人不四处打听。

288. Danger itself the best remedy for danger.
—One danger is not overcome without another because in danger one has to be courageous and take disks to overcome it.
险能克险。/不畏艰险方能转危为安。

289. Don't wake a sleeping dog.
—See "It is ill to wake (or waken) sleeping dogs."
未将睡狗弄醒。/睡狗莫惹。
[注]意为切勿惹事生非。

290. Detraction pursues the great.

—See "Tall trees catch much wind."
人大招物议。/树大招风。

291. Do men gather grapes of thorns, or figs of thistles?
荆棘上岂能收到葡萄呢？蒺藜上岂能摘到无花果呢？/虎父无犬子，鸡无雏凤。

292. Don't take your harp to the party.
老调莫重弹。/不要重弹旧调。/话说三遍，令人厌烦。

293. Do not keep a dog and bark yourself.
—Do not perform your servant's work for him.
养了狗就不必自己看大门。/莫帮仆役去操劳。
[注]意即既然雇了人，就别让他们闲着而自己去做他们该做的事情。

294. East or west, home is best.
—No other place is as good as one's own home. Also see "Dry bread at home is better than roast meat abroad."
东好西好，还是家里最好。/ 金窝银窝，不如自家草窝。

295. Every cloud has a silver lining.
—See "Every dark cloud has a (or its) silver lining."
朵朵乌云衬白底，黑暗尽头见光明。/天阴总有天晴。/甜从苦中来，福从祸中生。

296. Expectation is better than realization.
期盼胜过实现。/ 期望比现实更美好。

297. Easy come, easy go.
来得容易去得快。/易得易失。
[注]此谚语指钱财，也指知识。

298. Even as Nimrod the mighty hunter before the Lord.
宁录在上帝眼里是个英勇的猎人。/ 老虎嘴里敢拔牙，青龙头上敢取珠。
[注]出自《旧约 •创世纪》第 10 章第 8-9 节：He was a mighty hunter before the Lord: wherefore it is said, Even as Nimrod the mighty hunter before the Lord. 他在耶和华面前是个英勇的猎户，所以俗语说："像宁录在耶和华面前是个英勇的猎户。

299. Eyes are bigger than the belly (or stomach).
—See "Give him an inch and he will take a yard (or stomach)"

眼大肚子小。/眼馋肚子饱。

[注]意为食欲大于饭量，尤其是孩子。

300. Every miller draws water to his own mill.

磨坊主都把水往自己那抽。/人皆为己。/人不为己，天诛地灭。

301. Evil weed is soon grown.

—See “Ill weeds are sure to thrive.”

恶草长得快。/莠草滋生快。/恶疾易染，恶习易传。

302. Each day brings its own bread.

—Do not worry about the future-you will not go hungry. This proverb is used when someone worries unnecessarily about the future.

今天有饭吃，莫愁明日没饭食。/今日莫为明日愁。

303. Enough is as good as a feast.

—A good meal that satisfies one’s hunger is just as good as a big feast (Perhaps better, for at a feast one may overeat and make oneself ill)./ Do not overdo any matter; it is best to be moderate./ What is sufficient serves the purpose as well as if there were an excess.

足食犹如宴席。/ 食不过量。/ 够用就等于充裕。/ 适可而止。/ 知足常乐。

304. Even a worm will turn.

—Even the weakest and gentlest creature will try to defend itself if it is attacked or badly treated too often, and so will a peaceful, mild person.

蠕虫被踩也翻腾。/弱者被逼太甚，也会进行抗争。/人急造反，狗急跳墙。

305. Even the weariest river winds somewhere safe to sea.

即使最坎坷曲折的河流也终将安全入海。/黄河尚有澄清日，岂可人无得运时。

[注]此谚语以河流曲折比喻人生坎坷，意为人生再苦也有尽头。

306. Envy and anger shorten a man’s day.

妒忌与愤怒会缩短寿命。/开朗快乐使人长寿。/笑一笑，少一少。

[注]出自《旧约·德训篇》第 30 章第 24—26 页：Have pity on thy own soul, pleasing God, and contain thyself; gather up thy heart in his holiness, and drive away sadness far from thee.

你的灵魂要有爱情，又要使上帝高兴。克制自己，以上帝的圣德安慰你，使忧愁远离你。

307. Every cask smells of the wine it contains.

—See "The cask savors of the first fill."

酒桶必有酒味。/近朱者赤，近墨者黑。/老子偷瓜盗果，儿子杀人放火。

308. Every invalid is a physician.

—Because of his exposure to medicine and doctors during his illness, he learns much. When he himself becomes sick again, he knows what he should do. When an acquaintance of his becomes sick with a similar disease, he gives him medical advice.

久病成良医。

309. Everybody's business is nobody's business.

—Unless it is known who is responsible for each particular task or duty, everybody will neglect it, believing that someone else is doing it.

人人管等于无人管。/ 人人有责，无人负责。/ 三个和尚没水吃。

310. Every wise man dreadeth his enemy.

—A clever person will extricate himself from a disadvantageous position whenever possible.

聪明人不吃眼前亏。

311. Evil communications corrupt good manners.

—If you associate with unworthy companions, you will grow like them.

与坏人交往有损德行。/近墨者黑。

312. Eat an apple going to bed, make the doctor beg his bread.

—See "An apple a day keeps the doctor away."

吃个苹果去睡觉，定叫医生把饭要。

313. Every family has a skeleton in the cupboard.

家家都有难言之隐。/家丑户户有。/家家有个长和短。

314. Every one leaps over the dyke where it is the lowest.

—It signifies that poor people are run down by everybody.

堤矮人人跨，人穷受人欺。

315. Each bird loves to hear himself sing.

—All people love to enjoy their own products, articles, songs, etc.

鸟儿都爱听自己的鸣叫。/敝帚自珍。/文章是自己的好。

316. Every cook praises his own broth.

—See "Every potter praises his own pot."

厨子都夸自己的汤鲜。/王婆卖瓜自卖自夸。

317. Every salesman boasts of his own wares.

—See "Every peddler praises his own needles."

玫瑰有刺。/没有不长刺的玫瑰。/事无十全十美/日有阴晴，月有盈亏。

318. Economy the poor man's mint, extravagance the rich man's pitfall.

俭省为穷人的铸币厂，挥霍为富豪的陷人坑。

319. Every little makes a mickle.

—See "Many a little (or pickle) makes a mickle."

积少成多。/积沙成塔。/集腋成裘。

320. Every dark cloud has (or its) silver lining.

—Every trouble has something hopeful that you can see in it, like the bright edge around a dark cloud. /There is some redeeming brightness in the darkest prospect.

朵朵乌云衬白底，黑暗尽处现光明。/ 祸中必有福。/ 塞翁失马，焉知非福。/ 天无绝人之路。

321. Every flow has (or must have) its ebb.

—There is a time when families and single persons thrive, and there is a time when they go backward.

涨潮必有潮落时。/ 潮有涨落时，人有盛衰日。/ 有兴必有衰。

322. Every couple is not a pair.

—See "Marriage goes by contrasts."

成对未必成双。/夫妻未必都般配。

323. Every for must pay his own skin to the flayer. Or every for must pay his skin to the furrier.

—The crafty should be taken in their own wiliness.

狐狸虽狡猾，最终害自家。/刁奸反被刁奸误。/机关算尽太聪明，反算了卿卿性命。

324. Everything has its seed.

—See "Every why has a (or its) wherefore."

事出有因。

325. Eating and scratching wants but a beginning.

—Spoken when people eat more than they thought they could, or to persuade people of weak stomachs or poor appetite to begin.

痒越搔越想搔。饭越吃越想吃。/越吃越想吃。

326. Even a cat may look at a king.

—See "A cat may look at a king."

猫也可以看看国王。

327. Every dog is allowed his first bite.

—A dog is not punished for his first bite; A person who makes a mistake for the first time may be excused.

狗咬初次不挨打，人错首次不受罚。/初犯者从宽。

328. Fire and water have no mercy.

—Both can cause great damage.

水火无情。

329. Fire that's closest kept burns most of all.

捂之愈紧，火烧愈猛。/ 抑火燃更烈。

330. Forbidden fruit is sweet (or sweetest).

禁果分外甜。

[注]出自《圣经·创世纪》。forbidden fruit 原指夏娃在伊甸园偷吃的智慧果。本谚的含义是：不让得到的东西更具诱惑力。

331. Fair words butter no parsnips.

—See "Fine words butter no parsnips."

花言巧语不能当做奶油涂在防风草根上吃。/甜言蜜语不能当饭吃。/花言巧语不中用。

332. Fools lade the water, and wise men catch the fish.

—See "Fools make feasts, and wise men eat them."

愚者舀水，智者捕鱼。/愚者劳而不获，智者获而不劳。

333. Fools live poor to die rich.

—It is foolish to live poorly for the sake of having a great deal of money when one dies.

傻子为了死得阔气而活的小气。

334. Fortune favors the brave (or bold).

—Brave people deserve and get good luck./ Brave people often succeed.

天佑勇者。/勇者事成。

335. From clogs to clogs is only three generations.

—See "Clogs to clogs is only three generations."

木底鞋，穿三代。/重穿木底鞋，只需隔一代。/坐吃山空，还会受穷。

336. First catch your hare (then cook him).

—Do not plan what you will do with something until you actually possess it. Also see "Catch the bear before you sell its(or its) skin."

抓到兔子，再忙烹调。/勿某之过早。

337. Fire proves gold, adversity proves men.

烈火炼真金，苦难磨练人。

338. Fields have eyes and woods have ears.

—One's speech is apt to be overheard, even though no listener is apparent. Also see "Walls have ears."

地有眼，树有耳。

339. Fair words slake wrath.

—See "A soft answer turns away wrath."

良言可息怒。/婉言释怒。/ 甜言美语三冬暖。

340. Fresh fish and guests stink in three days. Or fresh fish and new-come guests smell in three days.

—Guests shouldn't stay long in their host's house. The longer they stay there, the more they stay there, the more they will be disliked.

鱼放三天变臭，客住三天招嫌。/ 作客莫久住，久住令人厌。

341. Fast bind, fast find.

—See "Sure bind, sure find."

扎的牢，容易找。/ 放的好，丢不了。/（指犯人）捆得牢，逃不了。

[注]：意为物品应妥为保存，用时方可随手拿到。fast：紧；牢。

342. Fasting comes after feasting.

—See "Feast today makes fast tomorrow."

大吃大喝在前，忍饥挨饿在后。/ 匮乏源自豪奢。/ 吃着滋味，卖尽田地。

343. Fire and water are good servants, but bad masters.

—Under control, fire and water serve man well, but out of control, they cause great damage.

水火是忠仆，用之不慎却成祸主。/ 水能载舟，亦能覆舟。

344. Feast today makes fast tomorrow.

—See "Fasting comes after feasting."

今朝大吃大喝，明日没吃没喝。/匮乏缘自豪奢。/吃着滋味，卖尽田地。

345. Fool's haste is no speed.

—Spoken when people make a great bustle and often, by their too much haste, spoil what they are about.

笨汉的匆忙等于瞎忙。/欲速则不达。

346. Fortune is made of glass.

—Fortune is easily lost.

玻璃易碎，幸福易失。

347. Fresh fish and poor friends become soon ill savored.

—It is spoken when poor friends or relations are seen to be treated without proper respect.

鲜鱼不久就会变味发臭，穷亲友很快就会遭人白眼。/人穷讨人嫌。

348. Frugality is an estate alone.

节俭本身就是一宗财产。

349. Fiddling while Rome is burning.

罗马在燃烧，琴声犹缭绕。

[注]意为大难临头时，依然歌舞升平。

350. Fish and company stink in three days.

—See "Fresh fish and guests stink in three days."

鱼和客人，三天变臭。/ 客久讨人嫌。

351. For age and want, save while you may; No morning sun lasts a whole day.

—Save for the future while you are able because a time may come when you are not able to earn money.

积谷防饥。/有时防无；/朝阳虽好，难以终日。

352. Facts speak louder than words.

—Facts are stronger than arguments.
事实胜于雄辩。

353. Fair words will not make the pot play.

—Fair words are good for nothing.
好言难使壶水开。/好话再多不顶用。/口惠无实益。

354. Far fowls have fair feathers.

—Spoke when people praise highly what they have heard or seen elsewhere, and to give these people little credit for their opinions.
远方的鸟儿羽毛美。/月亮也是别处圆。

355. Far water does not put out near fire.

—See "Water after off quenches not fire."
远水救不了近火。

356. Fight dog, fight bear.

是熊是狗，拉出来斗斗。/ 两物相形，好丑愈见。

357. Fish begins to stink at the head.

—Corruption starts at the stop. The proverb may be used to refer to human institutions.
鱼烂头先臭。/ 上梁不正下梁歪。

358. Flies are easier caught with honey than with vinegar.

—Honey is sweet and vinegar bitter, and both may be used in traps to catch flies. Traps with honey in them more than those with vinegar. / You can more easily persuade others to do as you wish by using pleasant words than by speaking roughly.
蜂蜜诱蝇，比醋更灵。/ 好言好语较之恶言恶语更具说服力。

359. God helps them that help themselves. Or God helps those who help themselves.

—If you rely mainly on your own efforts, then fortune will favour you. / If you wish God to help you, do the best you can for yourself.
天助自助者也。/自助而后天助也。/ 黄天不负苦心人。

360. God sends meat and the devil sends cooks.

上帝赐予肉食，魔鬼派来厨子。/ 肉是上帝赐的，厨子是魔鬼派的。

361. Great men are not always wise.

伟人不一定总是智慧的。/绣花枕头稻草芯。

362. Give a lark to catch a kite.

—It is more troublesome and expensive than it is worth the energy or cost expended.

得了纸鸢，失了云雀。/放走百灵抓住鸢。/得不偿失。

363. Grasp the nettle and it won't sting you.

大胆抓荨麻，荨麻就不扎。/迎着困难上，困难就得让。

[注]意为不怕困难就可以战胜困难。

364. Genius is one percent inspiration and ninety-nine percent perspiration.

天才是一分灵感加九十九分汗水。

[注]出自美国发明家爱迪生（Thomas Edison）。

365. Go to bed with the lamb and rise with the lark.

—Go to bed early and get up early. Lambs go to sleep at sunset; larks wake at sunrise, fly in the sky and begin to sing.

随羊羔就寝，与云雀同起。

366. Give an inch and take a mile (or an ell).

—Give him a little license, and he will take great liberties, or make great encroachments./ Certain persons are not satisfied with small favours granted them, but take larger ones without asking for permission.

得寸进尺。/得一忘十，得十忘百。/得陇望蜀。

367. Great cry and (or but) little wool.

—See "Much cry and little wool."

大声吆喝，不见羊毛。/大惊小怪，庸人自扰。/虚张声势，不见成效。/雷声大，雨点小。

[注]意为小题大做，或说得多，做得少。

368. Grief often treads upon the heels of pleasure.

—Extreme joy begets sorrow.

悲哀跟着欢乐来。/乐极生悲。

369. Give your own fish-guts to your own sea-maws.

—See "Keep your ain fish-guts to your ain sea-naws."

鱼肠要给自己的海鸥吃。/肥水不外流。

[注]意为好处要留给自己人。

370. Give never the wolf the wether to keep.

—Do not open the door to a dangerous enemy. / Do not invite disaster by letting in invaders. Do not give responsibility for a task to someone who is inclined to do the opposite.

莫把阉羊给狼管。/ 切勿引狼入室。

371. Give and take.

—See "One good turn deserves another."

有来有往。/来而不往非礼也。/ 两好合一好。

[注]意为人生本是双行道，既要索取，也要给予，唯有这样人们才能和睦地生活在一起。

372. Good fences make good neighbours.

—See "friends agree best at a distance."

围墙高，邻居好。/ 好邻居，高筑墙。

373. Give me liberty or give me death.

—I would rather die than live if I could not have liberty. / Death is preferable to life without freedom.

不自由，毋宁死。

374. Great oaks from little acorns grow.

—As great oak trees grow from tiny acorns, so many great people or things grow from a small and unimportant beginning, so be patient. / We can not expect to grow great or important in a short time.

大橡树是从小橡果生长而成。/合抱之木，生于毫末。/万丈高楼平地起。

375. Glass, china, and reputation are easily cracked, and never well mended.

—Glass and china are easily broken and never well mended. Good reputation can be easily lost but hard to retrieve.

玻璃、瓷器、好名声，破裂容易修补难。

376. Good counsel is a pearl beyond price.

—See "Good advice is beyond (all) price."

良言乃无价珠宝。/忠言无价。

377. Good liquor will make a cat speak.

—See "Good ale will make a cat speak."

美酒能让猫开口。/酒后多言。

378. Good news goes on crutches.

—People are slow to spread good news.

好事不出门。

379. Good travels at a snail's space—but evil has wings.

—People are very slow to transmit good news, good deeds, or good reputation, but are quick to spread dad things.

好事传扬慢似蜗牛，坏事传扬如生双翼。/好事不出门，坏事传千里。

380. Good wine needs no cries.

—A good article will make itself known without being advertised. Also see "Good wine needs no bush."

酒好无需叫卖。/货好不用做广告。

381. Gear is easier gained than guided.

—Riches may be gotten by chance, or by inheritance, but must be guided by discretion.

财富易得不易理。/ 得财容易理财难。

[注] gear：财物；财富。

382. Gentility without ability is worse than plain beggary.

—An important or inherited title without ability is worthless.

纨绔子弟，不如讨饭花子。

383. Go for wool and come home shorn.

—This is spoken of an unsuccessful attempt that turns tables on oneself.

求得反失，求胜反败。/ 弄巧成拙。/ 偷鸡不成蚀把米。

384. God stays long, but strikes at last.

—See "God's mill grinds slow but sure."

天网恢恢，疏而不漏。

385. God's mill grinds slow but sure.

—Retribution or deserved punishment will eventually come to the evildoers though it may be slow to come.

上帝的磨，慢慢的转，细细地碾。/天网恢恢，疏而不漏。

[注]意即报应可能会姗姗来迟，但绝不会不来。

386. Gentry sent to market will not buy one bushel of corn.

—Spoken when a bare gentlewoman is offered in marriage to the son of a wealthy commoner.

门第在高贵，一斗谷子也难说。

[注]当有人说媒，要把没有财产而只有贵族虚名的女子嫁给富裕的平民之子时，人们常以此谚语挖苦之。

387. Give the devil his due.

—When anyone, even a bad person, does a good deed, give him the praise he deserves /Be fair to a person even though he is not a friend. /Tell the truth about a person even though you don't like him.

对谁都应公平。/一视同仁。

[注]意即坏人做了好事也应得到应得的称赞。

388. God sends a curst cow short horn.

—See "Curst cows have curt horns."

烈牛天生角短。

389. God comes with leaden feet, but strikes with iron hands.

—See "God hath leaden feet, but iron hands."

上帝来时脚如灌铅，上帝惩罚时却用铁掌。/善有善报，恶有恶报；不是不报，时间未到。

390. Good ale will make a cat speak.

—A person who has drunk a lot is likely to become talkative. / Excessive drinking loosens the tongue.

美酒能叫猫说话。/酒后话多。

391. He knows the water (the) best who has waded through it.

—He who has personally experienced something has the deepest understanding and knowledge of it.

要知河深浅，须问过来人。/ 唯涉水过河者最知河深浅。

392. He who knows most knows best how little he knows.

—The more you learn, the more you realize that there is much more to learn.

越是懂得多，越觉懂得少。/ 越是学问深，越觉知识贫。

393. Homer sometimes nods.

—See "Even the worthy Homers sometimes nods."

荷马也有打盹时。/智者千虑，必有一失。

[注] Homer：荷马，公元前 16 世纪前后的希腊盲诗人，史诗《伊利亚特》（*Iliad*）及《奥德赛》（*Odyssey*）的作者。

394. He could eat me without salt.

—The man hates me mortally or vehemently.

他不用盐巴也能把我吞下肚。/ 恨我入骨。

395. He is a poor cook that cannot lick his own fingers.

—It signifies that they will take a share of what is among their hands. It is applied satirically to trustees, guardians, receivers and other managers.

不会舔自己手指的厨师不能算好厨师。

396. He killed the goose that laid the golden eggs.

—He grasped at what was more than his due, and lost what he had./ He spoiled something that was good by being greedy. The Greek fable says a countryman had a goose that laid Golden eggs; thinking to make himself rich, he killed the goose to get the whole stock of eggs at once, but lost everything.

杀鸡取卵。/毁掉摇钱树。

[注]出自《伊索寓言》：一农夫有只生金蛋的鹅。他想取出所有金蛋好变富翁。于是把鹅杀掉，结果落得个“鸡飞蛋打一场空”。

397. He that will steal an egg, will steal an ox.

—Thieves usually steal things of small value first. But soon these cannot satisfy their greed and they steal bigger and better things.

开始偷蛋，日后偷牛。/开始偷油，日后偷牛。

398. He who can't write says pen is bad.

不会写的人怪笔差。/拉不出屎来怨茅厕。/不善使船嫌港曲，不善写字嫌笔秃。

[注]意为自己不行怨客观条件差。

399. He gives one knock on the hoop, and another on the barrel.

—He speaks now to the purpose, now on matters wholly extraneous.

一会儿讲到点子上，一会儿边都沾不上。/东一榔头西一棒槌。

400. Him who makes himself a sheep the wolf eats.

—See “He that makes himself a sheep shall be eaten by the wolf.”

甘心做绵羊，终得喂豺狼。/马善有人骑，人善有人欺。

401. Happiness is a perfume you cannot pour on others without getting a few drops on yourself.

快乐犹如香水，向人洒得多，未有自己不沾上几滴。

402. Happiness takes no account of time.

—See also “Time takes wrings when you’re enjoying yourself.”

欢乐不觉时间长。/ 欢愉嫌时短。

403. He must stoop that has a low door.

—He has to bow to the circumstances.

门不高，须弯腰。/人在矮檐下，不得不低头。

404. He promises mountains and performs molehills.

—Those that promise much perform little./Great sayers but small doers.

许诺多而践诺少。/搬弄是非者，定是说谎人。

405. He steals a goose, and gives the giblets in aims.

—He amasses wealth by over-reaching, and salves his conscience by giving small sums in charity.

偷杀人家鹅吃，又拿内脏布施。

[注]专指那些用欺诈手段聚敛财富，而后又向慈善事业捐赠少量钱财的假善人。

406. He who excuses himself accuses himself.

自我辩护即为自我指责。/欲盖弥彰。

[注]意为过多为自己辩解的人反令人相信他在掩盖自己的恶行，故干脆承认比自我辩护好，因过多辩解反会令人激愤，不会使人相信。

407. He who gives fair words feeds you with an empty spoon.

—See “Fair words fill not (or will not fill) the belly.”

花言巧语难充饥。/口惠无实意，画饼难充饥。

408. He must have iron nails that (or who) scratches a bear.

搔熊者必具铁爪。

409. He that runs fast will not run long.

—“Slow and sure” is good counsel.

跑得快者跑不远。

410. He that sups with the devil must have a long spoon.

—See “Who sups with the devil must use a long spoon.”
与魔鬼喝汤，勺子要长。/跟恶魔喝汤，调羹要长。/ 对坏人必须提防。/敬鬼神而远之。

411. Hedges have eyes and walls (or **woods) have ears.**

—Things uttered in secret get rumoured abroad; there are listeners everywhere, and you’d better be careful. Also see “Walls have ears.”
篱有眼，墙（或：林）有耳。

412. How great a matter a little fire kindleth.

一点星火能使森林着火。/星火燎原；小不慎乱大谋。
[注]出自《新约·雅各书》第 3 章第 2-5 节：Behold also the ships, which though they be so great, and are driven of fierce winds, yet are they turned about with a very small helm, withersoever the governor listeth. Even so the tongue is a little member, and boasteth great things. Behold, how great a matter a little fire kindleth!
看哪，船只虽然甚大，又被大风催逼，只用小小的舵，就随着掌舵的意思转动。这样舌头在百体里也是最小的，都能说大话。看哪，最小的火能点着最大的树林。

413. Happy is the who owes nothing.

—He is really happy that does not owe anything to others.
无债便是福。/无债一身轻。

414. He preaches best who lives best. Or he preaches well that lives well.

—The best preacher is the one who sets the best example. / A person’s own behavior is more efficacious than his speech. Also see “Example is better (or more powerful) than Precept.
身教胜于言教。/其身正则不令而行。

415. He that handles pitch, shall foul his finger.

—See “One cannot touch pitch without being defiled.”
碰碰沥青油，弄脏手指头。/近墨者黑。
[注] 意为接近坏人可使人变坏。

416. He that will not be ruled by his own dame, shall be ruled by his step-dame. Or he that will not hear mother-head, shall hear step-mother head.

—Those who cannot be prevailed upon by gentle means must have harsher treatment. /He who cannot be persuaded by soft words will have to be treated harshly.

敬酒不吃吃罚酒。/软的不行来硬的。

[注] dame：母亲。step-dame：继母。

417. He who keeps company with a wolf will learn to howl.

—See "He that touches pitch shall be defiled."

跟着豺狼学嚷叫。/近墨者黑。/ 跟着好人学好人，跟着巫婆跳假神。

418. His mill will go with all winds.

—See "He will wag as the bush wags."

磨随风动。/ 随机应变。/ 看风使舵。

419. Honey catches more flies than vinegar.

—See "Flies are easier caught with honey than with vinegar."

蜂蜜比醋更容易粘住苍蝇。/ 蜂蜜捕蝇，比醋更灵。/甜言蜜语三冬暖，恶语伤人六月寒。

420. He has an axe to grind.

—He has a self-interest reason for getting another to do things for him. /He has some selfish motive for his actions. Benjamin Franklin tells of a man who wanted to grind his axe, but had no time to turn the grindstone. Going to the yard where he saw young Franklin, he asked the boy to show him how the machine worked, kept praising him until his axe was ground, and then laughed at him for his pains.

有个会打算的人会巧使人。/别有用心。

[注]出自本杰明·弗兰克林讲的一则故事：有一个人想磨斧子，但又没工夫磨砂轮。于是，当此人见到弗兰克林时便要他示范。在示范过程中，他不断夸奖弗兰克林干得好。磨好之后，他却讥笑弗兰克林不怕吃苦的劲头。

421. He laughs best who (or that) laughs last.

—The proverb is usually quoted as a warning to those who express triumph too soon or a warning against premature exultation, or as an encouragement to those who become hopeless the moment they are a bit frustrated or to a man who has had an early failure and remind him that after finally succeeding he will be able to laugh at his rivals.

谁笑在最后，谁笑的最好。/必待成功日，方是尽欢时。

[注]此谚语对事情还没成功就高兴的太早的人是告诫，对稍受挫折就认为事已无望的人是鼓励。

422. He that makes his bed ill, lies there.

—See "As you make your bed, so you must lie on it."

自己弄脏了床，还得自己躺。/ 自作自受。

423. He who has burnt his mouth blows his soup.

烫了嘴的人吹汤。

424. He who makes a mouse of himself will be eaten by the cats.

—See "He that makes himself a sheep shall be eaten by the wolf."

甘当老鼠者早晚喂猫。/ 人弱受人欺。

425. He who hath a good trade through all waters may wade.

有一技之长，可随处把水蹚。/一招鲜，吃遍天。

[注] hath：(古)have 的第三人称、单数，现在式。

426. He has burnt his boats behind him.

—He has made it impossible for himself to retreat or change his mind. The allusion is to Julius Caesar and other generals, who burned their boats or ships when they invaded a foreign country, in order that their solders might feel that they must either conquer the country or die, as retreat would be impossible.

过河焚路，不留退路。/背水一战。/破釜沉舟。

427. Hall benches are slippery. Or hall binks are sliddery.

—Great men's favor is uncertain.

官家靠不住。/近官如近虎。

[注] hall：王公贵族的邸宅。bink：bench 长凳。sliddery：滑的。

428. Hard words break no bones.

难听的话伤不了骨头。/直言无害。

429. Have two strings to your bow.

一弓须有二弦。/凡事宜做两手准备。/有备无患。

[注]在古代，弓箭手一般都有备用的弓弦。如果一根断了，就换上另一个根。

430. He lives unsafely that looks too near on things.

—If a man has no long-term considerations, he can hardly avoid troubles every now and then.

[注]人无远虑，必有近忧。

431. He needs a long spoon that sups with the devil.

—See "Who sups with the devil must use a long spoon."

同魔鬼一起喝汤，勺子要长。/同恶人打交道，须有两手。

[注]意为对坏人必须提防。

432. He that falls into the dirt, the longer he stays there the fouler he is.

—It is spoken to those who lie under a slender, urging them to get themselves cleared as soon as they can.

掉进烂泥坑，越久身越脏。

[注]用来劝告受到诽谤的人尽快澄清事实。

433. He that makes himself a sheep shall be eaten by the wolf.

—A man who is too weak makes himself a victim.

甘心做绵羊，早晚喂豺狼。/人弱受人欺。

434. He warms too near that burns.

取暖过近则遭灼。/凡事过则必伤。

435. He who hunts two hares leaves one and loses the other.

—See "If you run after two hares (at once), you will catch neither."

同追二兔，则丢掉这个，失去那个。/脚踏两只船，两头都落空。/一身做不得两件事，一时丢不得两条心。

[注]意为不可同时干两件事，应集中力量一次干好一件事。

436. He who plays with fire gets burned.

—He ruins himself by his own doing.

玩火者必自焚。

437. He who would catch fish must not mind getting wet.

—Nothing can be obtained without trouble.

要想捉鱼，别怕湿衣。

[注]意即要有所得，就不能怕麻烦或困难。

438. He who would climb the ladder must begin at the bottom.

—See "The longest journey starts with a single step."

登梯须从底层起。/行远自迩，登高自卑。

439. He who would search for pearls must dive below.

—One cannot expect to obtain anything of value if one risks nothing.

要找珍珠，须潜深水。/ 不下汪洋海，难得夜明珠。

440. Hope for the best and prepare for he worst.

抱最好的希望，做最坏的准备。/ 希望最好，准备最坏。

441. Hungry bellies have no ears.

—See "The hungry belly has no ears."

肚子饿时有耳无闻。/ 饥汉无耳。/ 饥不纳言。/ 衣食足而后知礼仪。

442. Health and strength is above all gold.

—See "Health is above (or better than) wealth."

身强体壮胜过一切财宝。

443. Health is a jewel (or treasure).

—See "Health is above (or better than) wealth."

健康是个宝。

444. Hair and hair makes the carl's（or carle's）hand bare.

—An estate may be ruined by small diminutions. / A large store may be brought to nothing by taking away a little at a time.

头发再多，也经不起一根一根往下掉。/坐吃山也空。

445. He that lacks my mare would buy my mare.

—See "Many men lack what they would fain have in their pack."

想买马的人一定会买。/上门的买卖好做。

446. He that saves his dinner will have the more for his supper.

—A man who saves when young will have more to spend when he is old.

年轻时节俭，年老时不愁。

447. He gives twice that gives in a trice.

—See "He gives twice who gives quickly."

及时相助等于助人两次。/及时援助，事半功倍。/相助须及时。

[注]译自拉丁谚语 "Bis dat qui cito dat."

448. He that speaks ill of the mare would buy her.

—See "Many men lack what they would fain have in their pack."

对马挑剔的人都会买马。/憎嫌是买主。

[注]“对马挑剔”的目的是讨价还价，还是想买。

449. He is an ill cook that cannot lick his own fingers.

—See “He is a poor cook that cannot lick his own fingers.”

不会舔手指头的人不是好厨师。/人不贪，理不好财。

450. He has gotten the hoot and the better horse.

—He has got the advantage in the exchange.

得了马鞭又得了好马。/ 双收其利。

451. He will burn his house to warm his hands.

—He loses much more than he gains. Also see “Give a lark to catch a kite.”

焚屋暖手，得不偿失。

452. He that spares the rod, hates his son.

—See “Spare the rod and spoil the child.”

舍不得棍子就是不喜欢儿子。/小孩不打不成器。

[注]此谚语反映的是一种错误的教育观。

453. Hope is a lover’s staff.

—A lover is supported by the hope of winning his mistress.

希望是爱情的支柱。/希望给情人以力量。

454. Hearts may agree, through heads differ.

看法相异，其心可齐。

[注]出自英国作家汤姆斯·富勒（Thomas Fuller）。

455. Help a lame dog over a stile.

跛狗上阶梯，困难需扶持。/弱者过难关，你我需相搀。

[注]意为人应扶助弱者和陷于危难之人。

456. Heaven’s vengeance is slow, but sure.

—See “God’s mill grinds slow but sure.”

天网恢恢，疏而不漏。

457. Hares may pull dead lions by the beard.

死狮之须，野兔可拔。

458. He is sheep in wolf’s clothing.

披着狼皮的羊。/外强中干的人。

459. Habit is a cable: we weave a thread of it every day, and at last we cannot break it.

习惯为缆绳，日编一缕，终至不可断。

[注]意为习惯势力强大。

460. He knows which side his bread is buttered (on).

—See "I know on which side my bread is buttered."

奶油应该涂在面包的哪一面，自己最清楚。

[注]意为人人都懂的维护自己的利益。

461. He will shoot higher who shoots at the moon(or sun)than he who aims at a tree.

—It is spoken as an encouragement to noble designs and endeavors.

目标高才能射的高。/胸中有大志，方能成大事。/取法乎山，仅得其中；取法乎中，斯其下矣。

462. He that will (or would) eat the kernel must crack the nut.

—No gains without pains./A person who wants to gain must first make an effort.

要吃果仁，需破果壳。/不劳则无获。

463. Harp not forever on the same string.

—See "Not good is it to harp on the frayed string."

不能总是弹一根弦。/ 老调不能重弹。

[注]意为不可反复谈论同一件事或提出同一问题。

464. He cannot hold a candle to him (or another).

—See "He is not fit to hold (or show) the candle to him."

替人掌灯他都不配。/ 替人擦鞋他都不配。

465. He has bought up a bird to pick out his own eye.

—He has done a thing to make himself suffer.

养鸟啄瞎了自己的眼睛。/ 作茧自缚。

466. He is a bad musician that can sing but one song.

再蹩脚的音乐家也不至于只会唱一首歌。

467. He is a fond chapman that comes after a fair.

再愚蠢的小贩也不至于等集市散了才来。

468. He never lies but when the holly is green.

—He always lies.

要他不撒谎，除非冬青黄。

469. He runs with the hare and hunts with the hounds.

既想与兔子逃跑，又想与猎狗追兔。/ 两面讨好做不到。

470. He that comes first to the hill, may sit where he will.

—He that comes first commonly has the best choice.

谁先上了山，坐处由他选. / 捷足者先登。

471. He that loves the tree loves the branch.

—If you love me, love also what I love. Also see “Love me, love my dog.”

爱树者连树枝也爱。/ 爱人及物。/ 爱屋及乌。

472. He took his pitcher to well once too often.

—See “The pitcher goes often to the well(but is broken at last).”

瓦罐常汲水，迟早要碰碎. /巧计只能用一回。/瓦罐不离井上破。

473. He who plants a walnut-tree expects not to eat of the fruit.

—See also “He that plants a tree plants for posterity.”

栽植胡桃树，后人采摘胡桃果。/前人栽树，后人乘凉。

474. He who rides a tiger is afraid to dismount.

—A person who gets himself entangled in a web of self-perpetuating difficulties will find himself unable to extricate himself.

骑虎难下。/进退两难。

475. His geese are swans.

—See “All his geese are swans.”

他的家鹅都是天鹅。/自己的东西样样好。/敝帚自珍。

476. Hunger is the beast sauce (or relish).

—Nothing gives such a good appetite as hunger.

饥饿是最好的调味品。/饥者口中尽佳肴。/饥不择食。/饿了甜如蜜，饱了蜜不甜。

477. He will soon see if you are shamming.

跛子面前转跛难。

[注]意即他很快能识破你是真跛还是假跛。

478. If the mountain will not come (or go) to Muhammad, then Muhammad must go to the mountain.

事不将就人，人就得将就事。/ 他不迁就你，你就得迁就他。/ 坐而待不如起而行。

479. If the pills were pleasant, they would not want gilding.

药丸味道好，不会裹金衣。/ 药丸如不苦，何必加糖衣。

480. Ignorance is the mother of imprudence.

—Ignorance causes one to behave shamelessly.

愚昧是厚颜之源。/无知者不知羞耻。

481. It is a poor mouse that has only one hole.

—See "The mouse that has but one hole is quickly taken."

只有愚蠢的老鼠才打一个洞。/狡兔三窟。

[注]意为凡事宜作两手准备。

482. It is a wise father that knows his own child.

只有聪明的父亲才认识自己的孩子。/贤父知其子。/知子莫若父。

[注]出自莎士比亚《威尼斯商人》（*The Merchant of Venice*）第二幕第二场。莎士比亚将"It is a wise child that knows its own father"稍加变动后，写成另一句谚语。但是，与此同时，这句谚语又是一句歧义句，按照生殖科学，只有母亲才能知道孩子的真实身份，昔日再聪明的父亲也无法获知孩子的真实身份，故而又可译为：贤父难知子出身。

483. It never rains but it pours. or It never rains without pouring.

—One good thing or bad thing is often followed by others of the same kind. / Events, esp. misfortunes always come several together or in quick succession.

不雨则以，一雨倾盆。/不来则以，来则不止。

[注]指好事或坏事不来则以，要来就接二连三地来。

484. If anyone will sue thee at the law, and take away thy coat, let him have thy cloak also.

若有人与你打官司，拿走你的内衣，你连外衣都给他。/慈悲能化冰雪，忍让能解冤仇。/吃亏者常在，能忍者常安。

[注]出自《新约 • 马太福音》第 5 章第 40 节。

485. Ill herds make fat wolves.

—It signifies that careless keepers give thieves occasion to steal.

牧人粗心狼群肥。/慢藏诲盗。

[注] herd：牧人。意即看管者粗心大意，窃贼便有机可乘。

486. In fair weather prepare for foul.

—In times of happiness and plenty when everything is going smoothly, one should make preparations against times of scarcity and sorrow.
晴天要把雨天防。/宜未雨而绸缪。
[注]意即充裕时应防匮乏；欢乐时应防悲戚。

487. In the evening one may praise the day.
—See "The evening crowns (or praises) the day."
不到黄昏，莫夸天晴。/夜幕降临，再夸天晴。

488. It is too late to lock the stable door after (or when) the horse is stolen. Or it is too late to shut the stable door after the horse has been stolen.Or it is too late to shut the stable-door when the steed is stolen.
—To keep your horse safe, lock the stable door—it is useless locking it after thieves have stolen the horse./ Take precaution before , not after, you have suffered loss.
马儿被盗马厩空，再锁厩门有啥用。/贼走关门。

489. It will be a forward cock that crows in the shell.
再性急的公鸡也不会在蛋壳里就叫。
[注]意为再性急的人也不会在一点条件也不具备的情况下贸然行动。

490. If one sheep leaps over the ditch, all rest will follow.
一羊跳过沟，其余跟后头。/挨金似金，挨玉似玉。
[注]意为羊的天性是互相跟随，人亦如此。苏格兰诗人、小说家瓦尔特·司各特（Walter ·Scott, 1771-1832）在其所著《老死》（*Old Mortality*）一书中有这样一句话："One sheep will leap the ditch when another goes first.（前一只羊跳过水沟，后一只羊就会跟着跳）。"

491. If you want a pretence to whip a dog, say that he ate the frying-pan.
—See "He who would hang his dog gives out first that it is mad."
要想打狗找口实，就说煎锅它吞吃。/ 要想鞭打狗，不难找借口。/欲加之罪，何患无辞。

492. Iron sharpeneth iron.
铁磨铁，磨出刃来。/ 注意与人相处之道。
[注]出自《旧约·箴言》第 27 章第 17 节：Iron sharpeneth iron; so a man sharpeneth the Countenance of his friend. 铁磨铁，磨出刃来，朋友相处，也是如此。

493. It is a good tree that has neither knap nor gaw.

—There is nothing entirely perfect.

再好的树木也有节。/无瘤无疤树，世上无处寻。/甜瓜苦蒂，物不全美。

[注] knap：树木的瘤或节。gaw：污点；瑕疵

494. It is an easy thing to find a stone to throw at a dog.

—See "A staff is quickly found to beat a dog with."

心要打狗，石头不难找。/欲加之罪，何患无辞。

495. It is easy to swim if another holds up your head.

—See "He may well swim that is held up by the chin."

有人扶头，游泳不愁。/有人扶助，容易成功。

496. It's hard sailing when there is no wind.

无风难驶船。/巧妇难为无米之炊。

[注]意为没有必要条件难以成事。

497. If a link is broken, the whole chain breaks.

一环脱，全链断。/ 一损俱损。

498. If the ox fails, whet your knife.

—See "He that is down, down with him."

牛倒快磨刀。/ 墙倒众人推。

499. If there were no clouds, we should not enjoy the sun.

—One doesn't recognize advantages without suffering disadvantages. /One appreciates even the smallest joy after suffering disadvantages.

没有云遮日，怎知阳光好。/ 不知苦，焉知甜？

500. It is a good horse that never stumbles.

—Everyone makes mistakes sometimes; even the wisest man cannot be free from them.

好马也有失蹄时。/ 人有失手，马有失蹄。

501. It is good walking with a horse in one's hand.

—It is good when a man of any art, trade, or profession, has an estate to support him, if these should fall.

手中牵马好行路。

[注]意即从事各种行业的人都最好有些财产。万一事业不成功，还可以维持生活。

502. If a man empties his purse into his head, no one can take it from him.

倾囊求学所获，无人可以抢夺。

503. If I have lost ring, yet the fingers are still here.

—The ring represents a material thing, but the finger stands for selves, losses of material things don't matter much.

丢失戒指，还有手指。

[注]戒指和手指相比，前者只是身外之物。

504. If you cannot bite, never show your teeth.

—Avoid empty threats. If you do not threaten, you may cause your enemy to attack you and he will easily defeat you.

不会咬人，就别龇牙咧嘴。/ 无能莫逞强。

505. If you don't enter a tiger's den, you can't get his cubs.

—If you venture nothing, you won't gain anything.

不入虎穴，焉得虎子。

506. If you sell the cow, you sell her milk too.

—See "You cannot sell the cow and drink the milk."

买了奶牛，也就等于卖了牛奶。/ 事难两全。

507. In wine there is truth.

—When a person has drunk too much, he is not control of what he says and is more likely to speak unpleasant truths.

酒后吐真言。

508. It is an ill bird that betrays its own nest.

—See "It is a dirty bird that fouls its own nest."

笨鸟才暴露自己的窝。/ 家丑不可外扬。

509. It is best to let sleeping dogs lie.

睡着的狗还是别惹为好。

510. It is ill striving against the stream.

逆流而动是为不智。/ 违反潮流，极其不利。

511. It is no safe wading in an unknown water.

—It's not wise to engage with dangers that we are not acquainted with.

不知水深浅，涉水有危险。/ 情况不明莫冒险。

512. It is not good to wake a sleeping lion.

—Refrain from stirring up trouble./ Do not make someone angry and cause danger.

唤醒睡狮，自讨苦吃。/ 切勿惹是生非。

513. In time of prosperity, friends will be plenty; in time of adversity, not one amongst twenty.

—One has many friends when he is prosperous; but as soon as he is in need, most will desert him.

人走运朋友盈门，人道倒霉门庭冷清。/贫居闹市无人问，富在深山有远亲。

514. It is easier for a camel to go through the eye of a needle, than for a rich man to enter the kingdom of God.

—It is impossible for rich men to go to heaven after death.

富人进天国比骆驼穿针眼还难。/ 富人死后难升天。

515. If you touch pot, you must touch penny.

—See “Touch pot, touch penny.”

现买现付。/现金交易，概不赊欠。/一律不赊。

516. Industry is fortune’s right hand, and frugality her left.

—Fortune depends on hard work and wise management of one’s money. If one wants to succeed, one must be both industrious and thrifty.

幸运的右手是勤勉，幸运的左手是节俭。/勤俭为幸福之本。

517. It is the last straw that break the camel’s back.

—See “It was the last straw that broke the camel’s back.”

最后一根草，压断骆驼腰。/积羽沉舟。

518. It us too lathe to husband (or spare) when all is spent.

—It is too late to be thrifty when one has already spent all of one’s money. Also see “Better spare at brim than at bottom.”

囊空方节省，为时已太晚。/有钱当思无钱日，财已耗尽节约迟。

519. It is a sad house where the hen crows louder than the cock.

母鸡叫声大，公鸡叫声小，这个家庭好不了。/牝鸡司晨，家之不祥。

[注]意为丈夫软弱而一切由妻子发号施令的家庭是不会幸福的。此谚语反映的是夫权思想，不可取。

520. In choosing a wife and buying a sword we ought not to trust another.

择妻犹如选剑，莫靠他人挑选。

521. I will go through fire and water to serve you.

—I will encounter the greatest perils or severest chances. / I will go through any difficulties or any test.

赴汤蹈火，在所不辞。

522. In the grave the rich and poor lie equal.

—There is no difference among the dead whether they were rich or poor when they were alive. Also see “Death is the great (or grand) leveller.”

一进坟墓，贫富无别。/黄泉路上无贵贱。

523. If the blind lead the blind, both shall fall into the ditch.

—Said of those who give advice to others on subjects of which they themselves are entirely ignorant.

盲人带盲人，双双跌进坑。/盲人骑瞎马。夜半临深地。

524. It is better to be safe than sorry.

—See “Better safe than sorry.”

宁可安全，不可遗憾。/安全胜过遗憾。

[注]意为事前采取安全措施好过事后遗憾。

525. Ill weeds are sure to thrive.

—Harmful things grow or spread rapidly. /Evil multiples more quickly than good.

莠草长得快。/恶疾易染，恶习易传。

526. If you sow the wind, you will reap the whirlwind.

—See “He that sows the wind will reap the whirlwind.”

人播的是风，收获的是旋风。/播风者必将收获旋风。/恶有恶报。

[注]意为作恶者必将加倍受到报应。

527. Ill flesh ne’er made good broo.

—Signifying that ill-natured people seldom do a good thing.

坏肉做不出好烫。/坏人做不出好事。

528. Ill will never said well.

—When people are known to have a strong dislike for any person or party, what they say of them must be received with some reservation.

恶人无善言。/狗嘴里吐不出象牙。

529. If st.vitus' day be rainy weather.It will rain for thirty days together.

—If it rains on 15th June, the rain will last for thirty days.

雨落六月半，月内雨不断。

[注] st.vitus' day：圣维塔斯节，每年的六月十五日。

530. I never loved them that find fault with my shoes and give me no leather.

—Applied to those that find fault with some part of our habit, yet contribute nothing to make it better.

不给皮革，又说鞋坏，如此挑剔，岂让人爱。

[注]指那些一味挑剔别人的习惯，却又不做任何努力以帮助改正的人。

531. I will not keep a dog and bark myself.

—If I keep servants, they must do my work for me. Also see "Do not deep a dog and bark yourself."

我才不又养狗又看门。/仆人的事仆人做。

532. If it rains when the sun is shining, the devil is beating his wife.

—It refers to the superstitious belief that a shower during sunshine is caused by the tears the devil's wife sheds.

下雨出太阳，魔鬼打婆娘。/又出太阳又下雨，老天实在不讲理。

[注]这是英国古谚。迷信者认为，出太阳时下的雨是魔鬼的妻子被丈夫鞭打时掉的眼泪。

533. Ilka cock crows on its ain midden.

—See "Every cock crows on its dunghill."

公鸡在自家门前叫得欢。/在家个个逞英豪。

[注] Ilka：每个的。

534. Ill news comes (or travels) apace.

—See "Bad news has wings."

坏消息传得快。/恶事传千里。

535. In at one ear and out at the other.

—Forgotten as soon as heard.

一只耳朵进，一只耳朵出。

536. In the kingdom of blind men, the one-eyed is king.

—See "Among the blind the one-eyed man is king."

盲人国中，独眼为王。/山中无老虎，猴子称大王。

537. It is a dirty bird that fouls its own nest.

—Home should be regarded as a place to respect and cherish. /People should not say bad things about their own country, or town or family.

鸟不脏巢，人不毁家。/家丑不可外扬。

538. It is a proud horse that will not bear his own provender.

—This is an excuse for doing one's own business oneself.

只有高傲的马才不愿驮自己吃的饲料。

[注]本谚语作为自己干活的借口。

539. It is aimless to cast water into the sea.

向大海泼水，徒劳无益。

540. It is easier to build two chimneys than to maintain one.

砌两个烟囱比维修一个烟囱容易。/砌两个烟囱容易，修一个烟囱难。

[注]意为从头开始易，维持现状难。

541. It is easier to pull down than to build (up).

拆屋容易盖屋难。/破坏容易建设难。

[注]意为破化比创造容易。

542. It is good fishing in trouble waters.

浑水好摸鱼。

[注]指利用别人的不和从别人的困难中得到好处的人。

543. It is hard to teach an old dog tricks.

—See "You cannot teach an old dog new tricks."

老狗学不会新把戏。/老狗难学新艺。

544. It is no good crying over spilt milk.

—See "It is no use crying over spilt milk."

牛奶泼地，哭也没用。/覆水难收。

545. It is skill not strength that governs a ship.

—As in all cases, skill rather than strength is necessary.

驾船靠技能，不是靠力气。

546. It is the early bird that catches (or **gets) the worm.**

—See "The early bird catches (or gets) the worm."

早起的鸟儿捉到虫。/捷足者先登。/先到灶头先得食。

547. It was never for nothing that the gled whistled.

—People who officiously offer their service may be suspected to have some selfish end in it.

鹞鹰叫，有奥妙。/主动献殷勤，必定有原因。

548. It was the last straw that broke the camel's back.

—A camel can carry a heavy load, but there is a limit to what it can carry; if that limit is exceeded the camel is likely to fall down and die.

最后一根草，压断骆驼腰。

[注]意即在一系列重压或打击下，稍加压力或打击就会使人垮下去。

549. Jam tomorrow and jam yesterday—but never jam today.

明天有果酱，昨天有果酱—今天永远没有果酱。/ 只有过去和未来是美好的。

550. Jack will have his Jill.

—See "Every Jack has (or must have; or shall have) his Jill (or Gill)."

杰克自会娶到吉尔。/男人自有女人爱。/有祸必有益。

551. Knowledge is no burden (or burthen).

—To some people gaining knowledge is rewarding; to others it is merely a difficult task.

知识绝非负担。/知识再多不压身。

552. Knowledge (itself) is power.

—The more a man knows, the great power he has./One who knows much has much influence.

知识就是力量。

553. Keep your breath（or wind）to cool your broth（or porridge）.

—Look after your own affairs and do not put your nose into another's business. The proverb is a rude remark to one who is giving unwanted or unsought advice or to those who talk much to little purpose.

省点力气，把自己的汤（或：粥）吹凉。/ 留点精力，管好自己。/少管闲事。

[注]此谚语是对为别人瞎出主意的人不客气的回答，也是对空谈者的告诫。

554. Kindle not a fire that you cannot extinguish.

—Do not start something foolish that you cannot handle.

不会熄火就不要点火。/ 无能莫逞强。

555. Kings are out of play.

—One should not jest upon kings or pry narrowly into their determinations and actions.

莫笑君王事，莫探圣上心。

556. Knowledge advances by steps and not by leaps.

—We gain knowledge slowly. No one can become learned suddenly.

学习只能循序渐进，而不能跃进。

557. Keek in my kail pot, glower in my ambry.

—Peer in my cabbage pot, stare in my cupboard. It is said to those who pry officiously.

盯着我的菜碗，又窥视我的菜橱。/打听如此细致，真是多管闲事。

[注] keek：盯着看；窥视。此谚语指好事之人。

558. Kill two bird with one stone.

—Achieve two objects at one and the same time and with one effort.

一石二鸟。/一举两得。/一箭双雕。

559. Kings have long arms (or bands).

—Do not quarrel with a king as his power and authority extend to the ends of his dominions.

国王手臂长。/王权达四海，勿与帝王争。/百姓强不过官家。

560. Learn to walk before you run.

—See "Don't try to run before you walk."

先学走，再学跑。/ 不会走路不要学跑。

561. Long-tongued wives go long with bairn.

—They tell everyone as soon as it is in prospect./ A woman who tells everyone of her pregnancy as soon as it becomes a possibility, often finds the delivery date long in coming.

饶舌妇，舌头长，还没怀孕就宣扬。/八字没一撇，就爱到处吹。

562. Leopard cannot（or doesn't) change its spot.

—See "The leopard cannot（or doesn't) change its spot."

豹子退不掉身上的花斑。/江山易改本性难移。

563. Lies have short legs.

—Lies are not tenable./Lies have short lives because the truth exposes them.

谎言腿短。/谎言站不住脚。

564. Let him that thinketh he standeth take heed lest he fall.

谁自以为站得稳的，谁就应该谨慎，免得跌倒。/前车之覆，后车之鉴。

[注]出自《新约·哥林多前书》第 10 章第 6-12 节：Now all these things happened unto them for emsamples: and they are written for our admonition,upon whom the ends of the world are come. Wherefore let him that thinketh he standeth take heed lest he fall.

他们遭遇这些事都要作为鉴戒，并且写在经上，正是警戒我们这末世的人。所以，自己以为站的稳的，须要谨慎，免得跌倒。

565. Little chips light great fires.

—A spark of fire may cause a conflagration./What may appear to be a small error can cause great damage. Also see “A little fire burns up a great deal of corn.”

小木片能酿成大火灾。

566. Loftiest trees most dread the thunder.

最高的树最怕雷击。/人怕出名猪怕壮。

567. Let every man praise the bridge he goes over. Or let every man speak well of the bridge that carries him over.

—Do not speak ill of him who has done you a courtesy or whom you have made use of to your benefits.

过桥赞美造桥人。/饮水莫忘掘井人。

568. Let every herring hang by its own tail.

—See “Every herring must hang by its own gill.”

挂鲱鱼要挂尾巴。/人得靠自己。/人须自立。

[注] herring：鲱鱼，盛产于太平洋、大西洋中，有很高商业价值，此处指鱼类。

569. Let every sheep hang by his own shank. Or let every tub stand on its own bottom.

—See “Every tub (or vat) must (or should) stand on its own bottom.”

桶须凭底立。

[注]意为人贵自立。

570. Lay things by, they may come to use.

—A thing may be of no use at present, but it will be useful sometimes in the future. Also see “Keep a thing seven years and you will find a use for it.”

东西搁一旁，总有使用时。/ 蓄艾三年，必有其用。/有备无患。

571. Least talk, most work.

说的最少，作用最大。/说的越少越好。/此时无声胜有声。

572. Let not your tongue cut your throat.

—A warning against careless speech which may expose one to a fatal disaster.

莫让舌头割喉咙/祸从口出。/说话谨慎少闯祸，胡言乱语掉脑袋。

573. Like begets (or breeds) like.

有其因必有其果。/龙生龙，凤生凤。/种瓜得瓜，种豆得豆。/物以类聚，人以群分。

574. Like carpenters, like chips.

—See “A carpenter is known by his chips.”

什么样的木匠就会有什么样的木屑片。/ 什么木匠干什么活。

575. Like father, like son.

—A son is usually like his father in character or in the way he acts.

有其父必有其子。/ 子肖其父。

576. Last time is never found again.

—Time or an opportunity wasted cannot be recalled.

光阴一去不复返。/时乎时乎不再来。/机不可失，时不再来。

577. Little by little and bit by bit.

—See “Little strokes fell great oaks.”

水滴石穿。/锲而不舍，金石可镂。

[注]意为凡事应持之以恒，必有所成。

578. Last time is never found again.

—光阴一去不复返。/ 时乎时乎不再来。/ 机不可失，时不再来。

579. Learning is like rowing upstream; not to advance is to drop back.

—It persuades us to persevere in our learning so as not to fall behind.
学习如逆水行舟，不进则退。

580. Let sleeping dogs lie.

—See "It is ill to wake (or waken) sleeping dogs."
让狗睡着。/莫惹睡狗。
[注]意为莫惹是生非。

581. Let the tail follow the skin.

—Let the appurtenance follow the main bulk./Things should be in the proper order; Don't put the cart before the horse.
主次分明/不可本末倒置。

582. Look before (or ere)you leap.

—Make careful preparations before engaging in anything new, or you may meet unforeseen dangers and difficulties. Also see "Measure thrice before you cut once."
三思而后行。

583. Life is a comedy to him who thinks and a tragedy to him who feels.

对运用理智的人来说，人生乃一喜剧；对诉诸感觉的人来说，人生乃一悲剧。

584. Life is but a span.

—Life is transient.
人生短暂。/人生如白驹过隙。

585. Life is not all beer and skittles.

—Life is not all eating, drinking, and play; not all pleasure; not all harmony and love. /Life contains troubles as well as pleasures, and we should all expect to meet difficulties in life as well as easy times.
人生并非尽是乐事。/人生非只饮食征逐而已。

586. Longest at the fire, soonest finds cold.

—Those that are used to ease, softness, and plenty, will be very sensitive to contrary conditions.
火烤得越久，越易感到冷。

587. Light gains make a heavy purse (or heavy purses).

—Because light gains often come, but great only occasionally.

薄利薄利不起眼，积聚起来钱满袋。/薄利多销，生财有道。

588. Little and often fills the purse.

—Care with small expenses leads to fortune. Also see “Take care of the pence (or pennies) and the pounds will take care of themselves.”

小收入，若常来，积聚起来钱满袋。/小钱积成万，粒粮堆成山。

589. Let us eat and drink: for tomorrow we shall die.

让我们吃喝吧，因为明天就要死啦。/今朝有酒今朝醉。

590. Look after the pence and the pounds will look after themselves.

—See “Take care of the pence (or pennies) and the pounds will take care of themselves.”

一星一点积攒，大手大脚挥霍。/积财不是一日，挥霍只要一时。

591. Long hair, short wit.

头发长，见识短。

[注]此谚语歧视妇女。

592. Love can turn the cottage into a golden palace.

爱情可化茅庐为金殿。

[注]德国谚语，意为贫贱夫妻苦也甜。

593. Love makes a wit of the fool.

—Love makes even fools wiser.

傻瓜的爱情，也会变聪明。

594. Love makes all hard hears gentle.

—People who are hard-hearted will become gentle if love comes to them.

爱情足使铁石心肠软化。

595. Love me little (and) love me long.

—If you love me, not strongly, your love will last for a long time. Mild affection lasts a long time, and is preferable to short-lived strong love.

爱之涓涓细，爱之悠悠长。/淡淡的爱，爱之久长。

[注]意即爱情不宜狂热，而应持久。

596. Little kens the wife that sits by the fire, how the wind blows cold in Hurle-burle-swyre.

—Those who are at ease know little of the trouble that others are exposed to.

主妇坐在炉边，难知隘口风刺骨。/富人不知穷人忧。

[注]Hurle-burle-swyre 是苏格兰境内把 Nithdale 同 Twadale 和 Clydsale 分隔开来的隘口名。

597. Little wealth, less care.

—See"Little gear, less care."

钱财少，操心少。/钱财不多操心少。

598. Love will creep where it may not go.

—See "Kindness will creep where it may not go ."

恋爱总是尽其所能。

599. Like lips, like lettuce.

—The proverb implies that bad things suit each other. This is an alleged saying of M.Crassus, when he heard a description of an ass eating thistles. Also see "Eye for eye and tooth for tooth."

臭味相投。

[注]据说古罗马政治家 M •克拉苏听别人说起驴子吃刺蓟时曾说过此话。

600. Laws are like cobwebs, which may catch small flies, but let wasps and hornets break though.

法律如蛛网，捉得住苍蝇捉不住黄蜂。/小人物绳之以法，大人物却逍遥法外。/ 刑不上大夫。

601. Little thieves are hanged, but great ones escape.

小偷被绞，大偷逃脱。/小偷上绞台，大偷躲起来。/窃钩者诛，窃国者候。/只打苍蝇，不打老虎。

602. Lowly sit, richly warn.

—A mean condition is both safer and more comfortable than a high estate. /A person who has very little is free from envy or robbery.

不做高官不害怕，不发大财心不惊。

603. Let not the cobbler (or shoemaker) go beyond his last.

—See "A shoemaker should stick to his last."

鞋匠不能放下楦头。/各守各业，各执其事。/敲锣买糖，各干一行。

604. Let your speech be always with grace, seasoned with salt.

讲话要温和，象调上盐一样。/言必有中，言之有物。

605. Lose on the swings what you make on the roundabout.

—See "What one loses on the swings one makes up on the roundabouts."

“转木马”得来“打秋千”失去。/得东失西，依然如故。/失之东隅，收之桑榆。

606. Misfortune might be a blessing in disguise.

不幸之中可能隐藏着幸运。/ 因祸可能得福。/ 塞翁失马，安知非福。

607. Man's best plans often miscarry.

好计划常被搞错。/人算不如天算

608. Measure another's corn by one's own bushel. Or measure other people's corn by one's own bushel.

用自己的蒲式耳去量别人的谷子。/以自己的升，量别人的谷。/以己度人。

[注]意为按自己的尺度去衡量别人。

609. Mend or end.

不改则废，不进则退

610. Muck and money go together.

—Those that are slovenly and dirty usually grow rich, not they that are nice and curious in diet, house, and clothes./ Dishonest business practices may result in obtaining money.

富者不洁，洁者不富。/为富不仁，为仁不富。

611. Men in born unto trouble, as the sparks fly upward.

人生在世如同爆出的火花必有难。/天有不测风云，人有旦夕祸福。

612. Money burns a hole in the pocket.

—See “Your money burns a hole in your pocket.”

有钱就烧包，急着要花掉。/ 钱烧口袋漏，一有就不留。

[注]意为有的人钱一到手就花光，好像口袋烧了个洞，钱立即就漏下来一样。

613. Money does not grow on trees.

—Money cannot be made easily.

钱非树上长。/挣钱不易。

614. Many do kiss the hands, they wish to see cut off.

—See “Many kiss the hand they wish cut off.”

表面亲热吻人手，内心却想把手除。/笑里藏刀。/明是一盆火，暗示一把刀。

615. Many kiss the baby (or child) for the nurse's sake.

—Many people show their kindness to the companions, friends or relations, of those upon whom they have a design, which they hope, by their influence, to effect.

为悦保姆心，才把孩子亲。/醉翁之意不在酒。

[注]意即很多人为了利用别人的影响来达到自己的目的，就对与他有关的人大献殷勤。

616. Many a slip twist (or **between**) **the cup and the lip.**

—Men cannot count on anything until it is actually in their grasp./Something may easily go wrong before a plan is fully carried out. /He may suffer defeat when victory is within reach.

杯到口边，还会失手。/凡事都难十拿九稳。/功败垂成。

617. Mend or mar.

不成则毁。/或成之，或毁之。

618. More haste, less speed.

—If one is too hasty one may make errors and be compelled to start all over again, so the task may take longer than if one had been “slow but cure”.

欲速反慢。/欲速则不达。

619. Make hay, while sun shines.

—Take advantage of favourable circumstances to act once when action will have the most effect. / Seize the opportunity when it presents itself.

趁着阳光好，赶快晒饲草。/趁机行事。/趁热打铁。

620. Man proposes, God disposes.

—Men make plans, but it is god who really decides what shall happen. Man is powerless against God’s wishes.

谋事在人，成事在天。

621. Many little strokes fell down strong oaks. Or many strokes fell great oaks.

—Even the most difficult undertaking can be accomplished if approved with skill and patience. Also see “little strokes fell down strong oaks.”

持之以恒，事情必成。/锲而不舍，金石可镂。

622. Make hay, while the sun shines.

—Take advantage of favorable circumstances to act at once when action will have the most effect./ Seize the opportunity when it presents itself.
趁着阳光好，赶快晒饲草。/ 趁机行事。/ 趁热打铁。

623. Make not mickle of little.

—Do not exaggerate the importance of small matters./do not make a difficulty seem much greater than it really is.
不要小题大作。/不可言过其实。

624. Make not your sauce till you have caught the fish.

—See "Never fry a fish till it is caught."
鱼未捉到，莫备调料。/不可操之过急。

625. Man doth not live by bread only.

人不是仅仅靠食物活着。/精神与食物同样重要。

626. Mother's darlings make but milksop heroes.

—See "A child may have too much of his mother's blessing."
娇养儿难成大器。/ 惯宝宝，不成器。

627. Many dishes, many diseases. Or many dishes make many diseases.

—Eating too much breeds diseases.
暴食暴饮疾病多。/多食伤肠胃。

628. Mischiefs come by the pound and go away by the ounce.

—See "Misfortunes come on wings and depart on food."
灾祸成磅来，退去成盎司。/祸来如山倒，祸去如抽丝。
[注]意为灾祸来的快，去的慢。

629. Money can buy the devil himself.

—Money will succeed where everything else fails. Also see "Money makes the mare（to）go."
钱能买通鬼神。/有钱能使鬼推磨。

630. Money has no smell.

金钱是没有气味的儿。/金钱无臭。
[注]此为追求金钱的人自我解嘲。来自拉丁语 "pecunia non olet."

631. Money is a bottomless sea, in which honor, conscience and truth may be drowned.

—The proverb suggests that money is the worst evil of all in the world.

金钱的海洋深无底，它能淹没荣誉、良心和真理。/金子可以坠死人。

[注]意即金钱是万恶之首。

632. Money is a good servant, but a bad master.

—Money is a very useful, but one should not make decisions using only acquisition of money as a criterion or he will be unhappy.

要让人支配钱，莫让钱支配人。/要做金钱的主人，勿做金钱的奴隶。

633. Money is round, and rolls away.

—Riches do not always favour the same person.

钱币圆溜溜，来了就滚走。/财富无常。

634. Money is the sinews of war.

—It is money that buys arms and equipment; a country without money cannot wage a long war.

金钱是战争的命脉。

635. Money makes a man free everywhere.

—Whoever has money may be welcome where he goes and do whatever he will at his own pleasure.

有钱到处都自由。/有钱路路通。

636. Mills and wives are ever wanting.

—It requires much to keep a mill useful and a wife fine.

好磨难寻，好妻难得。

637. Marriage is a lottery.

—Even with most care in selecting a spouse, there will always be some risk. /Things seem to happen by pure chance, the outcome cannot be foreseen.

结婚如抽签，结局难预料。

638. Men leap over where the hedge is lowest.

—See "Where the hedge is lowest, men may soonest over."

人从篱笆低处跳。/矮篱有人跨，人弱受人欺。

[注]意为趋易避难乃人之天性，也谓弱者易受人欺。

639. Mend your clothes and you may hold out this year.

—It is spoken to advise people to be thrifty.

补好破衣衫，还可穿一年。/新三年，旧三年，缝缝补补又三年。

640. Many a little (or pickle) makes a mickle.

—Many littles make a great deal. /Economy in trifles abundance.

积少成多。/聚沙成塔。/集腋成裘。

[注] pickle：少量。

641. Many drops make a shower.

众多水滴变成雨。/积少成多/聚沙成塔。

642. Many go out for wool and come home shorn.

—See “Go for wool and come home shorn.”

大家出去找羊毛，回来却见羊毛被人剪掉了。/偷鸡不着蚀把米。

643. Men live like fish, the great ones devour the small.

—In society the strong prey upon the weak and the weak upon the still weaker.

人像鱼，为生存，大吞小，强凌弱。/弱肉强食。

644. Make bricks without straw.

做土坯不用稻草，徒劳无功。/巧妇难为无米之炊。

645. Man is a wolf to man (or is to man a wolf).

—The greatest enemy to man is man.

人对人是豺狼。/人心狠，人吃人。

[注]此谚语是对有史以来阶级社会中人际关系的高度概括。

646. Many a good cow has an evil (or bad) calf.

—Many good people may have bad children.

好牛难免生劣犊。/虎父常生犬子。

647. Many words will not fill a bushel.

—Mere promises will not help the needy. Also see “Fine words butter no parsnips.”

空言无补。/画饼难充饥。

648. Many would be cowards if they had courage enough.

气壮如牛，胆小如鼠。/色厉内荏。/外强中干。

[注]意为人在紧急关头若有胆怯表示，常被指责为怯懦，这就迫使许多人行动勇敢起来，尽管他们也还是感到十分惊恐。

649. Mickle head, little wit.

—This is a groundless reflection meaning that a person with a big head has little wit.

脑袋大，智慧少。

[注]此谚语未必有可靠的依据。

650. Much water runs by the mill that the miller knows not of.

磨坊边流过的水很多，连磨坊主也不知道。

[注]意为见远不见近。

651. No one but the wearer knows where the shoe pinches.

—See “No one knows where the shoe pinches like the wearer.”

只有穿鞋的人才知道鞋子哪里紧脚。/鞋子何处夹脚，只有穿者知道。/自己的苦处自己知道。

652. No pains, no gains (or profit).

Nothing can be gained without taking trouble.

不劳则无获。

653. No man is indispensable.

—However useful or important a person may be, another can always be found to fill his place. Some people think they are absolutely necessary to the organization in which they work, but when they have to leave others are found to take their place.

谁都不是必不可少的人。/走了张屠夫，不吃混毛猪。

654. No fence against a flail.

—See “No fence against ill fortune.”

篱笆经不起连枷锁，人力挡不住厄运袭。

655. No piper can please all ears.

—See “It is hard to please all.”

没有乐手能吹奏人人觉得悦耳的乐曲。/一人难称百人意。

656. Never cackle till your egg is laid.

—Never brag before you make sure you have done something.

蛋还未下，先别咯咯叫。/ 事未成功，切莫宣扬。

657. Never fry a fish till it is caught.

—Never depend on getting a profit or gain before you have it. / Make sure that a thing is actually yours before you speak of or act as if it were already yours. Also see “Gut no fish till you get them.”

鱼未捉到，别忙煎鱼。/ 勿过早打如意算盘。

658. Nothing can come of nothing.

—See "Nothing comes from nothing."

没有只能换到没有。/乌有只能化为乌有。/本来无一物，何处惹尘埃?

[注]出自莎士比亚。come of：由于，是……的结果。

659. Never deter till tomorrow that which you can do today.

—See "Never put off tomorrow that you can do (*or* that may be done) today."

今天能做之事，不要拖到明日。/今日事，今日毕。

660. Never do things by halves.

—Never leave a job half-done complete properly anything you begin to do.

凡事不可半途而废。/做事要有始有终。

661. Neither cast ye your pearls before swine.

—See "Never cast your pearls before swine."

莫将珍珠撒在猪前。/也不要把你们的珍珠投给猪。/不要明珠投暗。

662. Never trust a wolf with care of lambs.

—See "Give never the wolf the wether to keep."

别叫狼来照顾小羊。/莫将羊羔托付狼。/不要引狼入室。

663. No herb will cure love.

相思病无药可治。

664. None rose without a thorn.

—See "There is no rose without a thorn."

没有不带刺的玫瑰。/没有十全十美的幸福。/有乐必有苦。/无喜不带忧。/家家都有一本难念的经。

665. None so blind as he (or they)who will not see.

—See "None (are) so blind as those that (or who) will not see."

不愿看的人最瞎。/瞎莫甚于不看。

666. No man cries "stinking fish."

— Everyone dislikes speaking of his own defects.

卖鱼的不叫鱼臭。/卖瓜的不说瓜苦。

667. No fire without (some) smoke.

—See "There is no fire without (some) smoke."

无火不冒烟。/ 有利就有弊。/ 有烟必有火。/ 无风不起浪。

[注]意为事有利弊，亦谓谣言并非毫无根据。

668. Nothing dries so fast as a woman's tears.

易干不过女子泪。

[注]意为妇女更容易忘记自己的不幸。

669. Nature abhors a vacuum.

自然界里无真空。

[注] 意为任何自然界的缺陷，最终都将弥补。

670. No man is a hero to his valet.

—The personal servant of a great man has a lower opinion of him than that held by the public. A valet, a servant whose chief duty is to look after his master's clothes, always knows the weak points in his character, points that are concealed from the public; so, to the valet, the master is never a hero.

主人在仆人眼里永远不是英雄。

[注]意即侍从整天跟随主人，对主人品质上以及其他不为公众所知的弱点了若指掌。

671. No fence against ill fortune.

—Some evils and calamities assault so violently that there is no resisting of them.

什么篱笆也挡不住恶运。/恶运难逃。

672. No smoke without (some) fire.

—See "There is no smoke without fire."

无火不冒烟。/有果必有因。/事出有因。/无风不起浪。

673. Need makes the old wife trot.

—In an emergency, an old woman will run with short steps.

事急老妪跑。

674. News are like fish.

—News can't long remain current; today's news is old tomorrow.

新闻就像鱼，过后不新鲜。

[注]古英语中 news 为复数，故谚语中动词是 are。

675. Nightingales will not sing in a cage.

夜莺在笼子里唱不出歌来。

[注]意为不能束缚人的思想。

676. No longer pipe, no longer dance.

—The proverb is a reflection on those who are kind only while getting benefits.

不吹笛子舞就停，不得好处就忘恩。

677. No love is foul, nor prison fair.

—Prisons are always bad places; love is always beautiful.

没有丑恶的爱情，也没有美好的监狱。

678. No man loveth his fetters, be they made of gold.

即使镣铐是金子做的，也没人喜欢戴。

[注] loveth：（古）love 的第三人称、单数、现在式。

679. One falls into Scylla in seeking to avoid Charybdis.

—In trying to extricate oneself from one evil, one falls into another. Scylla and Charybdis are employed to signify two equal dangers. Scylla is a six-headed sea monster living on a rock, opposite the whirlpool Charybdis, on the Italian side of the Straits of Messina.

为躲六头女妖，却遇漩涡水怪。/为避龙潭，却入虎穴。

680. One mangy sheep spoil a whole flock.

—See "One scabbed sheep infects the whole flock."

一马有病百马忧。/一个烂桃坏满框。

681. One woe doth tread upon another's heels.

—Misfortunes come in succession, one leads to another.

灾祸接踵而来。/船漏偏遇顶头风。

682. Out of frying pan into the fire.

跳出油锅，又进火坑。/刚出龙潭，又入虎穴。

683. One cloud is enough to eclipse all the sun.

片云足以遮全日。/一手遮天。

[注]意为权势人物，玩弄骗人手法，足以遮蔽众人耳目。Eclipse：把……遮暗；使失色。

684. One cloud (or calls for) many.

一次撒了谎，多次假话帮。

[注]意为撒了谎就需要继续撒下去，以为前次谎言做掩护，这样就越陷越深，不能自拔。

685. One tree does not make a forest.

独木不成林。

[注]意为一个人力量薄弱，难以成事。

686. One who lies down with dogs, must rise (up) with fleas.

—See "He that lies down with dogs, must rise (or will get) up with fleas."

与狗同卧，跳蚤上身。/近朱者赤，近墨者黑。

687. Open rebuke is better than secret love.

公开的谴责胜过背地的爱情。/率直的批评是友谊的厚礼。/良药苦口利于病，忠言逆耳利于行。

[注]出自《旧约·箴言》第 27 章 5-6 节：Open rebuke is better than secret love. Faithful are the wounds of a friend; but the kisses of an enemy are deceitful.

当面的责备，强如背地的爱情。朋友加的伤痕出于忠诚；仇敌连连亲嘴却是多余。

688. Oft ettle, whiles hit.

—People who have tried many times to do something may finally succeed.

经常瞄准，终能中的。/只要坚持，终会成功。/功到自然成。

[注] ettle：瞄准。whiles：时常

689. One careless move loses the whole game.

—See "One false move may lose the game."

一着不慎，满盘皆输。/一步错，全局输。/一事差，百事错。

690. Of two evils choose the less(or least).

—When you have to choose one of two alternatives, both bad, choose the one that is less harmful or unpleasant than the other. For example, an army commander sometimes must choose whether to fight and lose all his men, or to retreat.

两害相权取其轻。

691. On Monday morning don't be looking for Saturday night.

周一上午莫想周六晚上。

[注]意为别在开始工作时就想玩。

692. Opportunity seldom knocks twice.

—See "He who hesitates is lost."

机遇很少敲两次门。/机不可失，时不再来。

[注]意为机遇来临时要抓紧，不可错过。

693. One pair of heels is often worth two pairs of hands.

—See "he that fights and runs away may live to fight another day."

一双脚后跟胜过两双手。/三十六计，走为上计。

694. One swallow does not make a summer.

一燕不成夏。

[注]出自《伊索寓言》。初夏时燕子大量地飞到英格兰。在此之前，个别燕子先行到达。因此不能看到一、两只燕子就认为夏天已经来临。实际上此谚语的含义是：一件证据不足以定案；克服了一个困难不能认为万事大吉；目前生活舒适不意味着今后永远安逸。

695. Our pillow is our best adviser.

—See "The night will give you counsel."

枕头是人们最好的顾问。

[注]意即夜阑人静是便于人们思考问题的最佳时光。

696. Once wood and aye the waur (or and never wise).

—Those who have once been mad will seldom have their senses sound and well again./ Recovery from madness is seldom complete.

疯病难除根。

697. One hour's sleep before midnight is worth three after.

午夜前睡一个小时抵得上午夜后睡三个小时。/早睡早起，更有效率。

698. Omelets are not made without breaking eggs"

—See "You cannot make an omelette (or omelets)without breaking eggs."

不打鸡蛋便摊不成鸡蛋饼。/欲达目的，须花代价。/有失才有得。

699. One nall drives out another.

一钉入，一钉出。/ 新的挤掉旧的。

[注]意为习惯、感情、爱情、危险等总是新的挤掉旧的。

700. Old porridge (or pottage) is sooner heated than new made.

—Old lovers fallen out are sooner reconciled than new loves begun.

剩粥剩汤容易热。/旧情侣易和好，新爱情难孕育。

701. Old friends and old wine are best.

—Friends, like wine, improve with age; thus the older they are, the better

they are.
陈酒味醇，老友情深。

702. Old wood best to burn, old wine to drink, old friends to trust, and old authors to read.

—Old wood is easiest to born; old wine is most pleasant to drink; old friends are most reliable and old authors are known to have written classics.
烧火要烧老木头，喝酒要喝老黄酒，读书要读老作家，托事要托老朋友。
[注]本谚中的 old authors 代指老作家的著作。

703. One man may steal a horse, while another may not look over the hedge.

—Some people are specially privileged, and can take liberties, or commit crimes, ect., with impunity, while others get punished for very trivial offices.
只许州官放火，不许百姓点灯。

704. One (man) sows and another reaps.

一人播种，他人收获。/人尽其劳，汝享其利。

705. One crow never pulls out another's eye.

—See "Dog does not eat dog." and "Grow does not pick crow's eyes."
乌鸦不啄乌鸦眼。/同类不相残。

706. Old use and wont legs about the fire.

— This is a reflection on those who persevere in a bad custom.
旧习俗总绕着炉火转。/旧习难改。
[注] use and won：established custom（习俗）。此谚语是对坚持旧风俗的指责。

707. Old wives were aye good maidens.

—Old people will always be boasting what fine feats they did when they were young.
老妇爱夸当年俏。/老人爱夸当年勇。

708. One cannot please everybody.

众口难调。

709. Over fast over loose.

过分牢固反而不牢。

710. Of evil grain no good seed can come.

劣种结不出良籽。

[注]意为不良起因产生不了良好后果。come of：由于，是……的结果。

711. Oaks may fall when reeds stand the storm.

—Leader may lose power and position in difficult times, but common people remain.

芦苇耐风暴，橡树却易倒。/树大招风。

[注]意即当老百姓比做官更安全。

712. One drop of poison infects whole tun of wine.

一滴毒药毒坏整桶酒。/一泡鸡屎坏一缸酱。

[注]tun：大（酒桶）。

713. One barking dog sets all the street a-barking.

一条吠犬引来全街狗吠。/一犬吠影，百犬吠声。

[注] a-barking：跟着叫。

714. Over shoes, over boots.

一不做，二不休。

715. Plato is dear to me, but dearer still is truth.

柏拉图很亲切，但更亲切的是真理。/ 吾爱吾师，吾更爱真理。

716. Practice makes perfect.

熟能生巧。/巧干来自熟练，熟练来自实践。

717. Pride goeth before destruction.

毁灭的前面是骄傲。/ 骄者必败。

718. People who live in glass houses have no right to throw stones. Or people（who live) in glass houses should not throw stones.

—Glass houses are easily damaged, so one who live in such a house should not throw stones at his neighbor's house, or his neighbor will throw stones back and do more damage than he has suffered himself./ People who are in vulnerable position should not complain about other people if you are as bad as they are.

住在玻璃房子里的人不可扔石头。/自己有缺点，别挑别人短。自己不正，焉能正人。/正人先正己。

719. Praise the sea, but keep on land.

赞美大海，却待在陆地。/叶公好龙。

720. Put the saddle on the wrong horse.

鞍子放错了马背。/错怪了人。/夸错了人。

721. Plant pears for your heirs.

—Plant trees which will benefit future generations. Also see “He that plants a tree plants for posterity.”

梨树前人摘，梨子后人摘。/前人栽树，后人乘凉。

722. Provide for the worst, the best will save itself.

做最坏的准备，就会有最好的结果。

[注]provide for：为……准备。

723. Paddle your own canoe.

独木舟要靠自己划。/靠己莫靠人。

[注]意为自己的事要自己做，不能指望别人帮助。要自力更生。

724. Praise no man till he is dead.

—Only when a person is dead can be finally judged and assessed.

盖棺定论。

725. Procrastination is the thief of time.

—Putting off things continually will lead to a waste of time and opportunity. / Time is wasted by dilatoriness.

拖延乃偷盗时间之贼。/拖延就是浪费时间。

726. Pleasant words are as honeycomb, sweet to the soul, and to the bones.

亲切的言语甜如蜜，使人愉快，舒筋爽骨。/良言一句三冬暖。/两眼胜似金玉。

[注]出自《旧约·箴言》第316章第23—24节：The heart of the wise teacheth his mouth, and addeth Learning to his lips. Pleasant words are as honeycomb, sweet to the soul, and to the bones. 有智慧人的心，使自己嘴灵巧，使自己说出的话，更有说服力。亲切的言语甜如蜜，使人愉快，舒筋爽骨。

727. Promise little, but do much.

少许愿，多做事。/少说多做。

728. Pour not water on a drowned mouse.

—Never insult those who are down already. /Never add affliction to those

who are in misery.
莫在淹死的老鼠身上泼水。/不要落井下石。

729. Put not thy hand between the bark and the tree.

—Do not meddle in family matters.
他人家事莫插手。

730. Put your hand no farther than your sleeve will reach.

—See "Stretch your arm no further than your sleeve will reach."
勿将胳膊伸到袖口外。/量入为出。

731. Pay the piper while others call the tune

花钱让别人点曲子。/自己花钱，他人点曲。/花钱买爆竹，让别人放。

732. Penny and penny, laid up, will be many.

—See "Take care of the pence and the pound will take care of themselves."
便士加便士，聚成大数字。/积腋成裘，聚沙成塔。

733. Plenty makes dainty.

—When people have variety of many foods, or abundance of one sort, they are nice and delicate.
人一富足，就爱讲究。

734. Purse is the Archdeacon's hell.

钱包是主教的地狱。

735. Pigs love that lie together.

—A familiar conversation breeds friendship among those who are of the most base and sordid nature.
躺在一起的猪互不嫌脏，凑在一起的小人臭味相投。

736. Put the saddle on the right horse.

鞍子该放在哪匹马背上，就放在哪匹马背上。/责备该责备的人。/赏罚分明。

737. Put up thy sword into the sheath.

收刀入鞘。/化干戈为玉帛。

[注]出自《新约·约翰福音》第18章第10-12节：Then said Jesus unto peter, Put up thy sword into the sheath: the cup which my Father hath given me, shall i not drink it?耶稣对彼得说:"收刀入鞘吧!我父所给我的那杯，我岂可不喝呢？"

738. Puddled wine is worse than water.

—See "Spilt wine is worse than water."

泼在地上的酒还不如水。

[注] puddled 此处与 spilt 同义，指酒泼到地上与泥沙混在一起。

739. Respect a man, he will do the more.

—If you respect others, you will be more respected.

你若敬人，人更敬你。/让礼一寸，得礼一尺。

740. Reap as (or what) one has sown.

种瓜得瓜，种豆得豆。/自食其果。

741. Riches are like much, which stink in a heap, but spread abroad make the earth fruitful.

—A person who has accumulated a great amount of wealth just for himself most often becomes cruel and merciless; but if distributed, the wealth would be of great benefit to many people, just like manure, which stinks in a heap but helps to produce more grain and fruit if spread. The proverb tells what attitude people should adopt towards riches.

钱财如废土；堆积则发臭，分散可肥田。

[注]此谚语实指人们对钱财应报什么态度。

742. Riches certainly make themselves wings.

钱财长翅膀。/钱财为身外之物。/钱再多也会化为乌有。

743. Rats desert a sinking ship.

—This refers to those who desert their posts and friends when danger is coming.

船沉鼠逃离。/家败亲友疏。

744. Seeing is believing.

眼见为实。/ 百闻不如一见。

745. Still waters have deep bottom. Or still waters run deep.

—A deep stream makes no noise, but a shallow one, running quickly over rocks, makes a loud noise. A quiet manner may conceal a great depth of feeling, of knowledge or of character. Deep thinkers are persons of few words; silent conspirators are the most dangerous, for their calm exterior covers their ulterior motives.

水静流深，人静心深。/大智若愚。/人心叵测。

746. Soft and fair goes far.

—See "Fair and softly goes far (in a day)."

谦和致远。/和和气气，事事顺利。

[注]此谚语常以劝告人们做事要有礼有节。

747. Scanderbeg's sword must have Scanderbeg's arm.

—Mohammed I, the Turkish emperor, wanted to see Scanderbeg's sword, but when presented no one could draw it. The emperor, deeming himself imposed upon, sent it back. Scanderbeg replied he had sent his sword, not the arm that drew it. George Scanderbeg (C. 1404~68), Albanian national hero who led his country's resistance (1443~68) against the threat of Turkish domination.

要将宝剑拔出鞘，惟有义士能做到。/宝剑应由义士擎。

[注]斯坎德培是 15 世纪阿尔巴尼亚抗击土耳其入侵的民族英雄。据说土耳其皇帝穆罕默德一世想看看斯坎德培的剑，但是宝剑送去之后谁也无法拔剑出鞘。他认为自己受骗，便派人把剑送了回去。斯坎德培对来人说：他给陛下送去了宝剑，可没送去他的手臂。

748. Sweet are the uses of adversity.

—Adversity, though very unpleasant in many ways, has some advantage. Misfortune and trouble each one to be courageous and to be sympathetic to wards others in trouble. This is a Quotation from Shakespeare's *As You Like It.* The speaker is a philosopher who believes there is "good in everything" even in misfortune.

逆境也有其有利的一面。/不幸之中寓有幸。/祸兮福所倚。

[注]出自莎士比亚《皆大欢喜》。意即挫折和逆境虽然不利，但它能使人变得勇敢坚强。

749. Sell the bear's skin before one has caught the bear.

熊未捉到先卖皮。

[注]意为过早乐观。

750. Sweet in the on taking, but sour in the off putting.

—Spoken of debt for the most part, but applied to sin, sensual pleasure and the like.

借钱乐滋滋，还债苦凄凄。/ 欢乐在前，痛苦在后。

751. Scratch me and I'll scratch you. Or scratch my back and I'll scratch yours. Or scratch my breech and I'll claw your elbow.

你帮我挠，我帮你搔。/你帮我来我帮你。/你捧我来我捧你。/善来好往。/互相利用，朋比为奸。

752. So that the birds of the air come and lodge in the branched thereof.

飞鸟都到树枝上栖息。/一人引来火种，温暖百人心胸。/一人修路，万人安步。

[注]出自《旧约·马太福音》第 13 章第 31－32 节：Which indeed is the least of all seeds: but it is grown, it is the greatest among herbs, and becometh a tree, so that the birds of the air come and lodge in the branched there of.

753. Satan reproves (or rebukes) sin.

—See "The devil rebukes sin."

撒旦谴责罪孽。/魔头反对作恶。/贼喊捉贼。

754. Save your breath (or wind) to cool your broth (or porridge).

—See "Keep your breath (or wind) to cool your broth (or porridge)."

留着一口气，吹凉你的汤。/ 少管闲事少吃屁。

[注]save one's breath：不要白费力气去谈某事。

755. Skill is no burden.

—See "Cunning is no burden."

技艺绝非负担。/艺多不压身。

756. Silence catches a mouse.

—Saying nothing, before you are ready to put a plan into execution, is the way to avoid prevention and effect your business.

不声不响逮的住老鼠。/八字没一撇，不要先张扬。

[注]意即做事以前不宣扬是避免阻力、取得成功的方法。

757. Spare to speak, (and) spare to speed.

—Unless a man takes interest, and makes a request, he will not readily come to profit, honor, or advancement.

口都不愿开，事情怎能成？

758. Save money against a rainy day.

平时存钱，防备雨天。/ 宽裕时省钱，防患于未然。

[注] a rainy day：雨天；萧条（遭难，穷困）的时候。

759. Scornful dogs will eat dirty puddings

—See “Hungry dogs will eat dirty puddings.”

傲慢之犬，布丁脏了也吃。/ 急不暇择。/饥不择食。

[注]意为人在危急时，平时不屑一顾的事也做。scornful：傲慢的。

760. Set a thief to catch a thief.

—The best way to catch a thief is to employ another thief to catch him, for one thief knows the tricks and habits of another and is more likely than an honest person to catch him.

以贼擒贼。/ 以毒攻毒。

761. Spare your breath to cool your porridge.

—See “Keep your breath (or wind) to cool your broth (or porridge).”

留着一口气，吹凉你的粥。/ 少管闲事少吃屁。

762. Share and share alike.

盈利共享。/损失共担。/同甘共苦。

[注]意为凡参加合资企业的人都应公平分享盈利或承担损失。

763. Some seeds fell by the way side.

（播种的时候）有的落在路边。/做活没技巧，吃力不讨好。/凡事一阵风，累死也无功。

[注]出自《新约·马太福音》第 13 章第 2—4 节：And he spake many things unto them in parables, saying, Behold, a sower went forth to sow; And when he sowed, some seeds fell by the way side, and the fowls came and devoured them up. 他用比喻对他们讲许多道理，说，“有一个播种的出去播种。撒的时候，有的落在路旁，飞鸟来把它吃了。”

764. Spit on a(or the) stone,(and) it will be wet at last.

—Constant and perpetual doing, though slow, yet may at least affect great things.

功到自然成。/ 滴水穿石。

765. Save a thief from the gallows and he will hate (*or* will never love) you.

—See “Save a thief from the gallows and he will be the first to do thee a mischief.”

救贼免于一死，他将恨你不止。/对恶人勿行善。

766. Stop a stitch while I put a needle in.

—Applied to anyone when one wishes him to do anything more slowly.

事情宜慢不宜快。

767. Set a beggar on horseback, and he'll outride the devil (*or* gallows).

—A person who suddenly becomes rich or an unimportant person who suddenly "rise in the world" may behave very extravagantly and foolishly and so ruin himself.

叫化子发财，忘乎所以。/暴发户，不久长。/小任诈富必有祸。

768. Stretch your arm no further than your sleeve will reach.

—Spend no more than your estate will bear.

量入为出。

769. Silks and satins put out the kitchen fire (or the fire in the chimney).

—Commonly spoken by servants, when they think that their master's and mistresses' extravagant clothes make their food and drink something scarcer.

穿绸着缎，无米煮饭。/讲究穿戴，勒紧裤带。

770. Sometimes words hurt more than swords.

—Sometimes a word wound is harder to cure than one inflicted by a sword.

话语伤人，有时胜过刀割。

771. Shod in the cradle, barefoot in the stubble.

—Spoken of those who are tenderly treated in their infancy, and later meet with harsher treatment.

摇篮之中穿鞋睡，庄稼茬里赤脚行。/从小娇惯，长大吃苦。

772. Small birds must have meat.

—Children must be fed, they cannot be maintained with nothing.

小鸟要吃食，小孩要喂养。

773. Spare the rod and spoil the child.

—The absence of discipline will spoil a child's character.

闲了棍子，惯了孩子。/孩子不打不成器。

774. Such lips, such lettuce.

—See "Like lips，like lettuce."

什么样的嘴吃什么样的莴苣。/臭味相投。

775. Small rain lays great dust.

小雨可浥大尘。

[注]意为小物也有大用。

776. Sharp stomachs make short graces.

肚饿礼仪差。

[注]意为饿着肚子，饭前感恩祈祷也说得短。

777. Sow wheat in dirt, and rye in dust.

—A wet season agrees with one, and a dry with the other.

干种络脉，湿种小麦。

[注]此乃农谚。

778. Stagnant water breeds mosquitoes.

死水滋生蚊子。

[注]意为人不运动会生病，死水一潭的地方会腐败，甚至危害社会。

stagnant：（水等因不流动而）污浊的。

779. That suit is best that best suits me.

最适合我穿的衣服是最好的衣服。/ 合适的就是最好的。

780. The most difficult thing in life is to know yourself.

人生最难是自知。/人贵有自知之明。

781. There is but one step from the sublime to the ridiculous.

从伟大到荒谬只差一步。/真理多走一步便成谬误。

782. There is no proverb without a grain of truth.

—All proverbs have some useful meaning in them.

条条谚语都含哲理。

783. To be forewarned is to be forearmed.

—See "Forewarned, forearmed."

早得警报早预防。/有备无患。/凡事预则立，不预则废。

784. To know the disease is half the cure.

确诊病症，一半治愈。/对症下药，药到病除。/知因方能治本。

785. True coral needs no painter's brush.

真珊瑚不用刷红漆。

[注]意为本质好的东西无需装饰。

786. To look for a needle in a haystack.

草堆中寻针。/ 大海捞针。

787. The handsomest flower is not the sweetest.

最好看的花并不是最香的。/最美的花不一定最香。

788. The style is the man.

—A writer's style is similar to his character. Also see "Like author, like Book."

文如其人。

789. There is no wheat without chaff.

没有不带壳的麦粒。/麦粒都带壳。

[注]意为有价值的东西常为无价值的东西所掩盖。

790. The pen is the tongue of the mind.

—The influence of the intellect (as represented by the written word)is greater than that of physical force(as represented by the sword).

笔比剑更强大有力。/武力不如文力。

791. The used key is always bright.

—See "Practice makes perfect."

常用的钥匙闪闪亮。/曲不离口，拳不离手。

[注]意为人应经常练习，方能得心应手。

792. Two blacks do not make a white.

—It is wrong to a bad deed in return for a bad action done to you by another: two bad deeds are not the same as one good one. A bad deed to be repeated by a second similar one, or imitated by another person, does not justify it, palliate it, deprive it of its badness. Also see "Two wrongs do not make a right."

两黑不等于一白。/两邪不等于一正。

[注]意即不能因别人做了对你不利的事而进行报复，也不能用别人的错误掩饰自己的错误。

793. The noisiest drum has nothing in it but air.

—See "Empty vessels make the greatest sound (or the most noise)."

响声最大的鼓中充注的不过是空气而已。/鼓空声高，人狂话大。

794. They are drunken, but not with wine.

你们沉醉，不是由于酒。/酒不醉人人自醉。

[注]出自《旧约·以赛亚书》第 29 章第 9-11 节：Stay yourselves, and wonder; cry ye out,and cry; they are drunken, but not with wine; they stagger, but not with strong drink.你们等候惊奇吧！你们宴乐昏迷吧！他们醉了，却非因酒；他们东倒西歪，却非因浓酒。

795. The tortoise wins the race while the hare is sleeping.

兔子睡懒觉，乌龟跑赢了。/不怕慢，就怕站。

796. The watched pot never boils (or boiled).

—See “A watched pan is long in boiling.”

眼盯水壶水不开。/心急水不沸。/心急锅不滚。

797. The frog in the well knows nothing of the great ocean.

—This applies to a person with a limited outlook.

井底之蛙，不知大海。/坐井观天。

[注]指目光狭小，见识不多的人。

798. Too much breaks (or bursts) the bag (or sack).

—See “Covetousness breaks (or bursts) the bag (or sack)”

贪多装得口袋烂。/人心不足蛇吞象。

799. Teach a dog to bark.

—See “Teach your grandmother to suck eggs.”

教狗学狗叫。/班门弄斧。

800. The cat wanted fish but dared not wet her feet in the stream. Or the cat would eat fish but is loath (or unwilling) to wet her feet(or but would not wet her feet).

—See “All cats love fish but fear to wet her paws”

妄吃牛肉又嫌膻气。

[注]意为想得到某一东西又怕麻烦或担风险而不愿动手。

801. The danger past and God forgotten.

—In time of danger and affliction men will address themselves earnestly to God for relief; but too often when relieve they forget to be thankful.

遇难求上帝，过后全忘记。/好了疮疤忘了痛。

802. The friar preached against stealing and had a goose (or pudding) in his sleeve.

—Spoken of an out-and-out hypocrite whose conduct is at variance with his words.

嘴上说教，自己却偷盗。/说的一套，做的一套。

803. The grass is always greener on the other side of the fence (or hill).

—A saying that life is more comfortable, pleasant, etc, in a different place or situation from the one a person is in at the moment.

篱笆（或：小山）另一边草更青。/ 这山望着那山高。

[注]实指不安心工作或不安于现状者的看法。

804. The hunchback does not see his own hump, but see his companion's.

—It is spoken of a person who does not see his own mistakes but is quick to see faults in others.

只见别人驼背，不见自己背驼。/自己的错误熟视无睹，别人的缺点看得很清楚。/只见别人眉毛短，不见自己头发长。

805. The pot calls the kettle black.

—The proverb is quoted as a comment by a third person when one person blames another for weakness he himself possesses——such as when one liar calls another a liar. Also see "The kettle calls the pot black."

锅嫌水壶黑。/自己不干净，却嫌别人脏。/有心说人，无心责己。/五十步笑百步。

806. The stretch of a chain is its weakest link.

—See "A chain is no stronger than its weakest link."

链条的拉力集中在最薄弱的链环上。/一环软弱，全链不强。/麻绳断在最细处。

[注]意为一个破绽常使整个论点站不住脚，意在劝人修正错误。

807. The sun has its spots.

—See "There are spots even in (or on) the sun."

太阳也有黑点子。/金无足赤，人无完人。

[注]意为人不能无过。

808. The wagon must go whither the horses draw it.

—Anybody of people (whether a business company, association, city or country) must follow the path that its leaders dictate. This is generally used when one considers the leadership to be taking the wrong direction.

马拉到哪里，车就得跟到哪里。/胳膊扭不过大腿。

[注]当人们认为领导者采取的是错误行动方针，然而又不得不跟着照办时，常用此谚语。

809. The worst wheel of a cart creaks most.

—See “Empty vessels make the greatest sound (or the most noise).”

最破的车轮声响最大。/懂得最少者，喊得最起劲。

810. There are less to every wine.

—The best things have some defect.

凡酒皆有沉淀。/物不全美。/金无足赤，人无完人。

811. They speak of my drink that never consider my drought.

—They censure my doing such a thing, who do not consider my occasions of doing it.

不考虑我口渴，却指责我好喝。/不知来龙去脉，只知一味责怪。

[注]指不问青红皂白妄加指责的人。

812. There is no accounting for (or disputing about) tastes.

—People all have different likes and dislikes. Often said by a speaker who disapproves of what has just been mentioned.

人各有所好。/ 百人吃百味。

813. The tongue ever turns to the aching tooth.

舌头总是舔疼牙。/ 痛定思痛。

[注]意为人总是想起使自己烦恼的事情。

814. There is no rose without a thorn.

—There is always something to detract from pleasure Every sweet has its sour. / There is nothing so good without any defect.

没有无刺的玫瑰。/ 无喜不带忧。/有乐必有苦。/好事难十全。

815. There is but a step between me and death.

离死只差一步。/大祸临头。

816. There is no wind which blows no man to good.

—See “It is an ill wind that blows no (man to) good.”

再恶的风也会给一些人带来好运。

817. The tired ox treads surest.

—See “The ox when weariest treads surest.”

牛累走得稳。/年事越高，办事越牢靠。

818. The darkest hour is nearest the dawn. Or the darkest hour is that before the dawn.

—When things have come to their worst, they most mend.

黎明之前天最黑。

[注]意即事情处于最不顺利之时往往预示转机之到来。

819. The cat shuts its eyes when stealing cream (or while it steals cream).

—People do not dare to face up to their misdeeds. Spoken of those who become willfully blind to the wrong which is involved in some gainful sin.

猫偷吃奶酪时总是闭着眼睛。/掩耳盗铃。

820. The fox is known by his brush (or his furred tall).

—A cunning person's evil intentions designs cannot be hidden./ A cunning person is easily recognizes by his actions.

一见刷子尾，便知是狐狸。/狡诈必露。

821. That is a game that two can play at.

—See "Two can play at that game."

这套把戏你会我也会。/你会那样对我，我也会那样对你。/以眼还眼，以牙还牙。/ 以其人之道还治其人之身。

[注]此谚语常作意图报复的威胁语。

822. The bead in the hand, and the devil in capuch (or **in cape of the clock).**

—See "The cross on his breast and the devil in his heart."

手拿念珠，心怀鬼胎。/ 嘴里尧舜禹汤，做事男盗女娼。

[注] capuch：尤指天主教方济各会的托钵僧带的头巾。

823. The cross on his breast and the devil in his heart.

—He appears a man of virtue, but actually he is a man of vice./ He is a man of vice./ He is a man of good words but wicked deeds.

十字挂胸前，鬼魅藏心间。/ 嘴里念弥陀，心赛毒蛇窝。

824. The still sow eats up all the draff (or **wash).**

—This is spoken to persons who look demure but roguish.

吃光那槽中食的是那不吭声的猪。/表面正经，内心狡诈。

825. There is a snake in the grass.

—A pleasant appearance may conceal a great danger.

毒蛇草中藏，暗中把人伤。/ 口甜如蜜，心毒如蝎。/ 口蜜腹剑。

826. There is honour among thieves.

—See "Dog does not eat dog."

盗亦有道。/ 同类不相残。

[注]意为小偷偷老实人毫不手软，但不愿偷另外一个小偷。

827. Take the world as it is (or as you find it). Or take things as they come (or as you find them).

—One must wait and see how events turns out and deals with each new situation in turn as it arises./Adapt yourself to new surrounding or different circumstances.

随遇而安。/既来之，则安之。

828. The dog barks in vain at the moon.

—It is spoken of a person who curses others.

狗吠月亮白费力。/ 人好骂不坏，水落石还在。

829. The sandal tree perfumes the axe that fells it.

—Good should be returned for evil.

斧头砍倒檀树，檀树染香斧头.

[注]意即以善报恶。

830. The sauce is better than the fish.

—The accessories are better than the main part.

本末倒置。/喧宾夺主。

831. The sky is not less blue because the blind man does not see it.

天空不会因为盲人看不见，就不那么蓝了。

[注]意为人或事物的好处不会因为别人看不见而有所减少。

832. There is no pot so ugly that it can't find a lid.

—See "Like loves likes."

壶再丑，也能找到盖子。/ 鱼恋鱼，虾恋虾，乌龟找王八。

[注]意为行为不端者亦有人与之气味相投。

833. Tit for tat.

针锋相对。/针尖对麦芒。

834. Three helping one another bear the burden of six.

三人互相帮助，可担六人重负。/土帮土成墙，穷帮穷成王。

[注]意为互相帮助力量大。

835. Trust not a broken staff.

断裂的拐杖靠不住。

[注]意为不能依靠那些自身难保的人。

836. The camel going to seek horns lost his tears.

—The camel in Aesop's fable asks horns of Jove. Indignant at the foolish request, he deprives it of its ears. The proverb is spoken against those who, being discontented with what they have, in pursuit of more, lose what they once had.

骆驼想长角，结果失双耳。/赔了夫人又折兵。

[注]出自《伊索寓言》：罗马主神朱比特听了骆驼想有双角的愚蠢要求时，一气之下，不仅没有满足其要求，还使它丧失双耳。此谚语常用以讽刺贪心不足者。

837. The first blow is half the battle.

—As soon as a good beginning is made, the rest is easy./A piece of work started in a proper manner is not likely to go wrong before the end. Also see "A good beginning is half done (or half the battle)."

开头顺利，一半成功。/开头好，一半了。/善其始，事半成。

838. The goat gives a good milking, but she casts it all down with her foot.

—Spoken when those who do a piece of good service, by their later behavior spoil the good grace of it.

会成事者也会败事。/成也萧何，败也萧何。

[注]指做了件好事但后来又被自己搞糟了的人。

839. The hindmost dog catches (or may catch) the hare.

—As the last dog most commonly catches the hare which other dogs have turned and tired before, so much who succeed in dangerous and difficult enterprises, generally reap the benefit of the adventure of those went before them.

跑到最后面的狗有可能抓到野兔。

[注]意即在艰难的事业中取得成功的人，往往受惠于前驱者创造的有利条件。

840. The shortest way round is the longest way home.

—See “The longest way round is the nearest way home.”
抄近反绕远。

841. There is many a slip between cup and lip (or **twist the cup and the lip**).
—See “Many a slip twist (or between) the cup and the lip.”
酒杯到口，还会失手。/未到口中在酒杯，还有可能滑落地。/事情往往功败垂成。

842. Through hardship to the stars.
—See “No cross, no crown.”
历经艰辛，摘取星星。/历经艰辛乃成功之路。
[注]此谚语是拉丁谚语 per aspera ad astra 的英译，意为成功的道路并不平坦。

843. Throw the helve after the hatchet.
丢了斧头又丢柄。/赔了夫人又折兵。
[注]意为接连遭受损失。helve：斧柄。hatchet：短柄小斧。

844. The cow knows not what her tail is worth until she has lost it.
牛失去了尾巴才知其可贵。/ 物在不知好，失之方可贵。

845. The darkest place is under the candlestick.
蜡烛台下最黑暗。/登台照人不照己。/当事者昏。
[注]意为当事者往往最不了解情况。

846. The fairest rose at last is (or is at last) withered.
—The fairest and the sweetest rose must fade in time and thus lose its beauty. / Everything nice has an end of its own.
玫瑰再美，终要凋谢。/花无千日红，月无百日圆。

847. The higher standing, the lower fall.
—See “The higher up, the greater (the) fall.”
爬得越高，摔得越狠。

848. The scalded cat (or dog) fears cold water.
—A person who has suffered from doing something has learned to avoid doing it again. Also see “A burnt child (or brain) dreads the fire.”
被水烫伤过的猫，见了冷水也发慌。/一朝被蛇咬，十年怕井绳。

849. Three removes are as bad as a fire.
—See “A rolling stone gathers no moss.”

三次搬家犹如一次失火。/ 搬家三年穷。

850. Today is yesterday's pupil.

今天是昨天的学生。/ 今日以昨日为师。/ 昨天是今天的镜子。/ 前事不忘，后事之师。

851. Too many cooks spoil the broth.

—When cooking broth, or performing any kind of work requiring caw, it is better for one person to work alone without interference from others trying to help. / It is not well for too many persons to be engaged on the same work, lest their plans and labors conflict.

厨子多了煮坏汤。/ 七手八脚反误事。

852. Two dogs fight (or strive) for a bone, and a third runs away with it.

—That is used in the situation where two people fight (maybe only verbally) over something which is lost to a third person in the process.

鹬蚌相争，渔翁得利。

853. The Wade not in unknown waters.

—See "It is not safe wading in unknown water."

不知水情，不可涉水。

[注]意为情况不明，不可冒险。

854. Take therefore no thought for the morrow.

别为明天发愁。/车到山前必有路。/天无绝人之路。

[注]出自《新约·马太福音》第 6 章第 33—34 节：But seek ye first the kingdom of God, and his righteousness; and these things shall be added unto you. Take therefore no thought for the morrow; for the morrow shall take thought for the things of itself. Sufficient unto the day is the evil thereof. 你们应先寻求天主的国和它的法义，这一切自会加给你们。所以你们不要为明天发愁。因明天自有明天的忧虑。一天的苦足够一天受的了。

855. The sea has fish for every man.

—Every man has his chance to get something good.

人人都有获利的机会。

856. There are (or There is) as good fish in the sea as ever came out of it.

—There are plenty of other similar opportunities. / Don't be disheartened if

you've lost the chance of something good; you'll get another.
海中的好鱼捕不尽。/ 有海何患无鱼。/ 失去机会莫发愁，同样机会还会有。

857. There are no birds of this year in last year's nests.
去年的巢里找不到今年的鸟。/ 去年的黄历今年不能翻。/ 事过境迁。

858. They are white already to harvest.
—See "A bad gardener quarrels with his rake."
庄稼已成熟，可以收割了。/ 瓜熟蒂自落，水到渠自成。/ 善哉者见利不失，遇机不疑。
[注]出自《新约 • 约翰福音》第 4 章第 35-38 节：Say not ye, there are yet four months, and then cometh harvest? behold, and look on the fields; for they are white already to harvest. 你们不是说：还有四个月才到收割期吗？看，我对你们说，抬起你们的眼睛，细细地看一看田地，庄稼已经发白，可以收割了。

859. Time is the best healer（or **the great physician).**
时间乃妙手神医。/ 事缓则圆。
[注]意即随着时间的流逝，心灵上的创伤会慢慢愈合。

860. The sins of the fathers do not redound to the children.
父罪不及子。/ 一人做事一人当。
[注] redound to：及于……

861. Take the bull by the horns.
—See "The bull must be taken by the horns."
斗牛要抓牛角。/处理难题要果断。/关键时刻莫手软。

862. Tall trees catch much wind.
—A person in a high position is liable to be attacked.
树大招风。/人怕出名猪怕壮。

863. The chain is no stronger than its weakest link.
—See "A chain is no stronger than its weakest link."
一环薄弱，全链不强。/一环薄弱全局垮。/千里之堤，溃于蚁穴。

864. The highest towers begin from the ground.
—All great accomplishments have a starting point.
万丈高楼平地起。/九层之台，起于垒土。

865. The sting of a reproach is the truth of it.

切中要害的批评方是正确的批评。/正确的批评切中要害。

[注]意为切中要害的批评方能使人猛醒。

866. The wolf preys farthest from his home (or den).

—See "The fox preys farthest from his hole (or home)."

豺狼捕食，远离洞府。/兔子不吃窝边草。

867. To know everything is to know nothing.

—See "A little of everything, and nothing at all."

样样皆通，一样不通。/样样都懂，样样稀松。

[注]天下没有样样皆通的人，希望"样样皆通"，结果将是"一样不通"。

868. To scare a bird is not the way to catch it.

吓唬鸟儿，不是捕捉方法。

[注]意为恫吓解决不了问题。

869. The black ox has trod on his (or your, etc.) foot.

—Misfortune has come to him or his house. The black ox is a symbol for misfortune, adversity, old age.

灾祸临头。/人老珠黄。

[注] black ox 是献给希腊神话中冥王普路托的祭品，常被当做灾祸、苦难、老年的象征。

870. The common horse is worst shod.

—Things for common use are poorly looked after.

马儿众人用，掌子无人钉。/公用之物无人管。

871. The purse of the patient protracts the disease.

病家的钱囊，把病拖的越来越长。/钱多病拖延。

[注]意为医生为了赚钱，不惜拖延治疗，让病人好的慢。

872. There is life in the old dog yet.

—The old fellow is still energetic and active. This is said of an old man who is still as active in some ways as a young man.

老当益壮。

873. There is many a good tune played on an old fiddle.

—Spoken of an old man who is in very good health. Also see "There is life in the old dog yet."

旧提琴仍能奏出好曲调。

874. The devil's meal is all bran.

—Unrighteous gains are sure to disappoint the getter.

不义之财，犹如肤糠。

[注]意即用不正当的手段得到的财物绝不会使获得者满意。

875. The father buys, the son bigs, the grandson sells, and his son thigs.

—It is Scottish proverb which suggests that wealth does not last long.

父买、子建、孙儿卖，曾孙上街当乞丐。/富无三代享。

876. The higher the hill, the lower the grass.

—People of the greatest for tunes are not the most charitable.

山越高，草越矮。/钱越多越吝啬。

877. The poor man's shilling is but a penny.

—Because he must buy everything at the dearest rate.

穷人的钱不值钱。

878. Throw out a minnow to catch a whale.

—See "Throw (out) a sprat to catch a herring."

投小鱼捕大鲸。/舍小鱼，钓大鱼。/舍不得金蝉子，打不住银凤凰。/小钱不去，大钱不来。

[注]意为以较小的代价，获取较大的利益。Minnow：小鱼，杂鱼。

879. Throw out a sprat to catch a mackerel.

—See "You must lose a fly to catch a trout."

投小饵，钓大鱼。/吃小亏占大便宜。

880. The buyer needs a hundred eyes, the seller but one.

—The seller may often cheat the trusting buyer.

买主需要百只眼，卖主只需一只眼。/只有错买的，没有错卖的。

881. Thrift is the philosopher's stone.

—See also "Sparing is a great revenue."

节俭就是点金石。/节约就是聚宝盆。

882. The game is not worth the candle.

—The effort is not worth making: the result will not pay for the trouble, even the cost of the candle that lights the players. / The difficulties resulting from a certain course of action are greater than the advantage it will bring.

得不偿失。

883. The game knife cuts bread and fingers.

—See “Fire is as hurtful as healthful.”

同一把刀既可切面包，又可割破手指。

[注]意为凡是皆有利有弊。

884. The sun does not shine on both sides of the hedge at once.

—See “A door must be either shut or open.”

太阳不能同时照到篱笆的两面。/ 事难两全。

885. The old cow thinks she was never a calf.

—Old people are fond of blaming the young for their lively behavior, forgetting that they were young themselves once.

老牛从来也不想，自己也从牛犊长。/人老不体童稚心。/老年忘了幼年时。

886. The woman that deliberates is lost.

女子犹疑不决必然吃亏。

887. The bird loves her nest.

—People love their homes as birds love their nests.

鸟爱其巢，人爱其家。

888. Thou shalt love thy neighbor as thyself.

当孝敬父母，又当爱人如己。

889. Table friendship soon changes.

—See “A table friend is a variable friend.”

餐桌上的友谊变得快。/酒肉朋友靠不住。

890. Take heed of enemies reconciled and of meat twice boiled.

肉煮两次就不香，宿敌和解要提防。

891. Take heed of the snake in the grass.

当心草中之蛇。/注意隐患。/警惕暗藏的敌人。

[注] the snake in the grass：潜伏着的危险，隐患；暗藏的敌人。

892. The best mirror is an old friend.

—See “There is no better looking-glass than an old friend.”

老朋友是最好的镜子。/老友是宝藏。

[注]意为老朋友会毫无顾忌地批评我们的缺点。

893. Tit for tat is fair play.

—It is fair to pay back an injury that one has suffered from another.

以牙还牙，天公地道。/以其人之道，还治其人之身。

894. The owl thinks her own young fairest.

—See "Every mother's child is handsome."

猫头鹰总以为自己的孩子最美丽。/孩子都是自己的好。

895. The smoke of a man's own house is better than the fire of another's.

—It is spoken of those who always think that their own things are better than others'.

他人灶中火，不如自己家中冒的烟。/哪怕烂稻草，也是自己的好。

896. There is a skeleton in every house(or in the cupboard).

—Each family has a secret which it keeps hidden from the world. It refers to any sort of secret that, if known, would cause them a feeling of shame.

家家有秘密。/家有丑事，藏而不露。/家丑不可外扬。

897. The mills of God grind slowly but sure (or but they grind exceedingly small).

—See "God's mill grinds slow but sure."

上帝的磨，慢慢地转，细细地碾。/天网恢恢，疏而不漏。

[注]意即作恶者定受惩罚。惩罚可能来得很迟，但肯定会来。

898. There may be blue and better blue.

—There may be difference between things of the same kind, and persons of the same station.

人有高低之分，物有优劣之别。/同类亦异。

[注]指同等地位的人或同类事物也存有差异。

899. The life of the wolf is the death of the lamb.

—The wolf is always the deadly enemy of the lamb, which is no match for the wolf.

有活的豺狼，就有死的羔羊。

900. The lion is not so fierce as he is painted (or as they paint him).

—Things are represented as at a distance beyond their just proportion and merit. "Fame is a magnifying glass." Also see "The devil is not so black as he is painted(or not so ill as he is called)."

狮子并不像人们描绘得那么凶狠。/传闻往往过剩其词。

901. To do good is like climbing a hill—it requires effort.Or to do evil is like going down hill—no effort is needed.

—It is easy to learn to do evil, but it is hard to reform.

行善如爬坡，需要使劲；作恶如下山，不用费力。

902. True blue will never stain.

—A really noble heart will never disgrace itself: a man of fixed principles, and firm resolutions will not be easily induced to do an ill or mean thing.

身正不怕邪。/真金不怕火。

903. Truth fears no colors.

—Truth fears no enemy.

真理无所畏惧。

904. Truth lies at the bottom of a well.

—It is very difficult to find out real truth about a matter, just as it is very difficult, or even impossible, to recover something that has fallen to the bottom of a well.

真相深藏在心底。/真理难求。

905. Truth shines in the dark.

真理在黑暗中闪光。

906. Take away fuel, take away flame.

—Take away the cause, the effect will also disappear./ Remove what supports something, that thing cannot survive./ Remove the tale-bearer, and contention ceases.

抽薪而后火灭。/ 无潮水自平。

[注]意即消除“因”，也就消除了“果”；驱除搬弄是非的人，争吵也就随之平息。

907. The fox know much, but more he that catcheth him.

—The fox is crafty, but he who catches him is smarter.

狐狸再狡猾，难敌猎狐人。/魔高一尺，道高一丈。

908. The great fish eat up the small.

—See also “Men live like fish, the great ones devour the small.”

大鱼吃小鱼。/弱肉强食。

[注]另见"Men live like fish, the great ones devour the small."

909. There was aye some water where the stirk drowned.

—There was certainly some reason for so much talk, rumor, and suspicion.

小牛溺水而死，总在有水之处。/无风不起浪。

910. Take not a musked to kill a butterfly.

—Do not employ great exertions for insignificant ends.

打蝴蝶莫用滑膛枪。/杀鸡焉用牛刀。

911. The gods send nuts to those who have no teeth.

—See "Water is a boon in the desert, but the drowning man curses it."

上帝送核桃给没牙齿的人吃。

[注]意为在现实生活中人们不是确实需要的东西太少，就是用不上的东西太多。

912. The growing youth has a wolf in his stomach.

—See "A growing youth has a wolf in his belly."

正在长身体的年轻人，肚子里好像有一只饿狼。/年轻人在成长，吃起饭来像饿狼。

913. The hand that rocks the cradle rules the world.

摇摇篮的手统治着世界。/母亲统治着世界。

[注]为照顾孩子的母亲正在培育一代新人。

914. The life of man is like a long journey with a heavy load on the back.

人生如长旅，身负重担行。

915. The nearer the bone the sweeter the flesh (or **meat).**

贴骨肉香。/愈不长肉愈俊俏。

[注]有时用来嘲笑有瘦妻的男子。

916. There is black sheep in every flock.

—See "It is a small flock that has not a black sheep."

每一群羊中都有黑羊。/有羊群就有黑羊。

917. There is small choice in rotten apples.

烂苹果难以选择。/一筐苹果烂，实在无法选。

918. To add fuel to the fire.

火上浇油。

[注]意为使事态扩大。

919. To kill the goose that lays the golden eggs.

—See "Kill not the goose that lays the golden eggs."

杀了下金蛋的鹅。/杀鸡取卵。/竭泽而渔。

920. (The) sleep of a labouring man is sweet

劳动的人睡得香甜。/自食其力者心安。

[注]出自《旧约传道书》第 5 章第 10-12 节：The sleep of a labouring man is sweet, whether he eat little or much: but the abundance of the rich will not suffer him to sleep.

921. (The) ox knoweth his own, and the ass his master's crib.

牛认识主人，而驴只认识主人的槽。/有奶便是娘。

922. (The) disciple is not above his master, nor the servant above his lord.

徒弟不能胜过师傅，仆人不能高过主人。/有其父必有其子。/上梁不正下梁歪。

923. (The) smoking flax shall be not quench.

将熄的等他不吹灭。/不因人强而怯，不以人弱而欺。

[注]出自《旧约·以赛亚书》第四十二章第 2-3 节：A bruised reed shall be not break, and the smoking flax shall be not quench: he shall bring forth judgment unto truth. 压伤的芦苇，他不折断；将残的灯火，他不吹灭。他凭真实将公理传开。

924. (The) golden bowl is broken.

金罐破裂。/理想破灭则万念俱灭。

[注]出自《旧约·传道书》第 12 章第 6-7 节：Or ever the silver cord be loosed, or the wheel broken at the cistern. Then shall the dust return to the earth as it was: and the spirit shall return unto God who gave it. 银链折断，金罐破裂，瓶子在泉旁损坏，水轮在井口破烂；尘土仍归土地，灵仍旧归于赐灵的上帝。

925. (The) Kingdom of heaven is like to a grain of mustard seed.

天国好像一粒芥菜种籽。/星星之火可以燎原。

926. (The) lips of the righteous know what is acceptable.

正派人的话，使人悦耳。/良言胜似金玉。

927. (The) stone which the builders refused is become the head stone of the corner.

被匠人弃而不用的石头，却成了基石。/圣人手中的宝贝，可能是愚者手中的宝贝。

928. Uneasy lies the head that wears a crown.
戴皇冠的脑袋不得安宁。/ 帝王多忧。/位高心不宁。

929. United we stand, divided we fall.
团结则存，分裂则亡。/合则立，分则败。

930. Up corn, down horn.
—See "Corn and horn go together."
粮食价格升上去，牛羊数目降下来。/ 谷贵肉贵。

931. Velvet paws hide sharp claws.
猫脚掌里，藏有利爪。/笑里藏刀。/口蜜腹剑。

932. Variety is the spice of life.
—Colorful change will improve the quality of one's life. Also see "Variety is charming."
生活的趣味就在于生活丰富多彩。

933. Vice rules where gold reigns.
—Where money dominates, vice is rampant.
金钱统治之处，邪恶主宰一切。/金钱支配人，邪恶必盛行。

934. Venture not all in one bottom.
—Do not risk everything on one attempt./ Do not venture all you have in one speculation. Also see "Do not keep or put) all your eggs in one basket."
货莫一船装。/ 勿孤注一掷。/ 勿铤而走险。

935. Water finds its own level.
水往低处流。

936. We never know the worth (or value) of water till the well is dry.
—See "We know not what is good until we have lost it."
井枯方知水可贵。

937. While there is life there is hope.
有生命就有希望。/ 留得青山在，不怕没柴烧。

938. Whited sepulchres, which indeed appear beautiful outward, but are within full of dead men's bones.
（你们好像）粉饰的坟墓，外表华丽，里面却满是死者的骸骨。/金玉其外，败絮其中。

939. When the fish is caught, the net is laid aside.

—When the end is attained, the means is forgotten.

捉到了鱼不要网。/得鱼忘筌。/过河拆桥。

940. While the word is in your mouth, it is your own; when' tis once spoken, 'tis another's.

—Spoken to advise against careless speech, as once spoken, the words will not belong to the speaker.

话不说归自己，话出口不归你。/一言既出，驷马难追。

941. Where one door shuts, another opens.

—See "When one door shuts, another opens."

此门关闭那门开。/此路不通彼路通。/天无绝人之路。

[注]意为不能让失败难住我们，机会总是有的。

942. Whosoever shall compel thee to go a mile, go with him twain.

有人强迫你走一里，你就陪他走二里。/一不做，二不休。/既来之，则安之。

[注]出自《新约 •马太福音》第 5 章第 41 节：Whosoever shall compel thee to go a mile, go with him twain.

943. When wine is in, truth is out.

—See "In wine there is truth."

老酒下肚，真话吐出。/ 酒后吐真言。

944. When one does not want, two don't quarrel.

—See "It takes two to make a quarrel."

一人不想吵，两人吵不了。/一个巴掌拍不响。

945. What millions died that Caesar might be great.

—It's the blood of the rank and file that has won the general's promotion.

一将功成万古枯。

946. Where there is a will, there is a way.

—There is always some way of performing a difficult task of one has enough will and determination.

有志者事竟成。

947. Water afar off quenches not fire.

—Distant water can't put out a nearby fire. / A slow remedy can not meet urgency, or does not give relief to one suffering an immediate problem.
远水救不了近火。

948. What must be must be.

—Those things that are going to happen will happen. / What is inevitable cannot be changed.
要发生的事总要发生。

949. Wine and judgement mature with age.

—Wine is tastier if preserved longer; people have better judgement as they grow older.
酒陈味香醇，人老阅历深。

950. When the fox preaches, then beware (or take care of) your geese.

—When wicked men put on a cloak of religion, suspect some wicked design.
每当狐狸说教，当心鸡鹅被盗。/坏人装正经，不可不当心。

951. When there is life there is hope.

—See "Where there's life there's hope."
有生命就有希望。/留得青山在，不愁没柴烧。
[注]意为只要生命存在，就有可能获得成功。

952. Who repairs not his gutter repairs his whole house.

—A little work at the right time saves much work later. Also see "A stitch in time save nine."
檐沟失修，须修全屋。/小洞不补，大洞难堵。

953. Who won't be ruled by the rudder must be ruled by the rock.

—Who won't listen to reason must bear the consequences, like a ship that runs upon a rock if it will not answer the helm.
船离舵，要闯祸。/不听劝导，厄运难逃。

954. When the belly is full, the bones would be at rest.

肚子饱了，骨头就想休息。/腹饱思睡。

955. Where there's muck there's brass.

—See "Muck and money go together."
哪里有污秽，哪里有钱财。/金钱与脏累同在。/发财与污秽同在。/富者不洁，洁者不富。

[注]意为不怕脏方可挣大钱。亦谓运用肮脏手段也可以发财。

956. Who holds the purse rules the house.

—The holder of the purse strings is in charge of the home or business.

谁管钱袋谁当家。/有钱就有势。

957. Weight and measure take away strife.

—Spoken when people would have have what they buy weighed or measured.

秤平斗满，可免口舌。

958. When all fruit fails, welcome haws.

—Spoken when we take up with what's coarse, when the good is spent.

百果已罢市，山楂受欢迎。/ 不得已而求其次。

959. Who goeth a warfare any time at his own charges? Who planteth a vineyard and eateth not of the fruit thereof ?

谁当兵而自备粮食呢？谁种植葡萄园而不吃葡萄呢？/ 常在河边走，哪能不湿鞋。/近水楼台先得月。

960. What the food wife spares, the cat eats.

—See "Cats eat what hussies spare."

贤妻省下的，全被猫吃掉。

961. Wilful waste makes woeful want.

—See "Waste makes want."

平日里挥金如土，到头来必定吃苦。

962. We lose in hake, but gain in herring.

—See "What we lose in hake, we shall have in herring."

丢了鳕鱼，却捕到了鲱鱼。/此时彼得。/失之东隅，收之桑榆。

963. What one loses on the swings one makes up on the roundabouts.

—See "What you lose on the swings you gain (or get back)on the roundabouts."

"荡秋千"上损失的，"转木马"挽回。/失之东隅，收之桑榆。

[注]意为如果一个露天市场的业主能在"转木马"业务上获得厚利，就不会在乎在"荡秋千"上的损失。

964. When an ass climbs a ladder, we may find wisdom in women.

毛驴登梯时，女人有才智。

[注]此谚语歧视妇女，不可取。

965. Woman is made of glass.

—See "Woman is made to weep."

女人是玻璃做的。

[注]意为女人天生脆弱。

966. Women, wind and fortune are ever changing.

—See "Winter weather and women's thoughts change oft."

女人，风向与命运，反反复复没一定。

[注]意为女人多变。

967. Wedlock is a padlock.

婚姻犹如一把锁。

[注]这是文字游戏。wedlock：已婚状况。wed：结婚。lock：锁，锁住。padlock：挂锁，扣锁。此谚语意为人结了婚以后，就好像被一把锁禁锢了起来，无法逃脱。

968. Where the deer is slain, some of her blood will lie.

—Spoken when some of what he have been handing is lost, or when there is some indication of what has happened.

鹿死定有血迹留。/麻雀飞过留个影。

[注]意即丢失了什么东西，或发生了什么事情，总会留下线索或痕迹。

969. Where the horse lies down, there some hair will be found.

—See "Where the deer is slain, some of her blood will lie."

马卧处必有马毛。

970. What agreement shall the earthen pot have with the kettle?

瓦罐怎能和铁锅相碰撞呢？/福祸无门，为人自招。

[注]出自《旧约·德训篇》第 13 章第 3 节：What agreement shall the earthen pot have with the kettle? For if they knock one against the other, it shall be broken. 瓦罐怎能和铁锅相碰撞呢？铁锅一碰撞瓦罐，瓦罐就碎啦。

971. When guns speak it is too late to argue.

枪炮发言时，争辨已太迟。

[注]意为一旦发生战争，任何争辩都无济于事。

972. When in Rome, do as the Romans do.

—Wherever you may be, behave like the people among whom you are living. Gustoms vary from country to country, and to avoid calling unwelcome attention to yourself, it is wise to follow the local customs.

入乡随俗。/入境问禁。

973. Where there's reek, there's heat.

—See "There is no smoke without fire."

有烟就有热。/传言非无据，事出必有因。

974. When April blows his horn, it's good both for hay and corn.

—When it thunders in April, farmers will be likely to get in a lot of hay and corn.

四月打雷，谷草成堆。

975. When the wind is in the east, it's good for neither man nor beast (or it's neither good for man nor beast).

—The east wind is commonly very cold and sharp wind. It's disliked by both human beings and animals because it comes from the north of the continent.

东风吹，人畜悲。/东风乍起，万物愁眉。

[注]英国的东风是从欧洲大陆北部吹过去的寒风，这与我国把东风比作大地回春的象征恰好相反。

976. When the wind is in the west, the weather's at the best.

—When the wind comes from the west, the weather will be favorable.

风从西方起，气候最宜人。

[注]英国位于大西洋东岸。由于地理条件不同，温暖的西风相当于我国从太平洋吹来的东风。

977. When a dog is drowning every one offers him drink.

狗溺水时，人人都会喂它水喝。

[注]意为不用费力的事人人都会干。

978. When ale (or **When drink:** or **When wine) is in, wit is out.**

—When one is drunk, one's good sense is gone.

酒一下肚，人就糊涂。/酒醉黄昏。

979. When the calf is stolen, the farmer mends the stall.

—See “Lock the barn door after (or when) the horse(or steed) is stolen.”
牛被偷然后修牛圈。/亡羊补牢。/贼去关门。

980. When the sky falls we shall catch (or have) larks.

—See “If the sky falls (or fall) we shall catch (or have) larks.”
天塌下来正好捉云雀。

981. When the birds make their nests; as for the stork, the fir trees are her house.

鸟在那里筑巢，鹤以松树为家。/穿衣戴帽，各有所好。

982. Words are the voice of the heart.

—Words express what is in the heart. /One’s words reflect one’s thinking.
言为心声。

983. Words cut (or hurt) more than swords.

—Wounds inflicted by sword may be healed, but not wounds inflicted by words.
话语伤人，胜过刀剑。/刀伤易治，口伤难医。

984. You go your way, I’ll go mine.

你走你的路，我走我的路。/各走各的路。/各人自扫门前雪，莫管他人瓦上霜。

985. You cannot catch old birds with chaff.

—See “Old birds are not (to be)caught with chaff.”
用秕糠捉不住老鸟。/ 秕糠捕不到老鸟。/ 练达之士不易上圈套。
[注]意为有经验的人难骗。chaff：粗糠，谷壳。be caught with chaff：受骗，上当。

986. You cannot make a silk purse out of a sow’s ear.

—You cannot refine what is common so that it passes for something of much higher grade.
猪耳朵做不出丝线袋。/ 粗瓷碗雕不出细花来。

987. You must lose a fly to catch a trout.

—Sacrifice a little to gain a great deal more.
舍得鱼饵方能钓得大鱼。/ 施小惠而得大利。/ 吃小亏占大便宜。

988. You cannot burn the candle at both ends.

—You cannot exhaust your energies in one direction, and yet reserve them unimpaired for something else.

蜡烛不能两头点。/精力不能过分耗费。

989. You cannot make a crab walk straight.

谁都不能让螃蟹直着走路。

[注]此谚语告诫人们不要干不可能的事。

990. You may lead a horse to the water, but you cannot make him drink.

—See “You can bring an ass (or take a horse) to the water, but you cannot make him drink.”

你可牵马到水边，令马饮水却很难。/牵马至水边易，要马去饮水难。/老牛不喝水，不能强按头。

991. You cannot clap with one hand.

—It is hard to succeed without support or help.

孤掌难鸣。

992. You dig your grave with your teeth.

—Overeating can often be fatal.

贪吃伤身。

993. You cannot make an omelet (or omelets) without breaking eggs.

—Said by way of warming to one who is trying to get something for nothing—to accomplish some denied object without being willing to take the necessary trouble or make the necessary sacrifice.

不把蛋打破，蛋饼没法做。/有失才有得。

994. You have made your bed, you must lie on it.

—See “As you make your bed, you must lie on it”.

自己铺的床，得自己睡。/自己摘的酸果自己吃/自作自受。

995. You cannot make bricks without straw.

没有稻草烧不成砖。/巧妇难为无米之炊。

[注]出自《旧约·出埃及记》中古以色列人奉命用稻草烧砖的典故。

996. You cannot see the wood for the trees.

见树不见林。/见小不见大。/以偏概全。

997. You cannot whistle and drink at the same time.

—See “No man can both sup and blow at once.”

人不能既吹口哨又喝茶。/谁也不能又吹口哨又喝茶。

998. You will catch more files with a spoonful of honey, than with a gallonful of vinegar.

—See "Flies are easier caught with honey than with vinegar."

一勺子蜂蜜比一加仑食醋捕的苍蝇都多。/以蜜捕蝇，比醋更灵。/ 甜言蜜语三冬暖，恶语伤人六月寒。

999. Youth and white paper take any impression.

白纸和青春，最易留印痕。

1000. Zeal without knowledge is fire without light.

热情而无知识犹如火之无光。

后　记

本书是以笔者博士论文为基础的一部尝试之作，同时也是教育部人文社会科学研究规划基金项目“认知语义学视野下的英汉谚语对比研究”（12YJA740034）的最终成果。因这一成果与笔者在中央民族大学求学之路有关联，故可谓是笔者求学之路的结晶，同时也标志着我与导师王远新教授的师生缘，标志着我与师兄弟的同门情。

本书之所以能以现在的面目呈现在诸位读者面前，首先要归功于我的导师王远新教授的严格要求和悉心教导。从论文的选题到框架的确定，从材料的筛选到文字的推敲，王远新教授都给予了我莫大帮助。我从导师的许多真知灼见中受到了极大的启发，并使之渗透于论文的字里行间。可以说，我的博士论文凝聚着导师的心血。导师治学的严谨、学识的渊博、品格的高尚、为人的谦逊，感染着身边的每一个人，追随王师之后的所见所学，必将使我终身受益。

其次，我要感谢的是北京第二外国语学院的齐振海教授。三年中，齐老师给予了我无私的关怀和极大的帮助，他不仅从论文的立意和创新提出了许多宝贵的意见，而且经常帮我梳理脉络，理清思路，使我在写作中能够清楚地把握资料的运用，熟练地驾驭思维的运作。

然后，我要感谢的是为我论文写作提供参考的学者们。在写作论文的过程中，我不可避免地要阅读和参考大量的文献资料。学者们辛勤耕耘的成果启发了我的思维，激发了我的灵感，对论文的形成起了一定的促进作用。

最后，这一成果的付梓，要归功于我的家人。在三年的学习生活中，父母和妻子不仅给予我物质上的支持，还给予精神上的激励。没有他们的热情相助和无私奉献，也就没有我现在的成功。

至此，谨以我真诚之心向导师、老师、学者和家人以及同学表示最由衷的谢意。

由于我的理论水平有限，实践经验匮乏，论文中值得商榷或应予改进的地方，还恳请读者诸君不吝指正，以利于今后继续修正和完善我的知识结构。